Guy Wagner

Bruder Mozart

Guy Wagner

Bruder Mozart

Freimaurerei im Wien
des 18. Jahrhunderts

Mit 30 Abbildungen

Amalthea

Bildnachweis:

Alle Abbildungen aus dem Archiv der Buchverlage
Langen Müller Herbig, außer:
Seite 11, 12 (l. o.), 82 (l. u.) 102 (M. r.), 184 (u.)
aus der Sammlung C. Weber

Besuchen Sie uns im Internet unter:
http://www.amalthea-verlag.de

2., erweiterte Auflage 2003

Umschlaggestaltung: Bernd und Christel Kaselow, München
Umschlagbild: AKG, Berlin
Herstellung und Satz: VerlagsService Dr. Helmut Neuberger
& Karl Schaumann GmbH, Heimstetten
Gesetzt aus der 11/13,5 Punkt New Caledonia
Druck und Binden: Wiener Verlag, Himberg bei Wien
Printed in Austria
ISBN 3-85002-502-0

Für Ariel,
Pamina meines Herzens

Für meine Schwestern und Brüder,
die sich im Geist
mit mir verbunden fühlen

Inhalt

Prolog

Nach dem 200. Todestag von Wolfgang Amadeus Mozart am 5. Dezember 1991, der eine Flut von Publikationen ausgelöst hatte, schien die Frage berechtigt, ob ein weiterer Beitrag zu Leben und Werk Mozarts, gerade auch in Zusammenhang mit diesem Jubiläum und seinen Folgen, noch angebracht sei. Ich habe daher lange gezögert, der Öffentlichkeit meine Arbeit, die ein Essay sein möchte, vorzustellen. Wenn ich es dennoch tue, so aus der Überzeugung heraus, dass Mozarts Zugehörigkeit zur so genannten »Königlichen Kunst«, wie die Freimaurerei bezeichnet wird, weiterhin zu wenig beachtet und bewertet wird, vor allem aber, dass auch jetzt noch viele Unwahrheiten über Mozarts Beziehung zum »Orden« verbreitet werden, der ein einzigartiges kulturelles, philosophisches, soziales und politisches Phänomen darstellt: Seit seiner Entstehung wurden ihm über 60 000 Bücher gewidmet, und regelmäßig werden Neuerscheinungen und Neuauflagen von Standardwerken für und gegen ihn auf dem Buchmarkt angeboten.

Mein Ziel ist, die Fakten zum Themenkreis möglichst klar und präzis vorzustellen, sodann aufzuzeigen, was Wissenschaftler, Musiker und Geschichtsforscher, Schriftsteller und Philosophen, die auf diesen bedeutsamen Aspekt der geistigen Arbeit des Komponisten eingegangen sind, dazu sagen, ihre Behauptungen und Thesen zu vergleichen oder zu widerlegen und so zu einem authentischeren Bild Mozarts in seiner Zeit beizutragen.

Dazu möchte ich zuerst die Geschichte der Freimaurerei im Zusammenhang mit der KK Monarchie kurz aufrollen und die Daten und Fakten zu Mozarts Mitgliedschaft in den Wiener Logen für sich reden lassen. Sie machen die geistige

Dimension seines maurerischen Engagements deutlich und ermöglichen gleichzeitig, eine Anzahl von Mythen und Legenden zu zerstören, die sich um die sieben letzten Lebensjahre ranken, während denen Mozart für die Freimaurerei wirkte.

Seit der Erstauflage von 1996 ist die Literatur um Mozart weiter angestiegen, und die Seiten im Internet zur hier vorgestellten Thematik werden immer zahlreicher und exakter. So wurden neue Fakten bekannt oder in ein anderes Licht gerückt, weil man verstärkt auf die Quellen in den Wiener Archiven zurückgreift. Dadurch wurde ein vertiefter Einblick in die Geschehnisse um das jähe Lebensende des Komponisten und seine Zugehörigkeit zum Maurerorden ermöglicht. Diesem veränderten Einblick wird in der zweiten Auflage meines Buches Rechnung getragen; auch können verschiedene Aspekte der Freimaurerei genauer dargestellt werden.

Weil die Brüderlichkeit eine der Grundlagen ihres Wirkens darstellt, begrüßen sich die Freimaurer weltweit als »Brüder«. Für sie ist Mozart zudem der berühmteste ihrer Brüder. Mozart ist aber auch ein geistiger Bruder für all jene, die, auf welche Art auch immer, an sich weiterarbeiten und ihre Bemühungen fortsetzen, am Aufbau einer besseren Welt im Interesse der Gemeinschaft der Menschen mitzuwirken.

Aus diesen Gründen gab ich meiner Arbeit den Titel: »Bruder Mozart«.

Guy Wagner

I.
Die Freimaurerei im XVIII. Jahrhundert

Das Siegel der Großen Landesloge von Österreich, 1784

Kaiser Joseph II. (1741–1790)

Joseph v. Sonnenfels

O. H. Frhr. v. Gemmingen

Franz J. Graf Thun

Ignaz v. Born

Valentin Adamberger

Zur Geschichte der Freimaurerei

In Lexika oder Enzyklopädien kann man Definitionen der Maurerei finden, die sich grundsätzlich an folgenden Charakteristiken orientieren:

»Die Freimaurerei ist eine in ihrem Wesen philanthropische, philosophische und fortschrittsorientierte Vereinigung, die Wahrheitsfindung, moralische Wertvorstellungen und die Ausübung der Solidarität zum Ziele hat. Sie arbeitet an der materiellen und moralischen Verbesserung des Einzelnen und an der intellektuellen und sozialen Vervollkommnung der Menschheit.

Ihre obersten Prinzipien sind gegenseitige Toleranz, Respekt vor dem Nächsten und vor sich selbst, sowie Gewissensfreiheit. Sie hat die Verpflichtung, die brüderlichen Bande, die die Freimaurer auf der ganzen Erdoberfläche verknüpfen, auf alle Mitglieder der menschlichen Gemeinschaft auszuweiten.«

Geschichtlich gesehen, ist die Freimaurerei eine Körperschaft, die auf den frühen operativen Vereinigungen fußt. Sie stellt sozusagen eine harmonische Fortsetzung, aber gleichzeitig auch eine abgeänderte Weiterführung der Handwerksinnungen und Zünfte des Mittelalters und der Renaissance dar, in denen sich das Spekulative über das Operative durchgesetzt hatte.

Die ältesten Texte, in denen die Rede ist von »Freimaurern«, stammen aus England. Der Begriff taucht dort schon 1376 als »ffremasons«[1] auf. In England fand die Freimaurerei, so wie sie heute noch praktiziert wird, ihren Ursprung.

Man ist sich einig, dass es seit vielen Jahrhunderten Maurer gibt, und dass sich die Institution auf eine tausendjährige Tradition berufen kann, ohne dass man aber immer unterscheiden kann, was an dieser Tradition Legende oder Mythos darstellt und was historisch überprüft ist. Es gibt ein unumstößliches Dokument, das die spekulative Freimaurerei im 17. Jahrhundert belegt: das Tagebuch eines bekannten Antiquars jener Zeit namens Elias Ashmole (nach dem das Ashmolian Museum in Oxford benannt ist), in das er am 16. Oktober 1646 schreibt, er sei an diesem Tage als Freimaurer in einer im Hause seines Schwiegervaters eingerichteten Loge in Warrington (Lancashire) aufgenommen worden.

Anfang des XVIII. Jahrhunderts gab es allein in London sieben Logen. Vier davon vereinten sich am Sankt Johannisfeste, dem 24. Juni 1717, um eine föderale Struktur zu schaffen, die den Namen Großloge erhielt, mit an ihrer Spitze einen Großmeister namens Anthony Sayer, einem »Gentleman«, wie vermerkt ist, und was darauf hinweist, dass der erste Großmeister kein operativer »Mason« war, sondern dass es sich um einen »angenommenen« Maurer handelte. Dies stellt die Geburtsstunde der heutigen Freimaurerei dar. Sechs Jahre später, im Januar 1723, veröffentlichte die Großloge das von einem presbyterianischen Pfarrer, Reverend James Anderson, verfasste neue Grundgesetz in ihrem »Konstitutionenbuch«, das seitdem die »Charta der universalen Maurerei«[2] darstellt. Ein Jahr später wurden die drei blauen Grade – Lehrling, Geselle, Meister – eingeführt, nachdem es anfangs nur zwei gegeben hatte.[3]

Eine große Begeisterung ergriff die Besten für die Ideen und Ideale der Königlichen Kunst und die Verpflichtungen des Maurers, die sich so vorstellen: »In profaner Gesellschaft muss er frei sein aber nicht zuchtlos, großmütig aber nicht hochmütig, bescheiden aber nicht kriecherisch; in maurerischer Gesellschaft muss er standhaft aber nicht hartnäckig, streng aber nicht unbeugsam, unterwürfig aber nicht untertänig sein; immer aber muss er gerecht und mutig sein; er muss den Unterdrückten verteidigen und den Unschuldigen schützen, nie darf er seine Wohltaten und Hilfeleistungen in Rechnung stellen.«[4]

Auf den Großmeister George Payne folgte 1719 in der Londoner Großloge der 1683 in La Rochelle geborene und nach der Aufhebung des Ediktes von Nantes nach England emigrierte Hugenotte Jean Theophile Desaguliers, ein hervorragender Physiker, der auch anglikanischer Pfarrer und, wie Andersen und Payne, Rosenkreuzer war. Er führte der Großen Loge den ersten Adeligen zu, den Herzog von Montagu, der 1721, nach einer erneuten Wahl von George Payne, als erster Adelsvertreter das Amt des Großmeisters bekleidete, 1722 gefolgt vom Duke of Wharton und 1723 vom Earl of Dalkeith: Ernennungen für die Hauptämter in der Loge fanden demnach jährlich statt.

Die Aufnahme der ersten adeligen Persönlichkeiten veränderte das soziale Spektrum innerhalb der Bauhütten schlagartig: Zahlreiche Mitglieder der Herrscherhäuser traten dem Orden bei. So hat Desaguliers »für die Freimaurerei seiner Tage die gesellschaftlichen Schranken durchbrochen. Dadurch gewann sie eine unerwartete Ausbreitung, die zufolge der auf dem Kontinent herrschenden englischen Mode ihr die europäische Welt eröffnete. Er war der erste Freimaurer von gesellschaftlicher Geltung und eigener Persönlichkeit.«[5]

Das XVIII. Jahrhundert wurde das große Zeitalter der Maurerei, die sich mit ungeahnter Schnelligkeit in Europa und in den britischen Kolonien Nordamerikas, den späteren Vereinigten Staaten, ausbreitete. Es heißt, dass 50 der 56 Unterzeichner der amerikanischen Unabhängigkeitserklärung von 1776 Freimaurer waren. George Washington, der erste US-Präsident, trug bei Amtsantritt und bei der Grundsteinlegung zum Kapitol volle maurerische Bekleidung und legte den Eid auf die Bibel ab, die 1752 bei seiner Aufnahme als Maurer aufgelegen hatte. Sie dient seitdem weiter für den Amtseid der amerikanischen Präsidenten.

Mit dem Erfolg des Ordens begann aber auch die Feindseligkeit gegen ihn ein. Bereits 1730 erlebte man in England selbst die ersten Angriffe in einer Verräterschrift von Samuel Prichard mit dem fehlerhaften Titel: »Masonery disected«, die freimaurerisches Brauchtum, insbesondere die Rituale der drei blauen Grade der Öffentlichkeit bekannt machte. Das Buch erlebte zahlreiche Neuauflagen und führte dazu, dass die Großloge von London und Westminster ihre Rituale abänderte. Für die Historiker ist das Werk vor allem interessant durch die Tatsache, dass hier erstmals der 3. Grad erwähnt und vorgestellt wird, mit Bezug auf die Hiram-Legende.

Der Siegeszug der Maurerei konnte aber weder durch dieses Werk noch durch andere Pamphlete aufgehalten werden, und der Orden fand gerade auch Zuspruch in den höchsten Kreisen der damaligen Gesellschaft. Logen entstanden 1725 in Irland, 1728 in Madrid durch den Herzog von Wharton und 1729 auf Gibraltar. 1730 wurde die erste englische Kolonialloge in Port William (Kalkutta) gegründet, ebenso eine Provinzialloge in Amerika. 1732 folgte die Eröffnung von Tempeln, die in englischer Sprache arbeiteten, in Frankreich, 1734 in den Niederlanden (»Loge du Grand Maître« in Den Haag) und 1735 in Stockholm, Lissabon und in Rom, sozusagen im Herzen der Cattolica.[6] Am 30. November 1736 fand die Gründung der Großloge von Schottland in Edinburgh statt.

1731 wurde Franz Stephan von Lothringen, Sohn von Herzog Leopold, der seit zehn Jahren am Wiener Hof lebte, in einer eigens dafür eingerichteten Loge in Den Haag durch eine besondere Deputation der englischen Großloge unter Anführung Desaguliers in die Freimaurerei aufgenommen und gleich auch zum Gesellen erhoben, was heute nicht mehr möglich wäre. 1737 wurde Friedrich Ludwig Prinz von Wales Freimaurer und 1738 Friedrich der Große von Preußen. Ein Jahr später erfolgte in einer Londoner

Loge die Erhebung zum Freimaurermeister von Franz Stephan, der künftige Großherzog von Toskanien und Kaiser von Österreich an der Seite seiner Gemahlin Maria Theresia.[7]

1736 hatten Franz Stephan von Lothringen und Maria Theresia von Österreich, die von 1740 bis 1780 regieren wird, geheiratet. Die Kaiserin sollte ihren Gatten 1745 zum Kaiser an ihrer Seite ernennen. Maria Theresia war äußerst bigott, hielt aber auf ihre kaiserlichen Vorrechte. Deshalb weigerte sie sich, die vatikanischen Verurteilungen der Freimaurerei in ihrem Reiche verbreiten zu lassen. Schon am 28. April 1738 nämlich hatte die Kirche Roms erstmals die neue Institution mittels einer Apostolischen Verfassung, genannt »Bulle«, verurteilt. Sie trug den Titel: »In eminenti apostolatus specula«. Die Verurteilung erfolgte, laut Papst Klemens XII., aus drei wesentlichen Gründen:

1. Die Freimaurerei nahm in ihren Reihen Männer aller Religionen und Sekten auf,
2. die Freimaurer verpflichteten sich, durch einen Eid auf die Heilige Schrift Schweigen zu bewahren über das, was in ihren Tempeln vorging,
3. »aus andern gerechten, vernünftigen, Uns bekannten Gründen« (Aliisque de justis ac rationabilibus causis Nobis notis), die aber geheim gehalten wurden.

Kaum ein Jahr später, am 14. Januar 1739, veröffentlichte Kardinal Firrao, Staatssekretär im Vatikan, auf Bitte der Kongregation des Heiligen Uffiziums, der direkten Erbin der Inquisition, ein Edikt, das es jeder Person verbot, »ob kirchlich, weltlich oder ordentlich, gleich welcher Einrichtung sie anhinge, gleich welchen Rang und welche Würde sie habe, gleich welche Privilegien sie genieße«, es auch nur zu wagen, »unter den Auspizien der schon erwähnten Gesellschaft oder Vereinigung der »Liberi muratori« oder Freimaurer an gleich welchem Orte sich zu treffen, zu vereinigen oder zusammenzuschließen, oder an solchen Zusammenkünften und Tagungen teilzunehmen. Sie verfielen damit der Todesstrafe und des Einzugs ihrer Güter, unwiderruflich und ohne Hoffnung auf Vergebung.«[8]

Zum gleichen Zeitpunkt begannen die staatlichen Verfolgungen und Verbote: 1737 in der Toskana, wo die Inquisition ebenfalls eingriff, 1738 in Venedig, Hamburg und Polen. In Portugal wurden Freimaurer zu Galeerenstrafen verurteilt.

Im Ganzen prasselte ein Dutzend päpstlicher Verurteilungen auf die Freimaurer nieder. Der Hass der Kirche gegen sie ging so weit, dass Papst Benedikt XIV. in seiner Bulle »Providas« von 1751 die weltliche Justiz und die Hilfe der »Prinzen und der Mächtigen« anrief. Der Ton änderte sich auch nicht in Bullen und Enzykliken, die 1823, 1826, 1829, 1832 erschienen, und im »Humanum genus«, von Papst Leo XIII. im siebten Jahre seines Pontifikates am 20. April 1884 veröffentlicht, heißt es: »Neben dem Reich Gottes auf Erden, der wahren Kirche Christi, gibt es noch ein anderes Reich, das des Satans, unter dessen Herrschaft alle stehen, die dem ewigen göttlichen Gesetz den Gehorsam verweigern. (...) In unseren Tagen scheinen alle diejenigen, die dieser zweiten Fahne folgen, miteinander verschworen zu sein in einem überaus erbitterten Kampf unter der Leitung und Hilfe des Bundes der so genannten Freimaurer.«[9]

Noch am 11. Februar 1981 wurde die Exkommunizierung der Freimaurer in einer Erklärung der Kongregation für die Glaubenslehre bestätigt: »Die bisherige Praxis des Kirchenrechts ist in keiner Weise geändert worden und bleibt voll in Kraft. Infolgedessen sind weder die Exkommunikation noch andere vorgesehene Strafen abgeschafft worden.«

Am 25. Januar 1983 unterzeichnete dann Papst Johannes Paul II. den neuen »Codex Juris Canonici« (Codex des kanonischen Rechtes), der am 22. November 1983 rechtskräftig wurde. In ihm ist zwar die Exkommunikation für Mitglieder der Freimaurerei nicht mehr ausdrücklich erwähnt, aber die Glaubenskongegration gab vier Tage später eine Erklärung heraus (»Quaesitum Est«), unterzeichnet von Joseph Kardinal Ratzinger, Präfekt und Erzbischof (1985 zum Kardinal geweiht), und von Jean Jerôme Hamer O.P., Sekretär, Titularerzbischof von Lorium, in der es heißt: »Das negative Urteil der Kirche über die freimaurerischen Vereinigungen bleibt also unverändert, weil ihre Prinzipien immer als unvereinbar mit der Lehre der Kirche betrachtet wurden und deshalb der Beitritt zu ihnen verboten bleibt. Die Gläubigen, die freimaurerischen Vereinigungen angehören, befinden sich also im Stand der schweren Sünde und können nicht die heilige Kommunion empfangen.« Im gleichen Sinne hatte 1980 die Deutsche Bischofskonferenz festgehalten: »Die aufgezeigten Gegensätze rühren an die Grundlagen der christlichen Existenz. Die eingehenden Untersuchungen der freimaurerischen Ritualien und Geistigkeit machen deutlich: Die gleichzeitige Zugehörigkeit zur katholischen Kirche und zur Freimaurerei ist unvereinbar.«[10] Schlussfolgerung: »Die Kirchen stehen der Freimaurerei weithin ablehnend gegenüber. Die römisch-katholische Kirche verbietet ihren Gläubigen eine Mitgliedschaft in einer Freimaurerloge. Auch die Evangelische Allianz hält ihre Glaubensbasis und die Lehren der Freimaurer für unvereinbar.«[11]

Allerdings erklärten die deutschen Freimaurer: »Gespräche zwischen Vertretern der evangelischen Kirche in Deutschland und offiziellen Kommissionen der Freimaurer haben in Deutschland in den vergangenen Jahren zu einem Vertrauensverhältnis geführt, das kaum noch Raum für alte Verdächtigungen und Verständnisschwierigkeiten bietet.«[12] Was die katholische Kirche angeht, sagen sie: »Die weitere Entwicklung bleibt mit Zurückhaltung abzuwarten. Wir sind uns gemeinsam mit unseren katholischen Brüdern bewusst, dass die Frage der Annäherung nicht endgültig geklärt ist.«[13]

Die Freimaurerei in Österreich

Mittels eines »Placet regium« weigerte sich Maria Theresia, die päpstlichen Verbote der Freimaurerei anzuerkennen und auf dem Gebiet der KK Monarchie wirksam werden zu lassen, nicht weil sie der Maurerei wohlgesinnt gewesen wäre, ganz im Gegenteil, aber weil sie diese Verbote als eine Einmischung in die inneren Angelegenheiten des Kaiserreiches ansah. Die Frage bleibt natürlich offen, in wieweit ihr kaiserlicher freimaurerischer Gemahl Franz Stephan diese Weigerung beeinflusst haben konnte.

Es muss zudem festgestellt werden, dass sich die Königliche Kunst bei der Thronbesteigung der Kaiserin in Österreich erst zu etablieren begann. In anderen Reichsgebieten war sie zu diesem Zeitpunkt schon solide verankert: in den Österreichischen Niederlanden seit 1734, in Prag ein Jahr später. Es ist sogar die Rede von einer Logengründung (»La Parfaite Union«), die 1721 in Mons stattgefunden haben soll; dieses Gründungsdatum aber bleibt umstritten.

Sachsen und Preußen waren Österreich ebenfalls zuvorgekommen. Am 6. Dezember 1737 wurde die erste deutsche Loge in Hamburg errichtet unter Vorsitz von Charles Sarry, Hugenotte wie Desaguliers, königlich-preußischer Hofrat und Münzmeister. Er gilt als Vater der deutschen Freimaurerei. In Dresden gab es 1738 drei Logengründungen: »Aux trois Aigles blancs«, »Aux trois Epées« und »Aux trois Cygnes«. Unter der Schirmherrschaft Friedrichs II. von Preußen wurde 1741 die Berliner Loge »Aux Trois Globes« gegründet, die später den deutschen Titel »Zu den drei Weltkugeln« annahm. 1744 war der König Großmeister.

Berlin förderte gleichzeitig die Gründung der Loge »Aux

Trois Squelettes« in Breslau, damals zum Herzogtum Schlesien gehörend, das seinerseits dem Kaiserreich Österreich einverleibt war. So wird verständlich, dass diese Loge ihre Wirkung nach Wien ausbreiten konnte. Hier fanden sich der Reichsgraf Albert Joseph von Hoditz, der Weihbischof Sigismund Franz Graf Gondola und der Jude Jacques Pallard, der aus Genf gekommen war, zusammen; demnach, ein Adliger, ein Kirchenfürst und ein noch immer durchwegs verfemter Angehöriger des jüdischen Glaubens: die Ringparabel des Freimaurers Gotthold Ephraim Lessing in »Nathan der Weise« blieb Wunschvorstellung. Diese Maurermeister gründeten am 17. September 1742 die Loge »Aux Trois Canons«. Ihr Name hat nichts mit Kriegsgeschütz zu tun, sondern ist eine Anspielung auf die »Richtlinien des Instruktionssystems der drei symbolischen Grade: Lehrling, Geselle, Meister.«[14]

Dieser bedeutenden Loge gehörten unter anderem an: Jacob Dunin, polnischer Botschafter, Jean de Vigneau, Sekretär des englischen Botschafters, Nils van der Rööck, schwedischer Botschafter, Gabriel Graf Bethlen, Prinz Constantin von Hessen-Rheinfels-Rothenburg, sowie Wenzel Johann Joseph Graf Paar, der am 22. September 1742 als einer der ersten österreichischen Adeligen in den Orden aufgenommen worden war.

Am 7. März 1743, gerade als eine Aufnahmezeremonie stattfand, drang die Polizei auf Befehl der Kaiserin in den Tempel ein und verhaftete alle Anwesenden. Sie wurde einige Tage später auf das Eingreifen und die persönliche Anordnung »Ihrer Majestät, des herausragendsten Maurers in Europa«, Kaiser Franz Stephan, wieder auf freien Fuß gesetzt. Die Loge wurde offiziell geschlossen, ihre Mitglieder aber arbeiteten insgeheim so eifrig weiter, dass, so heißt es jedenfalls, der Kaiser in seinem Todesjahre 1765, Meister vom Stuhl gewesen sein soll. Das Vertrauen zwischen den kaiserlichen Ehegatten muss groß gewesen sein.

Zwischen 1750 und 1760 wurden die Hochgrade in Österreich eingeführt, zuerst im Rahmen des »Clermontschen Systems«, mit anfangs zwei, dann vier Hochgraden, die auf die drei symbolischen folgten, sodann durch die »Strikte Observanz« (oder »Höherer Orden der Ritter des geweihten Tempels von Jerusalem«), die 1756 von Karl-Gotthelf Baron von Hund und Alten-Grotkau gegründet worden war. Er verwendete das Ritual des Systems von Clermont und führte einen der mystischen und legendären Ursprünge der Maurerei, so wie er sie auffasste, auf den 1312 vernichteten Templerorden zurück.[15]

Die »Strikte Observanz« erhielt ihren Titel durch die Tatsache, dass die Lehrlinge sich durch einen Eid zu unbedingtem Gehorsam gegenüber den Oberen verpflichteten. Das von Hund erdachte System umfasste sieben Grade, deren höchster die Bezeichnung »Ritter« trug, woher denn auch die Tradition kam, den Degen in der Loge zu tragen. Ab 1770 gelang es dieser Struktur, »erstmals fast alle österreichischen und deutschen Logen in einem geeinten maurerischen System«[16] zu vereinen.

Auf dem Konvent von Wilhelmsbad von 1782, angeregt durch Ferdinand von Braunschweig, seit 1772 Großmeister der »Strikten Observanz«, kam es dann aber, hauptsächlich durch den Anstoß der Illuminaten und ihres Vertreters Freiherr von Knigge, zu einer Widerlegung der These einer direkten Abstammung der Freimaurer von den Templern. Dies war der Anfang vom Ende des Ritus, auch wenn er weiterhin im Wien der 80er Jahre neben dem »Zinnendorfschen System« praktiziert wurde. Später löste er sich im »Rektifizierten« Schottischen Ritus der »Wohlthätigen Ritter der Heiligen Stadt« des Freimaurers Jean-Baptiste Willermoz aus Lyon auf.

Das Zinnendorfsche System hatte seinen Ausgangspunkt in Schweden. Es trägt seinen Namen nach Johann Wilhelm Kellner von Zinnendorf, der es Mitte der 60er Jahre des Jahrhunderts gestaltete und 1767 nach Deutschland brachte. Es umfasste zuerst sieben, danach elf Grade. Es bestand aus einer Mischung von Ideen, die der Freimaurerei, den Rosenkreuzern und dem Christentum entnommen waren. Seine Anhänger betrachteten sich als »Ritter«, die im Dienste ihres unsichtbaren Großmeisters, Christus selbst, standen. Trotz zahlreicher Zwistigkeiten während seiner maurerischen Tätigkeiten hinterließ Zinnendorf doch als Begründer der Großen Landesloge von Deutschland »bei seinem Tode ein fest gefügtes Gebäude«.[17]

Inzwischen waren mehrere Logen in der Hauptstadt des Kaiserreiches gegründet worden, deren Bedeutung für die Entwicklung der Königlichen Kunst nicht hoch genug eingeschätzt werden kann.

1754 entstand die Bauhütte: »Aux Trois Coeurs« als Deputationsloge der Loge »Friedrich« aus Hannover, der unter anderem Persönlichkeiten wie John Hobart Esq., zweiter Earl of Buckinghamshire, Johann Friedrich Raban von Spörcke, dänischer Kammerjunker, Heinrich Balduin Freiherr von Schenck von Neudeck, Johann Ferdinand von Nagel, Johann Joseph Graf Kinsky oder Leutnant Karl Albrecht, Sohn des österreichischen Botschafters am portugiesischen Hof, angehörten.

Um 1763 wurde in Wien die Loge »Die Freigebigen« gegründet. Ihr gehörten u.a. an: Ferdinand Johann Graf Kueffstein, ein Adliger, der sich mit Alchimie abgab und angeblich sogar Homunkulusse erzeugte, die er 1775 in der Loge vorzeigte[18], Franz de Paula Joseph Graf von Thun und Anton Stephan Ritter von Rieger. Die Loge stellte ihre Tätigkeit 1770 ein, als acht Schottische Meister die Bauhütte »Zur Hoffnung« gründeten, die sich mit der Regensburger Loge »Zu den drei Schlüsseln«, der von Emanuel Schikaneder, verbündete. Nach schwierigen Verhandlungen kam es mit der Berliner Großen Landesloge zu einem Abkommen, und so arbeitete sie ab 1776 nach dem Zinnendorfschen System und wurde unter dem Namen »Zur gekrönten Hoffnung« eine der bekanntesten in Wien. Sie hatte eine enge Kooperation mit der Loge »Zur Beständigkeit« sowie mit den Zwillingslogen »Zu den drei Adlern« und »Zum Palmbaum«.[19]

Diese vielfältigen Aktivitäten geschahen umso heimlicher, als 1764 alle Logen auf dem Reichsgebiet offiziell geschlossen worden waren, was die Maurer aber nicht daran hinderte, ihre Arbeit zu tun.

Ein Jahr später starb der Kaiser. Sein Sohn Joseph wurde Co-Regent und teilte die Herrschaft mit seiner Mutter bis zu deren Tode im Jahre 1780.

Kaum regierte Joseph II. allein, begann er, seine Ideen eines »aufgeklärten Despoten« mit den sich daraus ergebenden Reformen in die Tat umzusetzen. Nun konnten die Freimaurer ihre Tätigkeiten in aller Öffentlichkeit ausüben und seinen Plänen und Vorhaben ihre Unterstützung geben. Joseph II. sah es aber sehr ungern, dass das österreichische Maurertum von preußischen Logen abhing, dies vor allem, weil er die Bayerischen Erbfolgekriege von 1778–1779 nicht verdaut hatte.

Am 26. März 1781 verbot er deshalb allen geistigen und weltlichen Orden, sich einer fremden Autorität zu unterwerfen. Sein Dekret richte sich nicht nur gegen das Freimaurertum, sondern auch gegen alle religiösen Orden, insbesondere die Jesuiten, die unerbittlichsten Widersacher der Maurer.

Infolge dieses Dekrets wurden die Beziehungen zwischen der damaligen »Österreichischen Provinzialloge« und der »Großen Landesloge« in Berlin abgebrochen, und die »Große Landesloge Österreichs« (Nationalloge) wurde am 22. April 1784 gegründet, acht Monate vor Mozarts Aufnahme in den Bund. Mit ihrer Gründung kam es gleichzeitig zum Verbot der »Hochgradmaurerei«. Dies bedeutete, dass alle Logen, welche mehr als die drei »Johannisgrade« bearbeiteten, als »irregulär« galten, als so genannte Winkellogen.[20]

Die Nationalloge umfasste ein Jahr später 59 Bauhütten, die sich auf sieben Provinziallogen aufteilten.

1. *Die Provinzialloge in Böhmen* mit sieben Logen:
   In Brünn:
   – »Zu den (wahren) vereinigten Freunden« und
   – »Zur aufgehenden Sonne«
   In Klattau:
   – »Zur Aufrichtigkeit«
   In Prag:
   – »Zu den drei gekrönten Säulen«, der Ignaz von Born zuerst angehört hatte
   – »Zu den drei gekrönten Sternen (und Redlichkeit)«, schon 1742 gegründet
   – »Zur Union«
   – »Zur Wahrheit und Einigkeit«, die große progressive Loge in Prag!

2. *Die Provinzialloge in Galizien* mit vier Logen:
   In Tarnow:
   – »Zu den drey rothen Bändern«
   In Temesvar:
   – »Zu den drey weißen Lilien«
   In Lemberg:
   – »Zur aufrichtigen Freundschaft« und
   – »(Phoenix) zur runden Tafel«.
   Den Lemberger Logen war 1774 die Loge »Zu den drei Standarten« vorangegangen. 1785 erfolgte dann noch die Gründung der Loge »Zum Biedermann«, einer bedeutsamen Reformloge.

3. *Die Provinzialloge der Österreichischen Lombardei* mit zwei Logen:
   In Cremona:
   – »St. Paul Céleste«

In Mailand:
– »A la Concordia«

4. *Die Provinzialloge in Siebenbürgen* mit drei Logen:
In Hermannstadt:
– »Andres zu den 3 Seeblättern«
– »Zum geheiligten (heiligen) Eifer«
In St. Philippen in der Bukowina:
– »Zu den tugendhaften Weltbürgern«

5. *Die Provinzialloge in Ungarn* mit zehn Logen:
In Agram:
– »Zur Klugheit«
In Karlstadt:
– »Zur Tapferkeit«
In Eberau:
– »Zum goldenen Rad«
In Eperies (Eperjes):
– »Zu den tugendhaften Reisenden«
In E(l)segg:
– »Zur Wachsamkeit«
In Gyarmath:
– »Zum tugendhaften Cosmopoliten«
In Pest:
– »Zur Großmuth«
– »Zur Sicherheit«.
1791, als der Druck auf die Freimaurerei in der KK Monarchie schon sehr stark wurde, erfolgte eine Logenneugründung unter dem Namen: »Zu den 7 Sternen«. Mit Bewilligung von Franz II. wurden alle Pester Logen unter dieser Bauhütte zusammengeführt, bevor dann die Königliche Kunst ganz verboten wurde.
In Pressburg:
– »Zur Verschwiegenheit«, nachdem es schon 1740 eine Logengründung gegeben hatte,

In Warasdin:
– »Zum guthen Rathe«.

6. *Die Provinzialloge der Österreichischen Niederlande* mit 16 Logen:
In Aalst:
– »La discrète Impériale«
In Antwerpen:
– »La Concorde universelle«
In Brügge:
– »La Parfaite Egalité«
In Brüssel:
– »L'Union«
– »La constante Union«
– »Les vrais Amis de l'Union«
In Gent:
– »La Bienfaisante«
– »La Félicité«
– »La parfaite Union au Régiment de Huray«, Militärloge
In Mecheln (Malines):
– »La constante Fidélité«
In Marche en Famenne:
– »La Constante«
In Mons (Bergen):
– »La vraie et parfaite Harmonie«
– »La parfaite Union«
In Namur:
– »La bonne Amitié«
In Ostende:
– »Les trois Niveaux«
In Tournai:
– »Les Frères réunis«.[21]
Diese Provinzialloge bildete eine unabhängige Großloge, um so den Willen einer politischen Trennung mit der österreichischen Monarchie zum Ausdruck zu bringen.

7. *Die Provinzialloge in Österreich selbst* bestand aus 17 Logen:
In Freiburg i. Breisgau:
– »Zur Edlen Aussicht«, deren Meister vom Stuhl der Schwager Goethes, Johann Georg Schlosser, wurde.
In Görz:
– »Zur Freymüthigkeit«
In Graz:
– »Zu den vereinigten Herzen«
In Klagenfurt:
– »Zur wohlthätigen Marianna«
In Innsbruck:
– »Zu den drey Bergen (Flammen?)«
– »Zum Symbolischen Cylinder«
In Linz:
– »Zu den Sieben Weisen«
In Passau:
– »Zu den drey vereinigten Wässern«
In Triest:
– »Zur Harmonie und allgemeinen Eintracht«,
sowie den Wiener Logen.

Die Lage der Maurerei zu ihrer Hochblüte in Wien soll etwas detaillierter aufgezeigt werden, stellt sie doch ein einmaliges Phänomen dar, gerade auch im Zusammenhang mit den wichtigsten josephinischen Reformen.

In der Hauptstadt des Kaiserreiches gab es zu diesem Zeitpunkt acht Logen mit etwa 1000 Mitgliedern.

Frühere Logen hatten sich aufgelöst. Die Freimaurerei erlebte, auch, weil sie dauernd unter Druck stand, wenn sie nicht verfolgt wurde, einen tiefen Wandel, ohne dass sie aber in ihrem geistigen Kern gelitten hätte.

Problematischer waren dagegen die vielen Tendenzen und Strömungen, denen sie gerade in den 70er Jahren ausgesetzt wurde und die das Logenleben sehr stark bestimmten.

Die Loge »Zu den drei Adlern« war 1770 von Prag aus gegründet worden. Es war eine Schottenloge, die nach dem Ritus der Strikten Observanz arbeitete. Ihr gehörten als Begründer an: Friedrich Wilhelm Freiherr von Schmidtburg, Georg August von Mecklenburg-Strelitz, zu dessen Ehre Mozarts »Maurerische Trauermusik« am 7. Dezember 1785 erklingen wird, Major Wilhelm Graf – später Fürst – Auersperg, Anton Fürst Batthyány-Strattmann, Johann Wenzel Graf Ugarte, Michael Puchberg, Mozarts »guter Geist«, und Johann Thomas Edler von Trattner.

Die beiden letzteren waren ebenfalls Mitglieder der im gleichen Jahre gegründeten Schwesterloge »Zum Palmbaum«, da eine Doppelzugehörigkeit zu keinem Zeitpunkt ausgeschlossen war. Auch diese Loge benutzte das Ritual der Strikten Observanz. Heinrich Friedrich Füger, Karl Freiherr von Güntherode, ein Serviten-Mönch, Jakob Ignaz Just, der Schriftsteller und Aufklärer Johann Pezzl und der Industrielle Peter Freiherr von Braun, von 1804–1806 zweiter Nachfolger Schikaneders am »Theater an der Wien«, zählten zu ihren prominentesten Mitgliedern.

»Zur gekrönten Hoffnung« entstand aus der vorhin erwähnten Loge »Zur Hoffnung«. Sie war sozusagen das Gegenstück von »Zur wahren Eintracht«, da ihre Grundlage viel symbolischer, zum Teil rosenkreuzerisch war. Zu ihren berühmtesten Mitgliedern zählten Karl Graf (später Fürst) von Dietrichstein, Bernhard Samuel von Matolay, Ignaz Fischer, Aufseher und Deputierter Meister, Johann Graf Esterházy, der Oboist Franz Markgraf Montecuccoli, Franz Graf Saint Julien, Johann Baptist Freiherr von Schloißnigg, sowie Wenzel Tobias Epstein und Karl Hieronymus Graf Pálffy von Erdöd, die den Asiatischen Brüdern verbunden waren, des Weiteren Franz Petran, Hauskaplan des Grafen Thun und Textdichter der von Mozart vertonten Kantate »Die Maurerfreude«, Tobias Freiherr von Gebler und der Verleger Pasquale Artaria.

Die 1771 von Karl Ludwig Schmidt, einem bekannten Opernsänger, gegründete Loge »Zum heiligen Joseph« arbeitete ebenfalls nach dem Zinnendorfschen System. Zu ihr gehörten Anhänger mit alchimistischer Neigung, wie Johann Christian Thomas Bacciochi und Freiherr von Linden, aber auch Persönlichkeiten wie Martin Joseph Prandstetter, dessen Gedicht »Die Fröhlichkeit« Schubert 1815 vertonen wird, Johann Nepomuk Gussmann, sowie die Schriftsteller Lorenz Leopold Haschka, Autor von »Dir Seele des Weltalls«, und der Dichter und Philologe Johann Baptist Edler von Alxinger, der sich durch seine Schriften gegen den Renegaten Leopold Aloys Hoffmann auszeichnen sollte. 1775 knüpfte diese Bauhütte Kontakte zur Berliner Landesloge. Ihre Installation fand am 7. März 1776 statt, aber nach der Entstehung der Großen Landesloge von Österreich deckten die meisten Maurer. Dennoch führte die Loge ihre Arbeiten weiter, und nahm 1785 das Clermontsche System an.[22]

Die Loge »Zu den drei Adlern« wurde 1770 von Friedrich Wilhelm Freiherr von Schmidtburg gegründet und unterstand zuerst der schottischen Loge in Prag. Ihre Schwesterloge »Zum Palmbaum« war 1776 daraus hervorgegangen, da es damals zweier Logen bedurfte, um eine Großbehörde darzustellen.

Die berühmteste Wiener Loge ihrer Zeit war aber zweifellos die am 12. März 1781 als Tochterloge der »Gekrönten Hoffnung« gegründete Bauhütte »Zur wahren Eintracht«, die auch nach dem Zinnendorfschen System arbeitete. Erster Meister vom Stuhl war Ignaz Fischer, doch als am 9. März 1782 Ignaz von Born das Amt übernahm, begann eine für die Freimaurerei fast unglaublich erscheinende Tätigkeit, deren Wirken in allen Kreisen der Bevölkerung zu spüren war. Borns Loge wurde das geistige Zentrum des Illuminismus. Alles, was Rang und Namen hatte, fand sich dort zu intensiver Maurerarbeit wieder. Der Oberste Kanzler Leopold Graf Kol(l)owrat-Krakowsky – 1782 in die Pariser Loge »Les Amis Réunis« aufgenommen[23] – traf dort Franz von Zeiller, den Vollender des Allgemeinen Bürgerlichen Gesetzbuches, der Universitätslehrer Joseph von Sonnenfels diskutierte da mit Joseph von Barth, dem Ophthalmologen und Professor für Anatomie, die berühmten Ärzte Johann Peter Frank und Johann Nepomuk Hunczowsky trafen sich »in diesen heil'gen Mauern« mit Johann Georg Schlosser, und Georg Graf Festetics »arbeitete am großen Gebäude« mit seinen Landsleuten Leopold Graf Pálffy oder Anton Graf von Apponyi, dem Freund Haydns. Die Veröffentlichungen der Loge, wie die »Physikalischen Arbeiten der einträchtigen Freunde in Wien«, die »Musikalischen Unterhaltungen der einträchtigen Freunde in Wien« und vor allem der berühmte »Wiener Musenalmanach« wurden zu den meistgelesenen Büchern ihrer Zeit und sorgten immer wieder für Gesprächsstoff in der nachrichtenhungrigen Hauptstadt des Kaiserreiches.[24]

Die Loge »Zur Beständigkeit« ging im März 1782 aus einer zwei Jahre zuvor von der Provinzialloge gegründeten Loge »Zu den sieben Himmeln« hervor. Sie war alchimistisch-rosenkreuzerisch beeinflusst. Einer ihrer Gründer war Hans Heinrich von Ecker und Eckhoffen[25] und ihr erster Meister vom Stuhl Otto Heinrich Freiherr von Gemmingen-Hornberg, der Mannheimer Dichter, der ein Jahr später zu den Begründern von »Zur Wohlthätigkeit« zählte. Der Loge gehörten ebenfalls Johann Joseph Lange, Mozarts Schwager (er war seit 1780 mit Maria Aloysia Weber, Constanzes Schwester verheiratet), der Bassist Johann Ignaz Ludwig Fischer, der erste Osmin (»Die Entführung aus dem Serail«), sowie der Kunsthändler und Verleger Christoph Torricella an.

»Zur Wohlthätigkeit« war eine der kleinsten Logen in Wien, machte aber ihrem Namen alle Ehre. Sie wurde am 2. Februar 1783 gegründet von Otto von Gemmingen (Meister vom Stuhl), Ferdinand Georg Edler von Mitis (Deputierter Meister), Carl Escherich (Erster Aufseher), Johann Baptist von Lang (Zweiter Aufseher), Ignaz Hille(r) (Sekretär), Leopold von Plenciz, Johann Baptist von Schloißnigg, Johann Heinrich Wenzel von Wallenfeld, Christian Friedrich Wappler, Martin Joseph Prandstetter, Theodor Joseph von Nattorp. Sie arbeitete eng mit »Zur wahren Eintracht« zusammen. Beide benutzten denselben Logentempel und die gleichen Rituale; diese sind erhalten geblieben.

Im Juli entstand ebenfalls die Loge »Zu den drey Feuern«, die nach dem Clermontschen System arbeitete und den Hochgraden und Rittergraden besondere Aufmerksamkeit schenkte. Zu ihrem Gründungsfest schrieb Georg Anton Benda, ein von Mozart hochgeschätzter Komponist[26], drei Lieder: *»Bei Eröffnung der Tafel«*, *»Bei der Sammlung für die Armen«* und *»Unsere Kette sei das Sinnbild ächter warmer Harmonie«* (Kettenlied). Laut Nettl müssen sich Mozart und Benda bei dieser Gelegenheit getroffen haben[27], allerdings außerhalb des Ordens, da Mozart noch nicht eingeweiht war.

Unterkunft für ihre Arbeiten fanden die Wiener Freimaurer, indem sie bedeutsame Häuser oder Etagenräume in Wien mieteten und die Kosten unter ihren Logen aufteilten.

Das Haus »Zum silbernen Hut« des Freiherrn von Moser am Bauernmarkt beherbergte folgende Logen:

- Zu den 3 Adlern, bis 1782
- Zum Palmbaum, bis 1782
- Zur Wahren Eintracht, bis 1782

Das Baron Mosersche Haus in der Landskrongasse gab Aufnahme für die Logen:

- Zu den 3 Adlern, 1782–1785
- Zum Palmbaum, 1782–1785
- Zur Beständigkeit, 1783–1785
- Zur gekrönten Hoffnung, ab 1782
- Zur neugekrönten Hoffnung, ab 1786

Im Haus Nr.464, »Zum rothen Krebsen« des Joseph Edler von Weinbrenner am Kienmarkt wirkten

- Zur Wahren Eintracht, ab 1783
- Zur Wohlthätigkeit, ab 1783
- Zur Wahrheit, 1786–1787

Das Haus »Zu den sieben Schwerden auf der Hohen Brucken«, 1. Stock, heute: Schwertgasse 3, war folgender Loge vorbehalten:

- Zu den 3 Feuern, aber auch andere Logen waren hier zu Gast.

In der Schottenbastei »hinter dem Klepperstall auf den Schnitten gelegen« (heute Ecke Heßgasse) arbeiteten die Logen

- Zum hl. Joseph
- Zur Wahren Eintracht (zu Anfang)

Außerdem gab es noch eine Loge im Kleinen Uhlefeldschen Haus »Hinter den Minoriten gegen die Bastey« (1. Stock, heute Abraham-a-Sancta-Clara-Gasse, Ecke Metastasiogasse).

Die Provinzialloge von Österreich wurde von bedeutenden Persönlichkeiten geleitet: Großmeister war Karl Johann Fürst von Dietrichstein-Proskau, ein Rosenkreuzer, Deputierte Großmeister waren Christian Bernhard von Isenflamm, ein Briefpartner Goethes, und Karl Hieronymus Graf Pálffy von Erdöd; Großsekretär und Erster Großaufseher war Ignaz von Born, und als Provinzial-Großsekretär fungierte Otto von Gemmingen.

Die Provinzialloge hatte als Untergliederung zwei Distriktlogen.

Die erste trug den Namen: »Zur Wohlthätigen Eintracht«. Ihr Großmeister war Joseph von Sonnenfels, Born war Mitglied. In ihr waren vertreten: »Zur Wahren Eintracht«, »Zur Wohlthätigkeit«, »Zur Wohlthätigen Marianna« aus Klagenfurt, »Zu den Sieben Weisen« aus Linz und »La belle Etoile«

aus Bataszek. Die zweite Distriktloge hieß: »Zum neuen Bund«. Ihr Großmeister war Tobias Philipp Freiherr von Gebler. Zudem soll es noch eine Bezirksloge mit dem Namen »Zur dreifachen Vereinigung« gegeben haben.

Schon allein diese Auflistung der Logen und der Struktur der Freimaurerei im Österreich Josephs II. zeigt, welche außerordentliche Bedeutung sie im Kaiserreich errungen hatte.

Das Edikt Josephs II.

Die rasche Entwicklung der Königlichen Kunst und ihr Einfluss auf das politische und geistige Leben Wiens und Österreichs beunruhigte den Kaiser, der stets auf seine Vorrechte bedacht war und allen Anregungen misstraute, die nicht von ihm selbst stammten.

Am 11. Dezember 1785 verfasste er sein berühmt gewordenes »Handbillet«, das am 21. Dezember in der amtlichen »Wiener Zeitung« veröffentlicht wurde. Durch sein Edikt zwang er die Wiener Logen, sich auf höchstens drei zu verringern, deren Mitgliederzahlen nicht höher als jeweils 180 sein durften. So verlor fast die Hälfte der Wiener Maurer auf einen Schlag ihre Logenzugehörigkeit. Die Logen selbst mussten sich innerhalb kürzester Zeit zusammenschließen. Daraus ergaben sich unzählige Probleme und Verwechslungen, die auch die späteren Forscher immer wieder in Verwirrung brachten. Schlimmer noch: Es kam sehr schnell zu einer dramatischen Verschlechterung der Freimaurerei in der ganzen KK Monarchie.

Der Orden stand unter Zugzwang. Eile war angebracht. Am 24. Dezember 1785 beschlossen die Deputierten der Wiener Freimaurer in einer eigens einberufenen Versammlung der Landesloge, in Gegenwart des Landes- und der Provinzialgroßmeister sowie der Repräsentanten der Provinzlogen, dass es in der Hauptstadt nur mehr zwei Logen geben sollte. Die erste Sammelloge, die den Namen »Zur Wahrheit« erhalten sollte, würde nach diesem Beschluss die Brüder der Logen »Zu den drei Adlern«, »Zum Palmbaum«, »Zur wahren Eintracht« und »Zu den drei Feuern« aufnehmen. Die Fusion sollte am 28. Dezember 1785 stattfinden.

Die Logen »Zur gekrönten Hoffnung«, »Zum hl. Joseph«, »Zur Beständigkeit« und »Zur Wohlthätigkeit«, Mozarts Loge, sollten sich zur Sammelloge »Zur neugekrönten Hoffnung« zusammenschließen.

Dass das Edikt derart restriktiv ausgelegt wurde und man noch über des Kaisers Verordnungen hinausging, indem man die Sammellogen auf nur zwei reduzierte, geht allem Anschein nach auf Dietrichstein und Born zurück. Auf diese Weise sollten die Symbolischen (Johannis-) Logen über die Schottischen (Hochgrad-) Logen die Überhand bekommen, dem Einfluss der Esoteriker entgegenwirken und versuchen, die Rosenkreuzer und die Asiatischen Brüder mit doch sehr undemokratischen Mitteln, die konträr zu den maurerischen Prinzipien waren, zurückzudrängen. Wer sollte denn die Auswahl der Brüder treffen?[28]

Es kam zu heftigen Kontroversen und unerfreulichen Szenen. Zahlreiche Maurer deckten sofort. »Die Anzahl der Mitglieder sank von 783 auf 614.«[29] Die Loge »Zum hl. Joseph« gab den Kampf auf, und von der Loge »Zur Beständigkeit« nahmen nur 14 Mitglieder den Beschluss an.[30] Die anderen deckten, weil ihre anerkanntesten Mitglieder, alles »Asiaten«, bei der Ämterverteilung für die beiden Sammellogen übergangen wurden: »Graf Paar, Fürst Liechtenstein, Ost und Le Noble«.[31]

Mozart war bei den Auseinandersetzungen um seine eigene Loge am 19. Dezember 1785 zugegen. Diese nahm an diesem Abend noch zwei Maurer in den Gesellengrad auf, den »Frhrn von Hornstein und den dienenden Bruder Joseph Kieninger«[32], den Kammerdiener des Fürsten Batthyány, und beendete damit ihre Arbeit. Nun sollte Gemmingen, ihr Meister vom Stuhl, als Asiatischer Bruder bekannt, ausgeschaltet werden. Der aber setzte sich zur Wehr: »Er weigerte sich, einem faulen Kompromiss in grundlegenden Fragen des maurerischen Selbstverständnisses zuzustimmen. Es galt, Gesicht und Gesinnung zu wahren. Vierzig ordentliche Mitglieder hatte die Loge ›Zur Wohlthätigkeit‹; vierundzwanzig – darunter sechs von acht Logenbeamten – hielten zu Gemmingen und (...) trennten sich von der ›Wahren Eintracht‹. Unter ihnen war auch Mozart.«[33]

Borns neue Loge »Zur Wahrheit« nahm am 6. Januar 1786 die Arbeiten auf. Sie sollte aber nie wieder die Bedeutung erhalten, die vorher die »Wahre Eintracht« hatte. Was ihr nämlich fehlte, war eben die Eintracht. Zwar wurde Ignaz von Born immer wieder zum Meister vom Stuhl gewählt, ein letztes Mal am 31. Mai 1786, doch es kam auch immer wieder zu Zwist und Streit. Gemmingen verstand sich nicht mehr mit Born, eine jahrelange Freundschaft zerbrach, obschon Gemmingen noch regelmäßig Borns Loge besuchte. Danach kam es zum Krach zwischen Born und Sonnenfels, der nichts mehr von diesem wissen wollte und die Loge nach dem Johannisfest 1786 verließ. Erschöpft von den Querelen, an denen er nicht unschuldig war, und gesundheitlich stark angeschlagen, gab schließlich auch Born auf. Im September 1786 legte er sein Amt nieder und verzichtete auf jede weitere Maurertätigkeit.

Nach seinem Ausscheiden hatte die Loge »Zur Wahrheit« nur noch ein Schattendasein und wurde am 8. Juli 1787 aufgelöst. Schatzmeister Michael Puchberg wurde angewiesen, das »Vermögen gehörig zu vertheilen«.[34] Damit war der Illuminismus in Österreich am Ende. Ignaz von Born starb einsam und verbittert am 22. August 1791. Etwas mehr als einen Monat später wurde die »Zauberflöte« zur posthumen Ehrung für das, was er im Geiste der Aufklärung geleistet hatte.[35]

Die andere Sammelloge »Zur neugekrönten Hoffnung« wählte Tobias Freiherr von Gebler zum Meister vom Stuhl und bootete damit Gemmingen regelrecht aus, was dieser nie verkraften konnte. 1787, nach Geblers Rücktritt und seinem kurz drauf erfolgten Tod, wurde Johann Bourgois, Auditor der KK adelig-deutschen Leibgarde[36], mit der Leitung der Loge beauftragt, und 1790 war Graf Johann Esterházy

Meister vom Stuhl.[37] Bei ihrer Auflösung im Jahre 1793 hatte sie noch 163 Brüder in ihren Reihen[38], und sie war es daher auch, die »mehrere Jahre hindurch das maurerische Licht in Wien allein aufrechterhielt«.[39]

Nach Auflösung der Nationalloge gliederte sich die »Neugekrönte Hoffnung« wieder der Großloge von Berlin an. Damit hatten die Anhänger der Hochgrade und der Esoterik die Oberhand gewonnen. Infolge dieser Angliederung, wurde das »neu« im Titel gestrichen. Die Loge trug somit wieder den Namen »Zur gekrönten Hoffnung«, jener Bauhütte, die Ende 1785 in ihr aufgegangen war, die aber in ihrer Struktur, ihrer Orientierung und ihrer Zusammenstellung grundverschieden war. Die Tatsache, dass Mozart 1784 und 1785 nicht Mitglied der »Gekrönten Hoffnung« war, nach der Fusion aber der »Neugekrönten Hoffnung« beitrat und die wieder ihren alten Namen trug, führte später zu andauernden Verwechslungen bei Mozarts Biographen, sofern sie das Thema Freimaurerei wahrnahmen.

Eine Loge mit rosenkreuzerischer Orientierung, »Zur Liebe und Wahrheit«, über die man sehr wenig weiß, bildete sich noch 1790. Im gleichen Jahr entstand auch wieder die Bauhütte »Zum heiligen Joseph«, die sich nach der Neuordnung der Logen aufgelöst hatte, und arbeitete nach dem Zinnendorfschen System. Sie sollte 1794 als letzte in der KK Monarchie ihre Arbeiten einstellen.

»Man ist sich heute einig in der Annahme, dass die Reformen Josephs II. die Krönung und der Abschluss einer sehr langen Entwicklung waren, bei der die Persönlichkeit des Kaisers hinter den Gesetzen der politischen, administrativen und religiösen Konjunktur verschwand, die damals in Europa vorherrschte.«[40]

Es ist nicht erwiesen, dass Joseph II. beabsichtigt hatte, gerade den Freimaurern den Kampf anzusagen, aber wiewohl er aufgeklärt war, so war er doch ein Despot: Er wollte eben genau wissen, was in seinem unruhigen Reich vor sich ging, in dem sich neben den bedeutenden Vertretern ernsthafter Vereinigungen initiatorischen Charakters auch Scharlatane, Verschwörer und Fanatiker aller Schattierungen breit machten, so wie all jene, die meinten, es gehörte zum guten Tone, Mitglied einer Geheimgesellschaft zu sein.

Es kann allerdings nicht behauptet werden, dass Joseph II. den Freimaurern besonders gewogen war, obwohl er die Unterstützung ihrer bedeutendsten Vertreter benötigte, die zu den besten und aufgeschlossensten Köpfen ihrer Zeit zählten und sich am stärksten für den Reformprozess einsetzten, den er in Bewegung gesetzt hatte, um seinen Staat mit den neuen Ansprüchen in Gleichklang zu bringen »gegenüber einer Gesellschaft, deren Glück er wollte, die ihn aber nicht liebte«.[41]

Es muss auch gesagt werden, dass das berühmte »Handbillet« vom 11. Dezember 1785 anfangs sehr wohlwollend zumindest von einem Teil der Wiener Freimaurer aufgenommen wurde, die den Kaiser seit seiner Thronbesteigung als ihren Beschützer, ja ihren »ält'sten Sohn« ansahen.[42]

Liest man allerdings den einleitenden Text zum kaiserlichen Dekret, so muss man sich schon Fragen stellen zur Einstellung Josephs II. gegenüber dem Orden:

»Die sogenannte Freymäurer Geselschaften deren Geheimniße mir ebenso unbewußt sind als Ich deren Gaukeleyen zu erfahren wenig vorwitzig jemals war, vermehren und erstrecken sich itzo auch schon auf alle kleinsten Städte (Regimenter und Corps). Diese Versammlungen, wenn sie sich selbst überlassen und unter keiner Leitung sind, können in Ausschweifungen, die für Religion, Ordnung und Sitten allerdings verderblich seyn können, besonders aber durch eine Fanatische enge Verknüpfung bey Oberen in nicht ganz vollkommene Billigkeit gegen ihre untergebenen, die nicht in der nemlichen Geselschaftlichen Verbindung mit ihnen stehen, ganz wohl ausarten, oder doch wenigstens zu einer Geldschneiderey dienen. Vormals und in anderen Ländern verbot und bestrafte man die Freymäurer und zerstörte ihre in den Logen abgehaltenen Versamlungen, blos weil man von ihrem Geheimniß nicht unterrichtet war; mir, obschon es mir eben so unbekannt ist, ist genug zu wissen, dass von diesen Freymaurer Versamlungen dennoch einiges Gutes wirklich für den Nächsten und für die Armuth und Erziehung schon ist geleistet worden, um mehr für sie, als je in einem Lande geschehen ist hiemit zu verordnen, nemlich: daß selbe, auch unwißend ihrer Gesetzen und Verhandlungen, dennoch, so lange sie guts wirken unter dem Schutz und der Obhut des Staats zu nehmen, und also ihre Versammlungen förmlich zu gestatten sind …«[43]

Zuckerbrot und Peitsche, demnach! Dies ging ganz besonders aus den Zusatzbestimmungen zum Edikt hervor. Sie griffen zwar die Substanz des Ordens nicht an, verordneten jedoch, dass nur in Städten mit Regierungsämtern Logen errichtet werden durften, nicht aber auf dem Lande und nicht auf Adelssitzen; dass die Daten der Logenarbeiten den Behörden mitgeteilt und jährlich die Listen der Logenmitglieder und der Würdenträger neu eingereicht werden mussten. Zwar brauchten die Maurergrade der Logenbrüder nicht angegeben werden, auch hatten die Behörden nicht das Recht, weitere Nachforschungen anzustellen, »Winkellogen«, d. h., nicht anerkannte Logen, aber wurden verboten, und in keiner Stadt durfte es mehr als drei Bauhütten geben und, wie bereits erwähnt, in keiner mehr als 180 Mitglieder.

Wenige Freimaurer ahnten die verheerende Wirkung des Josephinischen Handbillets voraus, ja die Wiener Logenbrüder gingen mit neuem Mut an ihre Arbeit. Dies wird vor allem durch das »Journal für Freymaurer« belegt, das für 1786 wichtige Projekte der Loge »Zur neugekrönten Hoffnung« ankündigte, insbesondere die Errichtung eines Museums der Freimaurerei, um damit zu beweisen, dass »Resignation nicht die Konsequenz kaiserlichen Schutzes der Freimaurerei darstellt.«[44]

Sehr schnell jedoch wurden die Bestimmungen des Dekretes, die an den Grundlagen selbst der Freimaurerei rüttelten, in ihrer ganzen Schädlichkeit deutlich, und mit den Logen im Kaiserreich ging es rasch bergab. Viele Maurer konnten nur noch als »Besuchende Brüder« an den Logensitzungen teilnehmen. Eine große Anzahl war bereits durch die neue Struktur des Logenwesens dazu verurteilt, als »Abwesende Brüder« zu gelten. Viele als »Anwesende Brüder« zählende Mitglieder waren zudem nicht mehr bereit, tatsächlich anwesend zu sein, weil sie nicht wollten, dass ihre Namen in den Logenlisten auftauchten, die nun als besondere Register bei den Behörden hinterlegt werden mussten, jenen Behörden aus denen die Geheimpolizei hervorging, die unter Metternich das Sagen hatte. Diese Register wurden die berühmt-berüchtigten »Vertraulichen Akte«, die nun im »Haus-, Hof- und Staatsarchiv« in Wien hinterlegt sind und schon seit 1919 der Forschung zugänglich sind: Was als Denunziations- und Repressionsmittel gedacht war, wurde somit in unserer Zeit zu einer unschätzbaren Hilfe für die Forschung.

Vor allem aber machten innere Streitigkeiten, speziell was die Orientierung der Freimaurerei betraf, den Logen schwer zu schaffen. Die verschiedenen Strömungen bekämpften sich leidenschaftlich. Die progressiven Richtungen wurden verleumdet und verfemt, Resignation ergriff die berühmtesten Maurer, andere wurden zu Verrätern am Orden und zu seinen ärgsten Gegnern. Zu ihnen zählten Leopold Aloys Hoffmann (»Zur Wohlthätigkeit«), Polizeiminister Franz Graf Saurau (»Zur wahren Eintracht«) und Cagliostro.

Die Verleumdungskampagne gegen die Königliche Kunst erreichte ihren Höhepunkt in der These der Verschwörung der Freimaurer gegen die Institutionen des Staates, im berüchtigten »Jakobinerkomplott«, wonach die österreichischen Freimaurer den Import der Französischen Revolution in der KK Monarchie vorbereiteten, was schon durch die

Tatsache belegt schien, dass die Ideale der Freimaurerei zur Devise des revolutionären Frankreichs geworden waren.

Die These des Jakobinerkomplotts gewann rasch an Boden und beschleunigte den Verfall des Ordens. Zudem wurden seine finanziellen Probleme so groß, dass eine besondere Deputation aller Logen eingesetzt wurde, um sie zu lösen, ohne dass ihr dies jedoch geglückt wäre.

Joseph II. starb am 20. Februar 1790. Sein Bruder bestieg den Thron unter dem Namen Leopold II. Die Meinungen über seine Haltung zur Freimaurerei gehen auseinander. Sicher ist nur, dass er sie »in den Dienst seiner eigenen politischen Ziele stellen wollte, um zu verhindern, dass sie eine Oppositionshaltung gegenüber seiner Regierung einnahm. Diese Versuche müssen im Zusammenhang mit der Leopoldinischen Politik gesehen werden, die durch das Hinzunehmen geheimer Mitarbeiter eine neue Dimension erhielt.«[45] Auf ausdrückliche Anfrage des Ordens selbst, versuchte Leopold II. eine Reorganisierung der Freimaurerei auf dem Reichsgebiet.[46] Sie kam aber so wenig zur Ausführung wie andere Initiativen, die vom Kaiser geplant waren, denn Leopold starb bereits 1792.

Franz II., sein Sohn und Nachfolger, drehte fast augenblicklich das Rad zurück und unterdrückte alle fortschrittlichen Kräfte und revolutionären Gedanken. Seine Abneigung gegen das, was in Frankreich geschah und was Europa zu verändern begann, schlug um in einen blinden Hass gegen den Geist der Aufklärung und gegen jeden Reformwillen. Die Freimaurerei wurde zum Staatsfeind Nummer eins, insbesondere, weil der neue Kaiser genau wusste, dass die Verteidiger eines aufklärerischen Humanismus in den Logen einen modellhaften Arbeitsplatz gefunden hatten, um an sich selbst zu arbeiten und die Ideale von Freiheit, Gleichheit, Brüderlichkeit und Solidarität zu verwirklichen, die sie sich zum Ziel gesetzt hatten. Die Freimaurerei war »durch ihre Zielsetzungen und durch die Tatsache, dass in den Logen jede Rangordnung abgeschafft war, ganz sicher wichtig für die Jakobinerbewegung gewesen. Durch die Toleranz, die sie in den intellektuellen Diskussionen zeigte, durch ihre Bemühungen, die Allgemeinbildung zu heben, sowie die gesellschaftlichen Vorurteile und Ungerechtigkeiten abzuschaffen, näherte sie sich eindeutig der ersten Phase der französischen Revolution.«[47]

Die Politik Franz II. zwang die freien Geister seiner Zeit dazu, entweder ihre Überzeugungen zu verbergen und sich außerhalb des Gesetzes zu stellen, oder sie zu verraten. Eines der prominentesten Opfer dieser systematischen »Hexenjagd« wurde Martin Joseph Prandstetter, Ratsprotokollist beim Stadtmagistrat, Mitglied der Logen »Zum hl. Joseph« und »Zur wahren Eintracht«, besuchender Bruder der »Wohlthätigkeit« und, nach der Logenfusion, Mitglied der Sammelloge »Zur Wahrheit«, sowie Herausgeber des »Wiener Musenalmanachs«. Er wurde von seinem Logenbruder aus »Zur wahren Eintracht«, Graf Saurau, in den Jakobinerprozess von 1794 verwickelt und zu dreißig Jahren Haft verurteilt. Er überlebte die schreckliche Behandlung nicht und starb im Gefängnis von Munkács in Ungarn.[48]

Andere bekannte Freimaurer, ebenfalls Opfer der systematischen Verfolgung durch Franz II. und seine Gefolgsleute, waren: Ignaz Martinovics, der Theologe und Illuminat Friedrich Münter, Bischof von Kopenhagen, Johann Baptist von Alxinger, ein furchtloser Ankläger des Verräters Leopold Aloys Hoffmann, der ebenfalls im Jakobinerprozess von 1794 verurteilt wurde, sowie der Kartograph Siegfried Freiherr von Tauf(f)erer, der der Verschwörung gegen den Staat überführt wurde und, weil er zum Militär gehörte, am 26. Mai 1796 als Hochverräter hingerichtet wurde.

Die Logen, soweit sie noch bestanden, hatten nach und nach ihre Arbeiten eingestellt. Am 2. Dezember 1793 kamen die Brüder der »Gekrönten Hoffnung« zum letzten Mal zusammen und verfassten ein Schreiben an den Kaiser, dass sie ihre Arbeiten einstellten, weil die Loge ihre Aufgabe nicht mehr erfüllen könne und es immer unmöglicher werde, »den schönen Zweck der Freimaurerey mit jener unumwölkten Heiterkeit des Geistes, die zum segensvollen Anbaue nothwendig ist, und in dem Umfange zu errichten, als es die Regel des Institutes, das Beste des Staates und der Menschheit, und die eigene Zufriedenheit der Arbeiter erfordert«.[49]

Am 15. Januar 1794 schrieb die Bauhütte »Zum hl. Joseph«, dass sie ihre Tätigkeiten eingestellt habe. Ab diesem Zeitpunkt gab es offiziell keine Logenarbeit mehr in Wien.

Vierzig Jahre hatte es gebraucht und vielfältige Widerwärtigkeiten hatte es gegeben, ehe die Freimaurer ihre Tätigkeit ungehindert in der KK Monarchie entfalten konnten. Nur kaum sieben Jahre dauerte die Blütezeit des Ordens, aber diese Zeit genügte, um es dem berühmtesten, wenn nicht größten der Brüder, Wolfgang Amadé Mozart, zu ermöglichen, den hohen maurerischen Zielen gültigsten Ausdruck zu verleihen. 1795, acht Jahre später, vier Jahre nach Mozarts Tod, wurde das Verbot der Freimaurerei für das gesamte Gebiet des Kaiserreiches ausgesprochen. Die »Hochmitternacht« hatte begonnen. Sie sollte 123 Jahre andauern, mit nur einer ganz kurzen Unterbrechung im Revolutionsjahre 1848: »Ein Sprachlehrer, Lewis, entzündete das Licht der königlichen Kunst in Wien«[50], und die Loge »Zum Heiligen Joseph«, die als letzte gedeckt hatte, nahm als erste und einzige ihre Arbeit am großen Bau wieder auf. Die Reaktion aber siegte, und erst 1918, Ende des Ersten Weltkrieges, wurde das Verbot aufgehoben. Zwanzig Jahre später sollte dann der Naziterror über die österreichische Freimaurerei hereinbrechen.

Strömungen, Tendenzen und Richtungskämpfe

Die wahre »Sturmflut, die die Geschichte der Freimaurerei des XVIII. Jahrhunderts darstellt, ist eines jener unvermeidbaren und periodischen Phänomene, die notwendigerweise als Kompensation für den moralischen Zusammenbruch der großen traditionellen geistigen Werte auftreten.«[51]

Die Kirchen erlebten zu jener Zeit eine gravierende moralische Krise. Die katholische zuerst, die protestantischen, ob calvinistisch oder lutherisch, kurz nachher. Alle hatten nach der dramatischen Spaltung der Reformation und den Gräueln des Dreißigjährigen Krieges Halt und Autorität verloren, und weder die mystische Efferveszenz des Barocks noch die asketische Verinnerlichung des Protestantismus vermochten, sie ihnen bei den gebildeten Menschen und den geistigen Eliten der Zeit wiederzubringen, dies umso weniger als die Kirchen vor allem auf ihr Überleben in dieser Welt bedacht waren und sich umso krampfhafter an einer politischen Macht festhielten, als ihre geistigen Dimensionen infrage gestellt waren.

In diese Leere schlug die Freimaurerei schockartig ein, und sei es nur durch die Tatsache, dass sie ihren Mitgliedern die Freiheit der Glaubenswahl zugestand. Sie begnügte sich, dazu eine Grundlage zu bieten, die sich auf ein dogmatisches Minimum beschränkte, den Glauben an einen Schöpfer-Gott, den »Großen Baumeister der Welt«, ganz gleich welche Form er für jeden Einzelnen annahm.

Entscheidend für die maurerische Geisteshaltung war und bleibt die Arbeit an sich selbst und zum Wohle des Nächsten, die Verwirklichung von Idealen, die die Lebensbedingungen der Menschen verbessern sollen, und der ständige Einsatz für eine Menschheit, die gerechter, brüderlicher, toleranter und solidarischer wäre. Sie kommt aus der maurerischen Grundüberzeugung heraus, dass der Mensch die Kraft aufzubringen imstande ist, sich selbst zu bessern und zu verbessern: »Der maurerische Glaube besteht in der Überzeugung, dass es eine Kunst gibt, eine bessere Welt zu errichten und dass es möglich ist, diese Kunst zu pflegen.«[52]

Um sein geistiges Ziel zu erreichen, verwendet der Freimaurer Riten und Symbole. Diese haben eine gemeinsame Grundlage, ihre Interpretation ändert sich jedoch je nach den Gegebenheiten, Zeiträumen, Epochen, Örtlichkeiten und den betroffenen Menschen. Ihr Hermetismus, die Vielzahl der Sinngebungen, die sich damit verbinden und die Traditionen, von denen man sie herleitet, haben dazu geführt, dass von Anfang an ihre fundamentale Einheit eine Vielfalt von praktischen Anwendungen mit sich gebracht hat.

Weniger als fünfzig Jahre nach ihrer Gründung kannte die Freimaurerei schon zahlreiche Strömungen und Interpretationen, und die zu einer Modeerscheinung gewordene Begeisterung der Zeit für Institutionen mit initiatorischem Charakter führte nicht nur zu einer raschen Zunahme der Mitglieder der Freimaurerlogen, sondern ebenfalls zu einem Wildwuchs von solchen, die hofften, aus der Dummheit und Naivität der Leichtgläubigen Kapital schlagen zu können.

So kam es, dass es neben Logen, die ernsthafte Arbeit am »Bau des idealen Tempels« leisteten, eine große Anzahl von pseudogeheimen Gesellschaften und geheimen Pseudogesellschaften gab.

Was die Freimaurerei selbst betrifft, so gab es in den 80er Jahren des XVIII. Jahrhunderts, zur Blütezeit des Ordens in der KK Monarchie, zwei gegensätzliche Hauptströmungen, die sich ursprünglich außerhalb der Maurerei gebildet hatten, sich später aber in die Logen integrierten und ihre Entwicklung bestimmten: die »Bruderschaft der Rosenkreuzer« und der »Bund der Illuminaten«.

Die Rosenkreuzer-Bewegung war aus der traditionellen Strömung des Hermetismus hervorgegangen, hatte die Symbolik der Alchimisten systematisiert und begründete ihre mythischen Ursprünge auf dem Templerorden.

Ihre geistigen Väter waren einerseits Thomas Vaughan und Elias Ashmole in England, andrerseits Michael Maier, Jakob Boehme, der Kabbalist Christian Knorr von Rosenroth und Johann Valentin Andreae, der durch seinen Roman: »Chymische Hochzeit Christian Rosenkreuz«, den Namen und die Orientierung des Ordens bestimmt hatte.

Ihre Anhänger versuchten eine Synthese zwischen mystischer Alchimie, Kabbala und Okkultismus herzustellen, um solcherart den »Stein der Weisen« zu finden.

Den »Rosenkreuz(l)ern« geistig verwandt waren die »Asiatischen Brüder«, die sich ebenfalls in Esoterismus, Gnostizismus und eine eigenartige Christo-Kabbalistik hineinversenkten. Sie wurden von Hans Heinrich Freiherr von Ecker und Eckhoffen, selbst ursprünglich Rosenkreuzer, gegründet. Als Zugeordneter Meister der Loge »Zu den sieben Himmeln« hatte dieser bereits 1781 einen ersten »hochwürdigsten, mächtigen und weisen Orden der ›Ritter und Brüder des Lichts‹ gegründet«, angeblich »von den ›sieben weisen Vätern, Vorstehern der sieben Kirchen in Asien‹ errichtet, mit der Bestimmung, Licht und Wahrheit zu verbreiten, Seligkeit und Frieden zu schenken und die echten geheimen Bilder der Grade der Brüder Freimaurer-Ritter aufzuschließen.«[53] Das System hatte fünf Grade: Ritternovize vom 3., 5., und 7. Jahr, Levit und Priester. Geschickt wurde das Element der Kabbala im Ritual hervorgehoben, »um damit die Aufnahme von Juden als ›uralten, echten Brüdern aus Asien‹ zu rechtfertigen, die in jener Zeit keinen Zugang zur deutschen Freimaurerei hatten«.[54]

Die Tatsache, dass Ecker für die Gleichberechtigung der Juden und ihre Aufnahme in die Freimaurerei plädierte, zog ihm den Hass der Rosenkreuzer zu. Er aber wusste sich mit zwei berühmt gewordenen Schriften – »Der Rosenkreuzer in seiner Blöße« von 1782 und »Recapitulation und Instruktion des hochwürdigsten und weisen Ordens der Ritter und Brüder St. Johann des Evangelisten aus Asien in Europa« von 1786 – zu wehren und zu revanchieren. Auf dem Konvent von Wilhelmsbad hatte er den Landgrafen Karl von Hessen für seine Vorstellungen gewonnen und arbeitete auf dessen Wunsch das System um. So entstanden die »Ritter und Brüder St. Johannis des Evangelisten aus Asien in Europa«, kürzer: die Asiatischen Brüder. Der Orden hatte zwei Probestufen: Suchender und Leidender, und drei Hauptstufen: Ritter und Bruder, Weiser Meister, Königlicher Priester oder echter Rosenkreuzer. Graf Sinzendorf war Großmeister, Fürst Karl von Liechtenstein Ordensprotektor. Otto von Gemmingen, Meister vom Stuhl in Mozarts Loge »Zur Wohlthätigkeit«, hatte geistige Affinitäten zu den Asiatischen Brüdern und, nachdem er sich mit Ignaz von Born verkracht hatte, bekannte er sich öffentlich zu ihnen. Die »Asiaten« fanden rasch Verbreitung in einigen Wiener Logen, insbesondere in der Bauhütte »Zur Beständigkeit«, deren Mitbegründer Ecker gewesen war.

Die von Hund gegründete »Strikte Observanz« und das »Zinnendorfsche System«, die schon Erwähnung fanden, die »Clercs Templiers« sowie das mystische und pietistische Hochgradsystem der »Brüder des Kreuzes« (oder »Gemeinschaft der Vertrauten Sankt Johannis«), 1780 von Graf Christian August von Haugwitz, dem späteren preußischen Außenminister, gegründet, waren andere Richtungen, deren esoterischer Einfluss in dieser turbulenten Zeit beachtlich war.[55]

Gegenpol war der »Orden der Illuminaten«, 1776 vom Dekan der Fakultät für Rechtswissenschaft in Ingolstadt,

Adam Weishaupt, gegründet. Weishaupt, ein ehemaliger Zögling der Jesuiten, die er bis zum Ende seines Lebens unerbittlich hasste, war ein großer Bewunderer des Freimaurers Helvetius. 1777 war er in einer Loge der Strikten Observanz in München in die Freimaurerei aufgenommen worden. Er wandte die Praktiken der Maurerei auf den Orden der Illuminaten an. Im Freimaurer, Schriftsteller und Komponisten Adolf Franz Friedrich Ludwig Freiherr von Knigge, dem berühmten Autor eines Breviers guter Sitten, fand er den erwünschten Mitstreiter.

Beide träumten von einer völligen Umstrukturierung der Freimaurerei mit neuer Zielsetzung. Sie sollte sich einsetzen gegen politischen Despotismus und religiöse Mystifizierung, gegen Hermetismus und Verdummung, sie sollte kämpfen gegen die Tyrannei der Kirchen und für die freie Entfaltung der menschlichen Vernunft, »die allein ›Gottes Reich auf Erden‹ herbeiführen kann, nämlich Freiheit, Gleichheit und Brüderlichkeit«.[56] So wurde bei der Aufnahme eines Prinzen, »der Kandidat vorerst angekettet, ist er doch ein Sklave auf der Flucht, der um seine Befreiung bittet, geknechtet durch Gesellschaft, Staat und Kirche. Doch nun wird er würdig, frei zu werden, denn er macht keinen Unterschied mehr zwischen Königen, Adligen und Bettlern, er kennt keine Kasten mehr, er kennt nur noch den Menschen«.[57]

Der Illuminismus verbreitete sich mit ungeahnter Schnelligkeit und zählte sehr bald zu seinen Anhängern die bedeutendsten Persönlichkeiten der Zeit: Goethe, Herder, Pestalozzi, Nicolai, den Freiherrn von Dalberg, bischöflicher Koadjutor von Mainz, die Herzöge Ferdinand von Braunschweig, und Karl August von Weimar, Graf Mirabeau, Generalpostmeister von Thurn und Taxis, Bode, den Verleger Lessings, den Philosophen Jacobi, Stolberg, Montgelas, Sonnenfels, Born, van Swieten …

Mozart ist den Illuminaten nicht beigetreten, es ist aber sicher, dass er den Ideen der Bewegung nahe stand. Er hatte aber auch Sympathien für die Asiatischen Brüder, sowohl wegen der liberalen und revolutionären Konzepte, die von einigen Vorkämpfern der Bewegung um Graf Karl Pálffy von Erdöd in der Loge »Zur neugekrönten Hoffnung« verteidigt wurden, als auch wegen seiner eigenen ausgeprägten Begeisterung für die Mathematik und die Zahlensymbolik und -mystik, eine ihrer Arbeitsgrundlagen.

Auch die Illuminaten mussten sehr schnell gegen große Schwierigkeiten ankämpfen. Schon in ihrer Anfangszeit wurden sie wegen ihrer radikal-aufklärerischen Haltung Gegenstand wilder Spekulationen und Verschwörungstheorien. Es kamen innere Auseinandersetzungen hinzu. Eine brutale persönliche Rivalität entstand 1783, ein Jahr nach dem Triumph des Illuminismus auf dem Konvent von Wilhelmsbad, zwischen Weishaupt und Knigge. Sie bezog sich sowohl auf Charaktergegensätze als auf Meinungsverschiedenheiten über die Ausrichtung des Ordens. Weishaupt warf Knigge eine zu große Freizügigkeit gegenüber den mystischen Strömungen und sogar Verrat an einflussreichen Mitgliedern vor, Knigge klagte Weishaupt des politischen und antireligiösen Sektierertums an.

Der Illuminismus verkörperte somit in sich die Problematik der initiatorischen Gesellschaften jener Zeit, denn jede Tendenz bekämpfte alle andern, und für alle ging es um Macht und Einfluss.[58]

Diese Richtungskämpfe hatten, wie schon erwähnt, ihren Höhepunkt bereits 1782 auf dem Konvent von Wilhelmsbad erreicht, vor allem, weil hier den esoterischen Strömungen ein Dämpfer aufgesetzt worden war, dadurch dass ihre mythische Abstammung vom Templerorden in Abrede gestellt wurde. Das hatte die Rosenkreuzer zu den geschworenen Feinden der Illuminaten werden lassen. Sie ließen denn auch keine Gelegenheit aus, um diese als revolutionäre Geister und Atheisten zu beschuldigen und ihnen insbesondere vorzuwerfen, »die christliche Religion auszuhöhlen und aus der Freimaurerei ein politisches System zu machen«.[59]

Dadurch wurden sie zur Zielscheibe des Kurfürsten Karl Theodor von Bayern. Karl Theodor war vorher pfälzischer Kurfürst mit Residenzen in Schwetzingen und Mannheim gewesen, wo er die berühmte »Mannheimer Schule« begründet hatte. Dort hatte Mozart ihn kennen gelernt und für ihn die Oper »Idomeneo« 1780 komponiert. Als der Kurfürst 1777 in München einzog, wurde er verdächtigt, Bayern zugunsten einer Erweiterung der Pfalz zu einem »Königreich Burgund« an Österreich abtreten zu wollen, was auch eine der wesentlichen politischen Zielsetzungen Josephs II. war. Der Kaiser wollte die einflussreichen Illuminaten benutzen, um diese zu erreichen, aber Friedrich II. von Preußen verhinderte den Plan. Nun sah der Kaiser keinen Sinn mehr darin, die Tätigkeiten von Vereinigungen zuzulassen, die nicht bereit waren, sich der Kontrolle des Staates zu unterwerfen. Das Handbillet von 1785 war die Konsequenz.

Ebenso sah der Kurfürst jetzt überall Verschwörungen. Angestachelt durch seinen Beichtvater, einen Jesuiten namens Frank, und einen Renegaten des Ordens namens Utzenschneider[60], hatte er bereits zuvor zugeschlagen: Am 24. Juni 1784 hatte er durch eine »Höchst-landesherrliche Verordnung« alle geheimen Gesellschaften verboten, und ein Jahr später veröffentlichte er ein Edikt, das die Freimaurer und die Illuminaten namentlich anführte. Es folgten Bespitzelungen, Untersuchungen, Durchsuchungen, Verhaftungen, und die Feinde der Freisinnigen, besonders die geistlichen Herren, hatten alle Hände voll zu tun.

Aus Protest reichte Ignaz von Born am 2. September 1785 seine Kündigung als Mitglied der kurfürstlichen Akademie der Wissenschaften in München ein, gleichzeitig mit einem Brief, in dem es hieß, dass er den Prozess gegen die so genannten »Häretiker« als ein Urteil von Kannibalen ohne Eingeweide betrachte und dass er der geschworene Feind der unwissenden Mönche sei, die er als die Pest des Menschengeschlechts betrachte, dass ihnen nie die Erziehung junger Menschen anvertraut werden dürfe, dass für ihn Jesuitismus und Fanatismus dieselbe Bedeutung hätten wie Bosheit und Ignoranz, Abergläubigkeit und Dummheit, dass, in einem Wort, seine Denkweise das genaue Gegenteil von der sei, für die Bayern berühmt sei.[61]

In Österreich arbeitete der Illuminatenorden weiter und konnte in seinen über 70 Niederlassungen im Alten Reich wie im benachbarten Ausland mehr als 1500 Mitglieder gewinnen: »Die enge Verbindung mit der Freimaurerei wie seine Vernetzung mit allen Bereichen von Staat, Kirche und Gesellschaft im ›Ancien Régime‹ unterstreichen seine exponierte Stellung und seine herausragende Bedeutung im Geflecht der aufgeklärten Gesellschaften des achtzehnten Jahrhunderts.«[62]

Mit Weishaupts Nachfolger aber, dem Dichter Graf Stolberg, erlosch der Orden, denn der verfügte 1788 die Einstellung seiner Tätigkeit nach dem Tod seiner ersten Frau, Agnes Gräfin von Witzleben, der ihn in eine schwere seelische Krise gestürzt hatte: 1800 konvertierte er sogar zum Katholizismus, wodurch seine langjährige Freundschaft mit Johann Heinrich Voß zerbrach.

Auslöser aber war auch im Falle der Illuminaten das Handbillet des Kaisers drei Jahre zuvor gewesen: »Zweifellos haben die verschiedenen Auseinandersetzungen der damaligen Geheimgesellschaften die Entscheidung Josephs II. gefördert. Aber die Spaltungen und Richtungskämpfe waren sicher nur ein Aspekt dieser komplexen Problematik«[63], und man muss sich, wie bereits angedeutet, anhand neuer Forschungsergebnisse die Frage stellen, ob nicht Born und seine Anhänger am Ursprung des Ediktes standen oder es jedenfalls angeregt hatten, eben wegen der fundamentalen und prinzipiellen Opposition zwischen einer Maurerei auf rationaler und einer auf esoterischer Grundlage.[64]

Die Lage war umso komplexer, als eine große Anzahl von Scharlatanen, Spinnern, Schwindlern und regelrechten Gaunern von der Begeisterung der Zeit für Vereinigungen, die eine Aufnahme mit einer Einweihung verbanden, profitierten, um so genannte »geheime« Gesellschaften nach dem freimaurerischen Modell ins Leben zu rufen.

Hier soll Emmanuel Swedenborg erwähnt werden, der verkündete, magische Beziehungen zu Gott und den Engeln zu haben, die ihm seherische Fähigkeiten verliehen hätten, Fähigkeiten, die er ab 1721 seinen Anhängern nach ihrer Aufnahme auf Grund eines Rituals, das von der Freimaurerei herstammte, weitervermitteln wollte. Sein System hatte sieben Grade. Einer seiner Getreuen, Martinez Paschalis (Pasqually), nutzte die Ideen Swedenborgs auf eigene Rechnung aus und gründete den »Tempel der schottischen Auserwählten« mit einer Hierarchie von neun Graden. Dieses System wurde später von einem Bewunderer Paschalis, Louis Claude Marquis de Saint-Martin, der durch seine schriftstellerische Begabung beeindruckte, nochmals abgeändert.[65]

Großen Eindruck machte zu jener Zeit auch der Arzt Franz-Anton Mesmer, Freimaurer und Lehrer an der Universität von Wien. In seiner Thesenarbeit »De planetarum influxu« wies er auf den Einfluss der Himmelskörper auf die Körper der Lebewesen hin, und 1780 verkündete er als neue Lehre, dass der tierische Magnetismus das Lebensprinzip aller organischen Wesen überhaupt darstelle.

Auf Grund von Versuchen aber kam man zum Ergebnis, dass das magnetische Fluidum in Wirklichkeit gar nicht existierte, dass aber die Wirkungen, die man ihm zuschrieb, Menschen eigen war, die anderen geistig überlegen waren. Daraus schlussfolgerte man, dass man Menschen von großer Geistigkeit auswählen müsse, um den Magnetismus mit Hilfe des Willens und des Glaubens betreiben zu können. Hierdurch kam es zu einem neuen Schisma in der Maurerei und, im Jahre 1783 in Paris, zur Gründung einer Vereinigung maurerischen Charakters unter der Bezeichnung: »Ordre de l'Harmonie Universelle«. In ihr sollten Anhänger, »gereinigt durch die Einweihung«, die Fähigkeit erlangen, den Mesmerismus auszuüben und zu verbreiten.[66]

Wenn sich auch Mesmers System als reiner Bluff herausgestellt hat, so kommen ihm doch unbestreitbare wissenschaftliche Verdienste zu. Heute wird er als einer der Väter der Psychotherapie angesehen. Mozart hat ihn gekannt. Mesmer hatte in seinem herrschaftlichen Hause die Aufführung von »Bastien et Bastienne« veranstaltet, und in »Cosi fan tutte« wendet Despina auf parodistische Art den Magnetismus bei den beiden »Toten« Ferrando und Guglielmo an.

Mesmer war gleichzeitig in Verbindung und in Konflikt mit Joseph Balsamo, genannt Cagliostro. Dieser hatte als bewundertes Vorbild den »Comte de Saint-Germain«, von dem man weder den wahren Namen noch den Ursprung kennt. Er begründete seinen außergewöhnlichen Ruhm auf der Tatsache, dass er behauptete, mehr als 4000 Jahre alt zu sein, Jesus und die Apostel gekannt zu haben und ein Lebenselixier zu besitzen! Nach letzten Erkenntnissen war er bei den Konventen von Wilhelmsbad (1782) und Paris (1785) anwesend und hat demnach auch eine Rolle in der Freimaurerei gespielt, deren Bedeutung aber nicht abzuschätzen ist.[67]

Cagliostro selbst war 1777 in einer Londoner Loge initiiert worden. Nach Frankreich kam er mit dem Ruhm eines Magiers und eines freimaurerischen Großmeisters. In Lyon, wo der Mesmerismus, der Swedenborgismus und andere -ismen Hochkonjunktur hatten, gründete er eine neue Loge und war schnell als Wahrsager und Wunderheiler berühmt. In Straßburg bekam er einen geradezu unheilvollen Einfluss auf Kardinal Louis de Rohan, einen leidenschaftlichen Anhänger der Alchimie, der ihm ungeheuere Summen zukommen ließ. Durch Cagliostro wurde der Kardinal in die berüchtigte »Affaire du Collier« (Halsbandaffäre) verwickelt. 1784 gründete Cagliostro sein eigenes maurerisches System mit 90 (!) Graden unter dem Titel: »Ägyptischer Ritus«. Es war offen für männliche und weibliche Logen, was originell war, mit magischen, spiritistischen, alchimistischen Riten, was wiederum weniger neu war, dafür aber umso attraktiver. Ein Jahr später brach Cagliostro mit der regulären Freimaurerei, und wurde einer ihrer größten Verleumder, dessen Behauptungen eine verheerende Wirkung haben sollten. 1789 wagte sich Cagliostro in der Tat in die Höhle des Löwen, nach Rom, wo er prompt von den Häschern des Heiligen Offiziums verhaftet wurde. Sein Prozess begann 1790, und die römische Kurie veröffentlichte sein »Geständnis« unter dem Titel: »Compendio della vita e delle gesti di Giuseppe Balsamo che si è stratto del processo contro de lui formato in Roma l'anno 1790 e che si può servire di scorta per conoscere l'indole della setta dei libri muratori. In Roma 1791 nella Stamperia della rev. Camera apostolica.«[68] Cagliostro sagte darin aus, dass die zwölf großen Geheimoberen des Illuminismus den Beschluss gefasst hätten, die Weltrevolution auszulösen, beginnend mit Frankreich. Diesen hätten sie mit ihrem Blut unterzeichnet!

Seine Aussagen aber halfen ihm nichts. Die Strafe des als Ketzers zum Tode Verurteilten wurde 1791 in lebenslange Haft umgewandelt, in der er 1795 starb.[69]

Schließlich gab es noch Frauenlogen, die so genannten »Adoptionslogen«. Bekanntlich war die Freimaurerei ursprünglich ein reiner Männerbund. Die Verfassung Andersons beschränkt in Artikel 3 die Aufnahme in den Orden auf »Männer guten Rufes« und schließt Sklaven, Frauen, unmoralische und ehrlose Menschen ausdrücklich aus. Vorbehalte eines Teiles der Freimaurer gegenüber »Schwestern« und einer gemischten Maurerei dauern auch heute noch an: »Die so genannte Unfähigkeit der Frauen, Geheimnisse bewahren zu können, ist pure Absurdität, nicht aber ihre Schwierigkeit, unter sich eine soziale Gleichstellung anzunehmen, auch nicht eine Sensibilität, die viel stärker ist als die der Männer. In einer in sich abgeschlossenen Welt, wo diese bloßliegt, wäre die Lebhaftigkeit gewisser weiblicher Reaktionen um ein Vielfaches gesteigert, was auf Kosten des Geistes der Brüderlichkeit ginge. Man hat auch die allzu schnelle Feindseligkeit geltend gemacht, die Frauen untereinander hegen können, besonders wenn sie verschiedenen Alters sind, sowie die unbestreitbare Gefahr, dem der Geist der Brüderlichkeit durch eventuelle Ehebrüche ausgesetzt wäre, nicht zu vergessen die Hahnenkämpfe, die so beliebt bei ›allumeuses‹ sind.«[70]

Die Adoptionslogen wurden vielfach als »liebenswerte Kleinigkeit« oder »Schäfermaurerei« angesehen. Ihre Entwicklung begann in Frankreich in den 60er Jahren des XVIII. Jahrhunderts und in Wien zu Anfang der 80er Jahre. Ihre Tolerierung, zum Beispiel durch den »Grand Orient de France«, war aber keine »de jure«-Anerkennung. Die Adoptionslogen waren auf dem Muster der »Blauen Logen« aufgebaut, es gab also nur Zeremonien für die drei ersten Grade, die ein eigenes Ritual hatten.[71] Zudem wurden sie unter die Aufsicht der männlichen Maurer gestellt, die ihnen vorstanden, ja sie zum Teil sogar leiteten.[72]

So gesehen stellt die Initiation Paminas in der »Zauberflöte« eine echte geistige, soziale und kulturelle Revolution dar: »Ein Weib, das Nacht und Tod nicht scheut, / ist würdig und wird eingeweiht«: Da mussten den Traditionalisten die Haare zu Berge stehen!

Wiener Freimaurer der 80er Jahre

ADAMBERGER, JOHANN VALENTIN (1743–1804)
(Johann) Valentin Adamberger, der erste Belmonte der »Entführung aus dem Serail«, war in München geboren und hatte in Italien und in England (King's Theatre, London) gesungen. Auf Einladung Josephs II. kam er 1780 nach Wien. Adamberger wurde 1784 Mitglied der Loge »Zur gekrönten Hoffnung«. Er wurde Mozarts Freund. Dieser schrieb für ihn: »Per pietà« KV 420, »Misero« KV 425b/430, sowie die Tenorpartien des »Davidde penitente« KV 469, und des »Schauspieldirektors« KV 486. Die Solopartien der »Maurerischen Kantaten« KV 471 und KV 623 sind ihm ausdrücklich gewidmet.

ALBERTI, IGNAZ (1760–1794)
Drucker, Verleger, »Kupferstich- und Kunsthändler«.[73] Zu Anfang Mitglied der Loge »Zum heiligen Joseph«, trat Alberti nach 1785 der Loge »Zur neugekrönten Hoffnung« bei. Von Mozart druckte er die drei Lieder »Sehnsucht nach dem Frühling« KV 596, »Erwacht zum neuen Leben« KV 597, »Das Kinderspiel« KV 598. Vor allem aber gab er 1791 das Textbuch der »Zauberflöte« heraus. Dazu schuf er selbst die Deckelradierung, deren maurerischer Gehalt unverkennbar ist. 1792 veröffentlichte er zugunsten von Constanze und ihren Kindern die »Maurerrede auf Mozarts Tod«, die von Karl Friedrich Hensler in der Loge »Zur gekrönten Hoffnung« gehalten worden war.

APPONYI, ANTON GEORG GRAF VON (1751–1817)
Nach seinen Studien wurde Anton Georg Graf von Apponyi 1779 als Regierungsrat für Galizien nach Fiume genannt. Er war einer der Promotoren der Erbauung eines Kanals zwi-

schen Donau und Theiß. Als großer Musikliebhaber organisierte er mit seiner »Gesellschaft der associierten Cavaliers« öffentliche Oratorienaufführungen, zu denen Mozart ab 1788 eingeladen wurde. Apponyi war am Heiligabend 1784 in der Loge »Zur wahren Eintracht« aufgenommen worden und sprach sich zugunsten der Aufnahme in die Freimaurerei von Haydn aus, der ihm seine Quartette op.71 und 74 widmete. Apponyi wurde 1812 Gründungsmitglied der »Gesellschaft der Musikfreunde«, der er ab 1814 bis zu seinem Tod vorstand.

ARTARIA, PASQUALE (1755–1786)
In Norditalien geboren, kam Pasquale Artaria 1770 nach Wien, um dort einen Kunsthandel zu eröffnen. 1780 erhielt er zudem die Erlaubnis, ein Verlagshaus damit zu verbinden, das von seinen Cousins Carlo und Francesco geführt wurde, und in dem Pasquale und Francescos Brüder Ignazio und Domenico Teilhaber waren.[74] Artaria verlegte Werke von Haydn, Mozart, Beethoven, Pleyel, Hummel, Benda, Boccherini… und machte sich ebenfalls um die Verbreitung bedeutender Architekturprojekte verdient. 1783 wurde er in die Loge »Zur gekrönten Hoffnung« aufgenommen. 1786 trat er der Sammelloge »Zur neugekrönten Hoffnung« bei, starb aber schon am 14. Juli desselben Jahres.

BAUERNJÖPEL, JOSEPH ANTON VON (1738–1801)
Bauernjöpel war Mitglied der Böhmischen Kanzlei und wurde als Komponist maurerischer Lieder bekannt. Zur Zeit der Aufnahme Mozarts in den Orden war er Mitglied der Loge »Zur wahren Eintracht«. 1790 war er Erster Aufseher in der Loge »Zur gekrönten Hoffnung«.

BLUMAUER, ALOYS (1755–1798)
Blumauer war Jesuitenzögling gewesen. 1782 wurde er in die »Wahre Eintracht« aufgenommen. Er war ein engagierter

Verfechter des Illuminismus (als »Hermionius«) und gehörte zu den bedeutendsten Vertretern der Aufklärung in Österreich. Bekannt wurde er auch als einer der hauptsächlichen Redakteure des »Journals für Freymaurer« und durch seine unzähligen maurerischen Lieder und Kantaten. Internationale Berühmtheit erhielt er durch eine Nachdichtung der »Äneide«. Im profanen Leben war er ab 1786 Buchhändler in Wien.

BORN, IGNAZ EDLER VON (1743–1791)
Geboren in Karlsburg (Siebenbürgen), war er Zögling der Jesuiten, 1760 sogar Mitglied des Ordens. Er wurde als Schriftsteller und Satiriker einer der schärfsten Gegner des Mönchwesens. Sein Buch »Specimen monachologiae« (1783) ist eine bitterböse Satire gegen das Klosterleben, in der er die verschiedenen Orden einteilt nach den von Linné auf die Tierwelt angewandten Klassifizierungen und sie mit Ungezieferarten vergleicht. Er war aber vor allem ein herausragender Wissenschaftler und Mineraloge und führte 1784 ein verbessertes Amalgamationsverfahren zur Gold- und Silbergewinnung ein, das die Unterstützung Josephs II. fand. Er wurde der Hauptvertreter der Aufklärung und Leitfigur der Wiener Freimaurerei zu Mozarts Zeit. 1770 wurde er in der Loge »Zu den drei gekrönten Säulen« in Prag aufgenommen, 1781 war er Mitglied und ab März 1782 Meister vom Stuhl der Loge »Zur wahren Eintracht«, in die er dank Angelo Soliman aufgenommen worden war. Er gab ihr eine Orientierung im Geiste des Illuminismus. Er nahm die Gesellenaufnahme von Vater und Sohn Mozart vor. Mozart schrieb für ihn die Kantate: »Die Maurerfreude« KV 471. Born wurde auch noch Meister vom Stuhl der Loge »Zur Wahrheit« bei deren Einsetzung, gab aber alle Maurerwürden im September 1786 auf, sowohl aus Gesundheitsgründen als auch aus Protest gegen die von den führenden Maurern eingeschlagene Neuorientierung, die einherging mit

einer zunehmenden Unterdrückung des Illuminismus und einem Wiedererstarken esoterischer Tendenzen. Obschon sein Abgang einer verbitterten Resignation gleichkam, bekannte er sich bis zu seinem Lebensende zu einer fortschrittsorientierten Freimaurerei. Bedeutsam sind in dieser Hinsicht der berühmt gewordene Brief an die bayerische Hofkanzlei und die Veröffentlichung einer Geschichte des Illuminismus in Bayern, die viel Aufsehen erregte. Die meisten Kommentatoren der »Zauberflöte« sehen in ihm das Vorbild der Figur des Sarastro.[75]

Cobenzl, Johann Philipp Graf von (1741–1810)
Hofkanzler Cobenzl war eine der einflussreichsten Persönlichkeiten des Reiches. Wie sein Bruder *Ludwig* war er ein glühender Verfechter des Illuminismus. Als geschickter Diplomat und begabter Politiker hatte er im Mai 1779 durch den Frieden von Teschen den bayerischen Erbfolgekrieg zwischen Österreich und Preußen beendet, wodurch er ein außergewöhnliches Prestige errang. Mozart war bei ihm zum Diner eingeladen worden, wie er stolz in einem Brief an den Vater vom 24. März 1781 vermeldete, und hatte auch in seinem Waldhaus gastiert, wo ihn die von Cobenzl angelegte künstliche Grotte besonders fasziniert hatte. (Brief vom 13. 7. 1781).[76]

Esterházy von Galántha, Nikolaus Joseph Fürst (1714–1790)
Genannt »der Prächtige«, war Nikolaus Joseph (Miklós József) von Esterházy einer der großen Herren seiner Zeit. Ab 1763 arbeitete er an der Vollendung des Schlosses Esterháza in Süttör (heute Fertöd in Ungarn) bei Ödenburg (heute Sopron), an dem Haydn während dreißig Jahren als Kapellmeister wirkte und über 160 Werke schrieb. Ob er es aber war, dem Mozart 1790 in der Loge »Zur gekrönten Hoffnung« als Zeremonienmeister begegnete, muss be-

zweifelt werden. Es könnte sich dabei entweder um seinen zweiten Sohn Franz Nikolaus, »den Prachtliebenden«, oder um dessen Sohn Nikolaus II. handeln[77], der später die ihm von Napoleon im Französisch-Österreichischen Krieg von 1809 angebotene ungarische Königskrone ablehnte. Seinen Vetter, *Franz Graf Esterházy von Galántha*, genannt »Quinquin« (Hofmannsthal wird sich an ihn bei der Niederschrift des Librettos zum »Rosenkavalier« erinnern), wurde zu seinem Tod in der ursprünglichen Loge »Zur gekrönten Hoffnung« eine Trauerzeremonie zuteil, während der die »Maurerische Trauermusik« erklang. Sein Sohn, *Franz Seraphim*, war Kämmerer und Privatrat an der Kaiserlichen Kanzlei in Siebenbürgen. Auch er gehörte der »Gekrönten Hoffnung« an, ebenso wie sein Neffe, *Johann Baptist*, genannt »der Rothaarige«, einer der großen Förderer Mozarts während dessen Wiener Jahren. Er war Gast bei mehreren Konzerten Mozarts; speziell festgehalten ist seine Präsenz bei der Aufführung von Mozarts Arrangement des »Messias« von Händel. Johann Baptist Esterházy unterhielt selbst ein Orchester, das von Paul Wranitzky geleitet wurde. Schließlich gab es ein anderes Logenmitglied der Familie Esterházy mit Vornamen *Johann*, dessen zweiter Vorname aber *Nepomuk* war. Er gehörte einem andern Zweig an und machte seine Laufbahn als Verwalter in Hermannstadt (Siebenbürgen).[78]

FESTETICS, GEORG GRAF (1756–1819)
Georg Graf Festetics stammte aus einer alten ungarischen Adelsfamilie und war ein glühender Patriot. Er besaß ein prachtvolles Schloss in Keszthely am Plattensee (Balaton), auf dem er jährlich ein Symposium, genannt »Helicon«, abhielt, zu dem die ungarischen Schriftsteller und Wissenschaftler eingeladen waren. Anno 1790 verfasste er eine Petition zugunsten des Gebrauches der ungarischen Sprache in der Armee. 1797 gründete er eine Schule für Agronomie, ge-

nannt »Georgicon«, die die erste dieser Art in der österreichisch-ungarischen Monarchie war. Seine Aufnahme in die Loge »Zur wahren Eintracht« geht auf 1782 zurück.

FORSTER, JOHANN GEORG ADAM (1754–1794)
Forster war bei Danzig geboren und wurde Naturwissenschaftler. Er hatte seinen Vater bei dessen Weltreise auf den Schiffen von Cook zwischen 1772 und 1775 begleitet und schrieb danach den Welterfolg »A voyage round the world« (London 1777). Er wurde damit zum Begründer der literarischen Reiseerzählung. Danach war er der Begleiter von Alexander von Humboldt während dessen Europareise 1790. Weil er sich 1792 für einen Anschluss des Rheinlandes an das republikanische Frankreich ausgesprochen hatte, wurde er mit dem Reichsbann belegt. Er blieb im Dienste der französischen Regierung bis zu seinem Tod in Paris im Jahre 1794. Er war vermutlich in London Freimaurer geworden und wurde 1777 auf das Betreiben von Benjamin Franklin Mitglied der berühmten Pariser Loge »Aux Neuf Soeurs« (Zu den Neun Schwestern). Auf einer Reise nach Vilnius, wo er einen Lehrstuhl an der Universität erhalten hatte, hielt er sich längere Zeit in Wien auf. Hier wurde er am 9. August 1784 von Born als Meister vom Stuhl feierlich in die Loge »Zur wahren Eintracht« aufgenommen und am 14. September von Gemmingen ebenfalls der Loge »Zur Wohlthätigkeit« angegliedert. Davon legt ein eindrucksvolles Dankesschreiben Zeugnis ab. Nach dem Logenzusammenschluss trat er 1786 der Loge »Zur Wahrheit« bei. Er galt auch als überzeugter Illuminat.

GEBLER, TOBIAS PHILIPP FREIHERR VON (1726–1786)
Gebler, Vizekanzler der Böhmischen Kanzlei in Wien, setzte sich für die Ernennung des Freimaurers Lessing als Leiter des geplanten Nationaltheaters in Wien ein. Sein Drama »Thamos«, 1773 veröffentlicht, kündigte den Geist und die Ideen der »Zauberflöte« an. Mozart schrieb dafür eine

Musik, die eine bedeutsame Etappe in der Entwicklung des Komponisten darstellt. Gebler war Großmeister der zweiten Distriktloge »Zum neuen Bund« im Rahmen der Großen Landesloge und 1786 erster Meister vom Stuhl der Loge »Zur neugekrönten Hoffnung«.

Gemmingen auf Hornberg und Treschklingen, Otto Heinrich Reichsfreiherr von (1755–1836)
In Heilbronn geboren, war Gemmingen ein zu seiner Zeit hochgeschätzter Theaterautor. Er stand zuerst im Dienst des Hofes von Mannheim, bevor er nach Wien umzog. Im Jahre 1779 hatte er seine »Mannheimer Dramaturgie« veröffentlicht, die internationale Beachtung fand. Ein Jahr zuvor hatte er für Mozart das Libretto zu »Semiramide« verfasst. Text und Musik des Werkes sind leider verloren gegangen. Von 1784 bis 1785 veröffentlichte er »Das Magazin für Wissenschaft und Kunst«. Gemmingen war gleichzeitig Anhänger des Illuminismus und der Asiatischen Brüder. Er wurde 1781 Mitglied von »Zur Beständigkeit« und 1782 Meister vom Stuhl dieser Loge, gehörte durch Affiliation auch der Loge »Zur gekrönten Hoffnung« an und wurde 1783 Mitbegründer und Meister vom Stuhl der Loge »Zur Wohlthätigkeit«. Noch am 21. März 1786, als sich die Loge schon seit drei Monaten aufgelöst hatte und in die »Neugekrönte Hoffnung« übergegangen war, schrieb er sich als solcher in Kronauers Stammbuch ein. Er war es, der Mozart zum Eintritt in die Freimaurerei bewegt und als Meister vom Stuhl auch seine Aufnahme vollzogen hatte.

Gerstner, Dr. phil. Franz Joseph von (1756–1832)
Mathematiker, Physiker, Astronom, Mediziner. Diesem vielseitig begabten Mann verdankt Österreich die Begründung des Technischen Hochschulwesens im deutschsprachigen Raum.[79] Nach dem Plan Gerstners entstand so zunächst das Polytechnische Institut in Prag (1806), dessen Direktor er

wurde. Gerstner wurde ein Jahr später auch wissenschaftlicher Gutachter zur Erbauung eines Moldau-Donau-Kanals, 1811 oberster Wasserbaudirektor in Böhmen. Als unumgänglicher Gutachter in allen wirtschaftlichen und technischen Fragen ebnete er 1822 den Weg zur ersten Eisenbahn auf dem europäischen Festland, der Budweis-Gmundener Eisenbahn. Gerstner wurde am 14. September 1784 in die Loge »Zur Wohlthätigkeit« aufgenommen und auf dem Deputationsweg Mitglied der Loge »Zur Eintracht«. In der »Neugekrönten Hoffnung« wird er von 1786 bis 1788 als »abwesender Bruder« geführt. »Vielleicht hatte W. A. Mozart bei seinen mehrfachen Besuchen in Prag Gelegenheit, hier auch seinen Logenbruder kennen zu lernen.«[80]

GIESE(C)KE, KARL LUDWIG (1761–1833)
Sein wahrer Name war Johann Georg Metzler. Geboren in Augsburg, war er von Beruf Mineralogist. 1783 begann er mit einigem Erfolg, Theaterstücke zu schreiben und als Schauspieler aufzutreten. Er schrieb die beachtenswerte deutsche Fassung der Libretti von »Le Nozze di Figaro« und »Cosi fan tutte«. Im Jahre 1789 trat er Schikaneders Truppe bei. Für ihn schrieb er das Libretto zu »Oberon«, nach »Dschinnistan« des Freimaurers Christoph Martin Wieland. 1801 verzichtete er auf seine Künstlerlaufbahn und widmete sich ganz der Wissenschaft und dem Unterricht. 1814 wurde er zum Professor der Mineralogie an der Universität von Dublin ernannt. 1818 kehrte er nach Wien zurück und behauptete, der Verfasser des Textbuches der »Zauberflöte« zu sein. Ob er an dessen Erarbeitung beteiligt war, bleibt in der Mozartforschung ein kontroverses Thema, doch da man nun dank Prof. Buch die Arbeitsweise des Ensembles kennt, ist dies eine müßige Frage: Bei Schikaneder war Teamarbeit angesagt. 1790 wird Gieseke als »anwesender Bruder« der Loge »Zur gekrönten Hoffnung« aufgeführt. Auf dem be-

kannten Gemälde, das diese Loge darstellt, sitzt er Mozart und Schikaneder gegenüber.

GLUCK, CHRISTOPH WILLIBALD (1714–1787)
Der bedeutende Komponist und Erneuerer der Oper war eine der großen Musikfiguren seiner Zeit. Das Datum seiner Aufnahme in die Maurerei ist nicht bekannt, auch ist seine Zugehörigkeit zum Orden nicht völlig abgesichert. Mozart stand in enger Verbindung mit ihm nach seiner Niederlassung in Wien. Er nahm an den Proben und Aufführungen von »Iphigenie« und »Alceste« teil. Auf Initiative von Gluck wurde Mozarts Oper »Die Entführung aus dem Serail« 1782 wieder auf den Spielplan gesetzt. Im selben Jahre luden sich Gluck und Mozart gegenseitig ein. 1783 improvisierte Mozart über eine Arie aus »Die unvorhergesehene Begegnung« von Gluck, und diese Improvisation diente als Grundlage für die Klavier-Variationen KV 455 von 1784. Eine Arie aus »Alceste«: »Non vi turbate«, steht am Ursprung des Andantino für Klavier KV 236/588b, und Glucks Ballett »Don Juan« von 1761 wird von Mozart in den »Nozze di Figaro« zitiert.

GREINER, FRANZ SALES HOFRAT VON (1730–1798)
Hofrat Greiner war der Protegé von Maria Theresia. 1717 wurde er als Hofkriegssekretär geadelt. Zwei Jahre später wurde er zum Wirklichen Hofrat ernannt. Er schuf den Frondienst in Böhmen ab. Als Anhänger der Aufklärung und Mitglied der so genannten »Studiengesellschaft« wurde ihm die Verantwortung für die Organisation des Schulsystems anvertraut. Sein gastfreundliches Haus und sein »Salon« wurden von vielen Persönlichkeiten seiner Zeit, darunter Mozart und Haydn, besucht. Seine Tochter, Caroline Pichler, war Dichterin und Journalistin. Ihr verdanken wir eine Anzahl von Anekdoten über Mozarts Leben und Benehmen. Sie wurde durch Josef von Spaun auch mit Franz Schubert bekannt.[81]

Haschka, Lorenz Leopold (1749–1827)
Dichter, Sekretär von Greiner, Mitglied der Loge »Zum heiligen Joseph«, Autor der Kantate »Dir Seele des Weltalls« und, auf Anregung Haydns, des Textes der »Kaiserhymne«: »Gott erhalte Franz den Kaiser«, die erstmals am 12. Februar 1797, dem Geburtstag des Herrschers, gesungen wurde. Sie war Haydn derart lieb, dass er sie als Thema und Variationen in seinem Quartett C-Dur, op.76/3 verwandte, das dadurch als »Kaiserquartett« berühmt wurde.

Haydn, Franz Joseph (1732–1809)
Als zweiter Sohn eines Wagners begann Haydn seine Musiklaufbahn als Sängerknabe des Stephansdoms. Nach einer kurzen Verpflichtung bei Graf Morzin in Lukawitz bei Pilsen, wurde Haydn zum Kapellmeister auf Schloss Esterházy ernannt. Er blieb dreißig Jahre lang im Dienst des Fürsten. Man weiß nicht, wann Mozart und er sich kennen lernten, aber in den Jugendsymphonien und den Divertimenti Mozarts spürt man den Einfluss, den Haydn auf den jungen Komponisten ausübte, ein Einfluss, der entscheidend wurde für die Entwicklung des klassischen Streichquartetts. Mozart schrieb seinen Komplex von sechs Quartetten, die er dem verehrten Meister widmete, unter dem Schock, den Haydns sechs »Russische Quartette« bei ihm ausgelöst hatten. Die Freundschaft zwischen den beiden verstärkte sich noch nach Haydns Logeneintritt. Haydn blieb zeit seines Lebens Freimaurerlehrling. Mozart und Haydn sahen sich zum letzten Male am 14. Dezember 1790 vor Haydns Abfahrt nach London, auf Einladung des Freimaurers Johann Peter Salomon, der Mozart ebenfalls den Vorschlag gemacht hatte, nach London zu kommen. Sehr betroffen vom Tod seines Freundes, wird sich Haydn um die Musikerziehung von dessen Kindern sorgen.[82]

HOFDEMEL, FRANZ (1755?–1791)
Hofdemel war Beamter am Wiener Gerichtshof und wurde Mitglied der Loge »Zur neugekrönten Hoffnung«. Mozart hatte 100 Gulden im März 1789 bei ihm ausgeliehen, wahrscheinlich um die Reise mit Lichnowsky nach Norddeutschland und Berlin zu finanzieren. Seine Gattin, Maria Magdalena, geborene Pokorny, nahm Klavierunterricht bei Mozart. Am Tag nach Mozarts Tod, den der eifersüchtige Hofdemel mit einem langsam wirkenden Gift herbeigeführt hätte, wie hartnäckige Gerüchte besagten, versuchte er, seine schwangere Frau wegen ihrer Liaison zu Mozart umzubringen, bevor er Selbstmord beging.[83]

HOFFMANN, LEOPOLD ALOIS (ALOYS) (1748–1806)
Professor für deutsche Sprache und Literatur zuerst in Bude, dann in Wien, Sekretär von Gemmingen, später Sekretär der Loge »Zur Wohlthätigkeit«, war Hoffmann auch Mitglied des Ordens der Illuminaten, in dem er den Beinamen »Sulpicius« trug. Anlässlich der Überschwemmungskatastrophe vom März 1784 hatte er ein Gedicht drucken und in der Zeitung zugunsten der Opfer und der Notleidenden anbieten lassen: Der Reinertrag waren 4184 Gulden, die seine Loge »Zur Wohlthätigkeit« dem Armeninstitut zur Verfügung stellte.[84] Nach der Fusion trat er noch der »Neugekrönten Hoffnung« bei. Gleichzeitig veröffentlichte er aber bereits anonyme Pamphlete gegen die Freimaurerei, so die »Briefe eines Biedermanns an einen Biedermann über die Freymäurer in Wien«, 1786 in München herausgegeben. Als Lohn für seine Judasarbeit wurde er zum Professor an der Universität Wien ernannt. In der von ihm noch auf Anregung Kaiser Leopolds II. gegründeten »Wiener Zeitschrift« 1792-93, deren Untertitel lautete: »zur Verbannung der schlechten Aufklärung und des Revolutionsschwindels in allen Ländern«, wurde er der wichtigste Verbreiter der berüchtigten Verschwörungstheorie und startete die entscheidende Kam-

pagne gegen seine »Brüder«: »Höchst wichtige Erinnerungen zur rechten Zeit über einige der allerernsthaftesten Angelegenheiten dieses Zeitalters, Aktenmäßige Darstellung der Deutschen Union und ihrer Verbindung mit den Illuminaten, Freimaurer und Rosenkreutzerorden, Wien, und Die zwo Schwester P... und W... oder neu entdecktes Freymaurer- und Revolutionssystem. Ganz Deutschland, besonders aber Österreich aus Originalfreimaurerschriften vorgelegt«. (Anmerkung: P... und W... sind Paris und Wien).

JACQUIN, EMILIAN GOTTFRIED EDLER VON (1767–1792)
Mitglied der Böhmischen Kanzlei, Schüler, enger Freund und Logenbruder von Mozart. Er war der Sohn von *Nikolaus Joseph Edler von Jacquin*, Botaniker, Professor an der Wiener Universität, dessen gastfreundliches Haus für Mozart ab 1783 eine Zufluchtsstätte wurde. Mozart freundete sich ebenfalls mit Gottfrieds Geschwistern an: *Joseph Franz*, Botaniker wie sein Vater, dem er den Doppelkanon KV 228 (515b) ins Stammbuch schrieb und darunter die Worte: »Don't never forget your true and faithfull friend Wolfgang Amadè Mozart, Vienna. The 24 April. 1787«[85], und *Franziska*, die seine Schülerin wurde und für die er die Klaviersonate für vier Hände in C-Dur KV 521, und den Klavierpart des »Kegelstatt«-Trios KV 498 schrieb. Mit *Gottfried* hatte Mozart die engsten Beziehungen. Ihm teilte er als erstem den Tod seines Vaters mit (29. Mai 1787), und ihm überließ er einige seiner Kompositionen, die unter Jacquins Namen veröffentlicht wurden. Gottfried schrieb am 11. April 1787 in Mozarts Stammbuch: »Liebe! Liebe! Liebe! ist die Seele des Genies!«[86]

KRONAUER VOM WALDECK, JOHANN GEORG (1743–1799)
Privater Sprachlehrer, besonders fürs Französische. Mitglied der Sammelloge »Zur Neugekrönten Hoffnung«. In

sein Stammbuch schrieben sich mehr als 70 bekannte Freimaurer, oft mit Zeichnungen und für Initiierte vertrauten Symbolen, ein. So Mozart, der am 30. März 1787 als »wahrer aufrichtiger Freund und O: Br: Wolfgang Amadè Mozart, Mitglied der sehr E(hrwürdigen): Zur Neugekrönten Hoffnung im O: v: W: « zeichnet und mit zwei Dreiecken in Spiegelung sich als Sympathisant, wenn nicht Anhänger der Asiatischen Brüder ausweist.[87]

LANGE, JOHANN JOSEPH (1751–1831)
Geboren in Würzburg, war Joseph Lange ein vielseitig begabter Mensch. Er war Maler, Pianist, Porträtist. Berühmt aber wurde er als Schauspieler. Von 1770 bis 1810 war er Mitglied des Burgtheaters. Er wurde der erste Wiener »Hamlet«. In zweiter Ehe heiratete er Aloysia Weber und wurde so Mozarts Schwager. Er malte dessen berühmtes unvollendetes Porträt. Seit 1781 gehörte er der rosenkreuzerischen Loge »Zu den sieben Himmeln« an, die bekanntlich als Loge »Zur Beständigkeit« weitergeführt wurde. 1790 trat er der neu erweckten Loge »Zum heiligen Joseph« bei.

LICHNOWSKY VON WOSZCZYC, CARL/KARL ALOYS JOHANN NEPOMUK VINCENZ LEONHARD GRAF, SPÄTER FÜRST (1756–1814)
Lichnowsky war der Eidam der Gräfin von Thun, der großen Förderin Mozarts. Er war ab 8. Juli 1783 Mitglied von Mozarts Loge »Zur Wohlthätigkeit«. 1786 war er Mitglied der Sammelloge »Zur Wahrheit«. Mozart begleitete ihn 1789 auf seiner Reise nach Norddeutschland. Der Fürst aber brach diese ab, nicht ohne noch Geld von Mozart geborgt zu haben, doch dieser muss von ihm weit mehr Geld erhalten haben, wie vor kurzem erst durch eine unrühmliche Tat des Fürsten bekannt wurde. Carl / Karl von Lichnowsky ging in die Musikgeschichte als Beschützer des jungen Beethoven in

Wien ein, der sich aber 1806 mit ihm verkrachte. Beethoven hat ihm die Trios op. 1, die Klaviersonaten op. 13 und op. 26, eine Variationsreihe und die zweite Sinfonie gewidmet. Sein jüngerer Bruder, *Moritz*, war ebenfalls Schüler Mozarts und blieb Beethovens Freund.

PAAR, WENZEL JOHANN JOSEPH FÜRST (1719–1792)
Fürst Paar hatte die Erzherzogin Marie-Antoinette 1770 nach Frankreich zu ihrer Heirat mit dem späteren Louis XVI. begleitet. Er zählte zu den ersten österreichischen Freimaurern: Schon 1742 war er in die Loge »Aux trois Canons« aufgenommen worden. 1784 trat er Borns Loge »Zur wahren Eintracht« bei. Sein Sohn Wenzel war Meister vom Stuhl der »Neugekrönten Hoffnung«.[88]

PÁLFFY VON ERDÖD, KARL HIERONYMUS GRAF (1735–1816)
Der ungarische Graf war Patriot und Nationalist. Er zählte zu den glühendsten Verehrern Mozarts. Er hatte ihn als sechsjährigen Wunderknaben in Linz gehört und trug viel dazu bei, seinen Ruhm in Wien zu fördern. Nannerl und Amadé spielten in seinem Hause am 16. Oktober 1762. Pálffy trat 1782 der Loge »Zur gekrönten Hoffnung« bei. Er war als Anhänger der Asiatischen Brüder bekannt und Großmeister der ungarischen Logen. Nach dem Logenzusammenschluss trat er der »Neugekrönten Hoffnung« bei, in deren Verzeichnis er als erster auf der Liste der »Ehren-Mitglieder und Besuchenden Brüder« steht.

PEZZL, JOHANN (1756–1823)
Der zum Geistlichen ausgebildete Bäckersohn zog zuerst nach Salzburg, das nicht zur KK Monarchie gehörte, schrieb dort seine »Briefe aus dem Noviziat«, die in Zürich herauskamen. Darin prangert er das Klosterleben im Geist der Aufklärung mit Sarkasmus an und löste damit einen Skandal aus. Zahlreichen Verfolgungen ausgesetzt, zog er nach Zü-

rich und kam 1784 nach Wien, zunächst als freier Schriftsteller. Er erhielt eine Stelle als Bibliothekar, Vorleser und Privatsekretär beim Staatskanzler Fürst Kaunitz. Er wurde am 1. April 1784 in der Loge »Zur Wohlthätigkeit« initiiert und am 27. Juli Meister. 1785 war er Redner und wählte nach dem Zusammenschluss der Logen die von Born, verließ aber mit diesem im Herbst des Jahres 1786 die Loge »Zur Wahrheit« und den Freimaurerbund. Er war einer der brillantesten Schriftsteller seiner Zeit, erhielt dafür den Ehrennamen eines »österreichischen Voltaire« und gehörte den Illuminaten an.

PUCHBERG, JOHANN MICHAEL (1731–1822)
Geschäftsmann, Mitbesitzer des Textilgeschäftes Michael Salliet auf dem »Hohen Markt«. Er heiratete 1780 die Witwe Salliets, geb. Elisabeth Rustholzer. Puchberg war Mitglied der Schwesterlogen »Zu den drei Adlern« und »Zum Palmbaum«. Nach dem Edikt Josephs II. trat er der Loge »Zur Wahrheit« bei, in der er bis zu deren Deckung am 8. Juli 1787 als Schatzmeister wirkte. Mozart wandte sich mehrmals an ihn, als er mit seinen Geldnöten nicht fertig wurde: Es gibt 21 Briefe an Puchberg, die erhalten geblieben sind, und Puchberg lieh Mozart, so wie man nachgerechnet hat, mindestens 1415 Gulden, was heutigen 28 800 € entspricht. Im Gegenzug machte ihm Mozart ein unschätzbares Geschenk: Er widmete ihm das einzigartige Streichtrio Es-Dur KV 563. Ironie des Schicksals: Puchberg starb selbst in der Verarmung.[89]

RIESBECK, JOHANN CASPAR (1754–1786)
Riesbeck ist der Autor eines zu seiner Zeit berühmten Buches: »Briefe eines reisenden Franzosen« (1783), das nach dem Modell der »Lettres Persanes« von Montesquieu äußerst kritisch und giftig die Arroganz der Adeligen und ihren Umgang mit den ihnen Untergebenen angriff. Er verfasste auch: »Joseph II. und seine Reformen«.

Schikaneder, Emanuel Johannes Josephus (1751–1812)
Schikaneder wurde in Straubing geboren und kam 1773 in Regensburg zum Theater. 1778 machte er sich unabhängig. 1780 traf er Mozart in Salzburg. 1789 übernahm er das Wiener »Theater auf der Wie(de)n«, das ihn unsterblich machen sollte, besonders durch die Schöpfung der »Zauberflöte«, in der er selbst die Rolle des Papageno spielte. Von 1807 bis 1809 leitete er das Theater von Brünn (Brno). Er starb in geistiger Umnachtung. Als Pionier eines neuen Musiktheaters und Autor von mehr als 50 Stücken und 40 Opernlibretti kündete er Nestroy und Raimund an. Schikaneder war in Regensburg Freimaurer geworden, doch hatte ihn seine Loge »Karl zu den drei Schlüsseln«[90] »wegen seines sittlichen Benehmens« für sechs Monate »eingeschläfert«. Schikaneder scheint den Gesellengrad nicht überschritten zu haben. Es ist nicht bewiesen, dass er nach seiner Ankunft in Wien 1789 einer Loge beigetreten ist. Es kann aber nicht ausgeschlossen werden, dass er als »Besuchender Bruder« an Logenarbeiten, etwa gemeinsam mit Mozart, teilgenommen hat. Sein maurerisches Engagement ist jedenfalls nicht zu leugnen. Dass er ebenfalls der Textautor der Maurerkantate KV 623 war, ist zu bezweifeln. Diese sollte nach neuesten Erkenntnissen Gieseke zugeschrieben werden.

Schloissnigg, Johann Baptist Freiherr von (1746–1804)
Als Professor des Staats- und Völkerrechts wurde Johann Baptist Schloißnigg Lehrer des späteren Kaisers Franz II., auf den er großen Einfluss hatte, diesen aber in schweren Zeiten nicht zu Gunsten der Freimaurer ausübte. Später wurde er Präsident des Appellations-Gerichtshofes und Vizepräsident der böhmisch-österreichischen Hofkanzlei und Kanzler des Ordens vom Goldenen Vlies. Er war in der Loge »Zur gekrönten Hoffnung« in den Bund aufgenommen worden, scheint auch zu den Illuminaten[91] gehört zu haben und wurde danach Gründungsmitglied der »Wohlthätigkeit«.

1786 war er Zweiter Aufseher in der Sammelloge »Zur neugekrönten Hoffnung«. Danach fehlt sein Name in den Listen.

JOHANN GEORG SCHLOSSER (1739–1799)
Der in Frankfurt geborene und auch dort gestorbene Schriftsteller und Historiker, Schwager Goethes, war ab 1788 Mitglied der Erfurter Akademie nützlicher Wissenschaften und wurde 1790 zum »Wirkl. Geh. Rat und Hofgerichtsdirektor« ernannt. 1797 wurde er Syndikus in Frankfurt. Im März 1783 war er Mitglied der Wiener Loge »Zur wahren Eintracht« im Meistergrad, 1784 Mitgründer und Meister vom Stuhl der Freiburger Loge »Zur edlen Aussicht«, 1786 Mitglied der Wiener Sammelloge »Zur Wahrheit«, dann bis 1794 Meister vom Stuhl der Loge »Carl zur Einigkeit« in Karlsruhe. Bei den Illuminaten war er im Auftrag Kolborns im Juli 1782 von Gemmingen aufgenommen worden, 1783 wurde er Provinzial von »Pannonien« (= Schwaben).

SOLIMAN, ANGELO (1726–1796)
Seine Herkunft ist unbekannt. Nach der Legende war er der Sohn eines afrikanischen Fürsten, der im Alter von sieben Jahren geraubt worden war. Er wurde Johann Georg Christian Fürst Lobkowitz zum … Geschenk gemacht und begleitete ihn über zwanzig Jahre auf seinen Schlachtzügen. 1753 wurde er dem Prinzen Joseph Liechtenstein »weitervermittelt«. Er wurde dessen Kämmerer und errang die Gunst des Kaisers. 1781 wurde Soliman in die Loge »Zur wahren Eintracht« aufgenommen, was die Vorwürfe von Rassismus, die den Maurern gemacht wurden, beträchtlich abschwächt. Dort bekleidete er den Posten des »Frère terrible« (Fürchterlichen Bruders)[92] bei den Einweihungsritualen und den des Zeremonienmeisters. Er veranlasste bekanntlich am 14. November 1781 die Aufnahme von Born in seine Loge,

wo er auch Mozart als »Besuchenden Bruder« kennen lernte. Nach seinem Tod wurde er, auf Befehl von Kaiser Franz II., ausgestopft und als Kuriosität ausgestellt. Während der Revolution von 1848 zerstörte ein Kanonenschuss das »Naturkundliche Kabinett« und machte diesem Trauerspiel ein Ende.

SONNENFELS, CARL JOSEPH NEPOMUK REICHSFREIHERR VON (1733–1817)
Als Theaterdirektor, Vorsitzender der Akademie der Schönen Künste und enger Freund Lessings, war Sonnenfels an der Schaffung einer neuen deutschen Oper interessiert. Seine Ideen standen denen von Mozart sehr nahe. Beide sollten sich in der Freimaurerei wieder finden. Sonnenfels bekam 1763 eine Professur der politischen Wissenschaften in Wien. Er wurde im Juli 1782 in die Loge »Zur wahren Eintracht« aufgenommen und war 1783-84 deren Deputierter Meister. Er wurde Großmeister der ersten Distriktloge »Zur wohlthätigen Eintracht« der Großen Landesloge und mitverantwortlich für die Herausgabe des »Journals für Freymaurer«. 1777 war er Redakteur der »Wiener Realzeitung«, 1810 wurde er Präsident der Akademie der bildenden Künste, 1815 Mitglied der Erfurter Akademie nützlicher Wissenschaften. Sein Zerwürfnis mit Born über die Orientierung der Freimaurerei nach dem Handbillet Josephs II. ist einer der Hauptgründe für die Probleme der Loge »Zur Wahrheit« und ihre frühe Auflösung.

STADION, JOHANN PHILIPP REICHSGRAF (1763–1824)
Stadion war in einer Münchener Loge aufgenommen worden und wurde zum Meister in der »Wahren Eintracht« erhoben. Er war Botschafter in Stockholm, London, Berlin, Sankt Petersburg und machte eine glänzende diplomatische Karriere, bevor er Graf Cobenzls Nachfolger wurde, um die Außenpolitik des Reiches zu leiten. Nach der österreichi-

schen Niederlage von 1809 gegen Napoleon musste er zurücktreten. 1813 gelang es ihm aber, die Allianz zwischen Österreich, Preußen und Russland gegen den französischen Kaiser zu schmieden. Sein Bruder *Friedrich Lothar,* Kurfürst von Mainz, war bekannt als Anhänger des Illuminismus unter dem Namen »Romulus«.[93]

STADLER, ANTON PAUL (1753–1812)
STADLER, JOHANN NEPOMUK FRANZ (1755–1804)
Die beiden Brüder waren Mitglieder der kaiserlichen Hofkapelle. Beide spielten Klarinette und Bassetthorn. Mozart hat für Anton Stadler, der 1785 in die Loge »Zum Palmbaum« aufgenommen worden war[94], das Klarinettenquintett KV 581, das Klarinettenkonzert KV 622, die Fragmente KV 516 c, d, e, sowie die Solopartien für Klarinette der Oper »La Clemenza di Tito« komponiert, die Stadler bei der Uraufführung des Werkes in Prag spielte. 1800 verfasste Anton Stadler, auf Wunsch von Graf Georg Festetics, den »Musick Plan« für eine Musikschule in Keszthely.

SWIETEN, GOTTFRIED VAN (1733–1803)
Geboren in Leiden (Niederlande), war er der Sohn des künftigen Hofarztes der Kaiserin Maria Theresia. Er begann seine diplomatische Laufbahn 1755 in Wien. Von 1770 bis 1777 war er Botschafter Österreichs am Hofe Friedrichs II. von Preußen. Dort entdeckte er die Musik von Bach und Händel, die er in Wien in seinen sonntäglichen »Hausmusiken« bekannt machte. Wolfgang nahm mit Begeisterung an diesen Konzerten teil. Gottfried van Swieten war der Freund Mozarts, Haydns und Beethovens: Er war der einzige, der 1789 noch für eine Subskriptionsliste Mozarts unterzeichnete.[95] Er regte diesen auch zur Neuinstrumentierung der Oratorien von Händel an; für Haydn schrieb er die freimaurerisch inspirierten Libretti zu »Die Schöpfung« und »Die Jahreszeiten«, Beethoven widmete ihm seine erste Sympho-

nie. Selbst Komponist von Symphonien und eines zu seiner Zeit berühmten Vaudevilles, »Les talents à la mode«, verdient es Gottfried van Swieten besser bekannt zu werden. H. C. Robbins Landon verneint, dass er Freimaurer gewesen sei[96], sein Name steht aber auf dem »Verzeichnis einiger berühmter Illuminaten« des »Haus-, Hof- und Staatsarchivs«.[97] Diese Zugehörigkeit führte dazu, dass er am Todestag Mozarts seine offiziellen Ämter verlor.

THUN-HOHENSTEIN, JOHANN JOSEPH ANTON VON (1711–1788)
THUN-HOHENSTEIN, FRANZ DE PAULA JOSEPH VON (1734–1801)
Als Mitglied einer alten österreichischen Adelsfamilie stand *Johann Joseph Anton* an der Spitze der böhmischen Linie dieser Familie. Er residierte abwechselnd in Linz und in Prag, wo er ein eigenes Theater unterhielt. Die Familie Thun stand seit den Jahren 1762-63 in Beziehung mit der Familie Mozart. 1783 empfing Fürst Johann Joseph Anton von Thun Mozart in Linz und bot ihm seine Gastfreundschaft an. Mozart revanchierte sich, indem er ihm seine *Symphonie C-Dur* KV 425, die so benannte »Linzer«, widmete. 1787 war Mozart ebenfalls sein Gast in Prag und verbrachte dort eine der glücklichsten Zeiten seines Lebens. Wie er selbst war eines der elf Kinder des Fürsten, sein Sohn *Franz de Paula Joseph*, Mitglied der Loge »Zur wahren Eintracht«, deren Deputierter Meister er wurde. Er hatte in Wien ein ebenso gastfreundliches Haus wie sein Vater. Er war Anhänger der Asiatischen Brüder und des Mesmerismus, ein Mystiker und großer Musik- und Kunstkenner. Seine Gattin *Maria Wilhelmine von Ulfeld* unterhielt den berühmtesten »Salon« Wiens, der nur eine Konkurrenz hatte, den der Gräfin Pergen, der Gattin des Polizeichefs, in dem sich der konservative Adel traf. Die Gräfin Thun empfing regelmäßig die Freimaurer, darunter Mozart. Sie war eine seiner bedeutendsten Be-

schützerinnen. Sie regte u.a. die Komposition der »Entführung aus dem Serail« KV 384 an. Das Paar hatte drei Töchter, die wegen ihrer Schönheit die »Drei Grazien« genannt wurden: *Elisabeth*, heiratete im November 1788 Fürst Andreas Rasumowsky, den russischen Botschafter in Wien und zukünftigen Gönner Beethovens, *Christine* vermählte sich drei Wochen später mit Fürst Carl von Lichnowsky und *Maria Karoline* wurde 1793 die Gattin von Richard Meade 2nd Earl of Clanwilliam, britischer Botschafter in Wien. Die Schwester der Gräfin, *Maria Elisabeth*, hatte 1765 Graf Georg von Waldstein und Wartenberg geheiratet, der 1784 für Mozarts Akademien subskribiert hatte.

TINTI, ANTON FREIHERR VON (1737–1800)
TINTI, BARTHOLOMÄUS FREIHERR VON (1736–1792)
Hofräte, Violinisten, Logenbrüder und Freunde Mozarts. Sie sind in seiner Biographie bekannt geworden, weil sie am 12. Februar 1785 mit Leopold und Wolfgang die drei letzten der sechs Haydn gewidmeten Quartette in Mozarts Wohnung zu Ehren seiner Logenaufnahme spielten. Sie haben wahrscheinlich auch das berühmte Gemälde in Auftrag gegeben, das die Loge »Zur gekrönten Hoffnung« darstellt und ein Schlüsselwerk für das Verständnis der Freimaurerei in Wien zur Ära Josephs II. ist. Es wurde dem Historischen Museum in Wien von ihrem Nachfahren Rudolf von Tinti vermacht.

TRATTNER, JOHANN THOMAS EDLER VON (1717–1798)
Trattner war Hof- und Universitätsdrucker und beherrschte das Wiener Verlagswesen fast 50 Jahre lang. 1783 in die Loge »Zu den drei Adlern« aufgenommen, war er 1784 und 1785 Schatzmeister der Loge »Zum Palmbaum«. Zwischen 1773 und 1777 hatte er den »Trattnerhof« errichten lassen, eine der repräsentativsten baulichen Leistungen der Josephinischen Zeit. Die Mozarts haben dort von Januar bis Septem-

ber 1784 gelebt, und Wolfgang unterrichtete seit 1781 die zweite Frau des Buchhändlers, *Maria Theresa von Trattner, geborene von Nagel*, die mit 18 Jahren Trattner, damals 59jährig, geheiratet hatte. Welcher Art war die Beziehung zwischen dem Komponisten und seiner Schülerin, die nur zwei Jahre jünger war als er? Man wird es wohl nie wissen, weil ihr Briefwechsel verschwunden ist. Immerhin zählen die beiden Werke, die Mozart Therese gewidmet hat, die Klaviersonate C-Moll KV 457 und die Fantasie für Klavier C-Moll KV 475, zu seinen persönlichsten, tiefsten und eindringlichsten überhaupt.

WATTEROTH, HEINRICH JOSEPH (1756–1819)
Als Professor am Theresianum und an der Universität Wien hatte Watteroth den Lehrstuhl der Politwissenschaften von Sonnenfels übernommen. Er war Mitglied der Loge »Zur wahren Eintracht«. Als Verehrer Voltaires schrieb er ein Traktat über die Toleranz, das den Zorn des Wiener Kardinals Migazzi hervorrief, dessen Hass auf die Freimaurerei so groß war wie sein Konservatismus und seine Engstirnigkeit. Nach 1790 verbündete sich Watteroth allerdings mit Leopold Aloys Hoffmann im Kampf gegen seine vormaligen Logenbrüder. Das brachte ihm die zweifelhafte Ehre ein, die Verordnungen von Leopold II. verfassen zu dürfen.

WRANITZKY, PAUL (1756–1808)
Hochgeschätzt als Violinist, Orchesterleiter und Komponist, war Wranitzky 1784 in der Loge »Zur gekrönten Hoffnung« aufgenommen worden. Mit Mozart trat er gemeinsam bei Logenfeiern auf. Er war der Freund Haydns und dirigierte 1799 die erste öffentliche Aufführung der »Schöpfung«. Er gewann auch die Freundschaft Beethovens. Für Schikaneder komponierte er auf das Libretto von Gieseke »Oberon« nach Wieland. Der Freimaurer Goethe hatte sich 1796 an Wranitzky gewandt, um die Musik zu einer von ihm konzi-

pierten Fortsetzung der »Zauberflöte« zu schreiben. 1799 war Wranitzky Mittelsmann zwischen Constanze Mozart und dem Verleger Johann Anton André für den Verkauf des handschriftlichen Nachlasses von Mozart.

ZAUNER, FRANZ ANTON VON (1745–1822)
Zauner war Bildhauer und Dozent an der Akademie der Schönen Künste. Er wurde berühmt durch das Reiterstandbild Josephs II., das er zwischen 1795 und 1807 verwirklichte. Im September 1784 trat er in die Loge »Zur wahren Eintracht« ein. Als großer Bewunderer von Born, dem er seine Skulptur »Genius Bornii«, gewidmet hatte, folgte er diesem in die Sammelloge »Zur Wahrheit«.

ZEILLER, FRANZ ANTON VON (1751–1828)
Zeiller war Jurist und wurde 1778 zum Dozenten für Naturrecht an der Wiener Universität ernannt. Er war einer der typischsten Vertreter des Josephinismus'. Im September 1782 wurde er in die Loge »Zur wahren Eintracht« aufgenommen, wo er sich durch regen Besuch auszeichnete. Seine größte Leistung ist das Allgemeine Bürgerliche Gesetzbuch, das er 1811 vollendete.

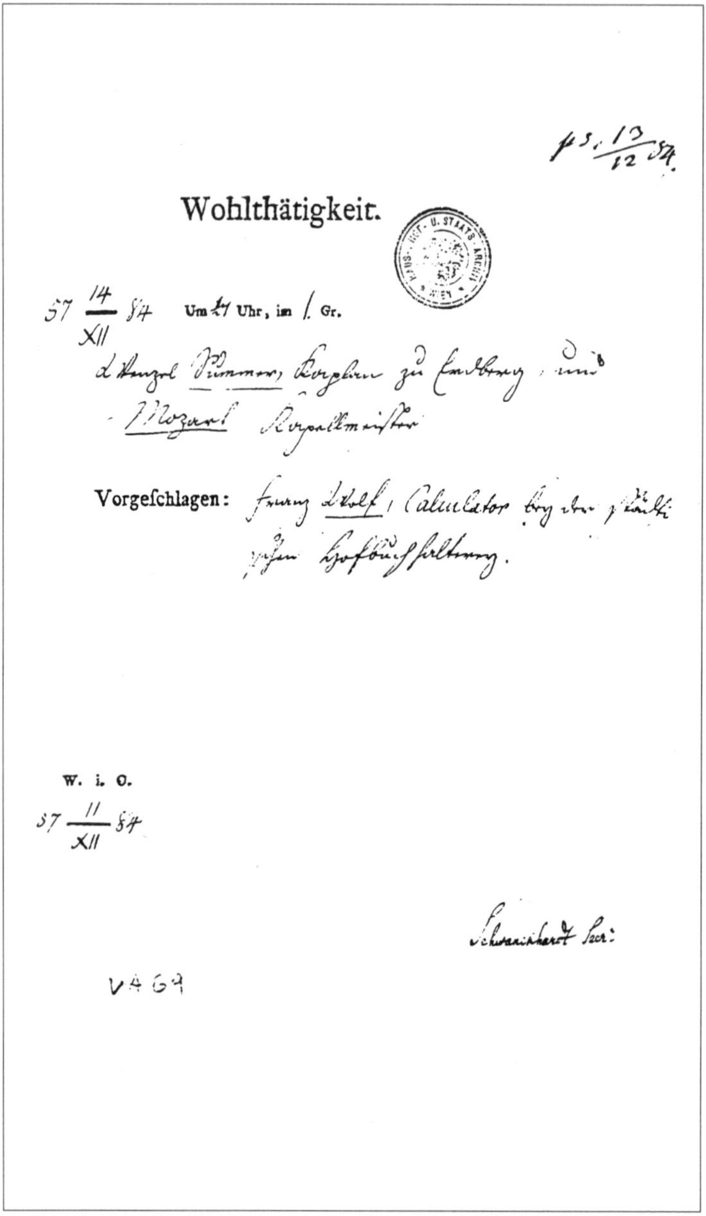

Wohlthätigkeit.

57 14/XII 84 Um ½7 Uhr, im 1. Gr.

Wenzel Summer, Caplan zu Erdberg, und Mozart Kapellmeister

Vorgeschlagen: Franz Wolf, Calculator bey der ständischen Hofbuchhaltung.

W. i. O.

57 11/XII 84

Schwankhardt Secr:

V 469

Einladung zur Aufnahme Mozarts in die Freimaurerei

II.
Mozart als Freimaurer

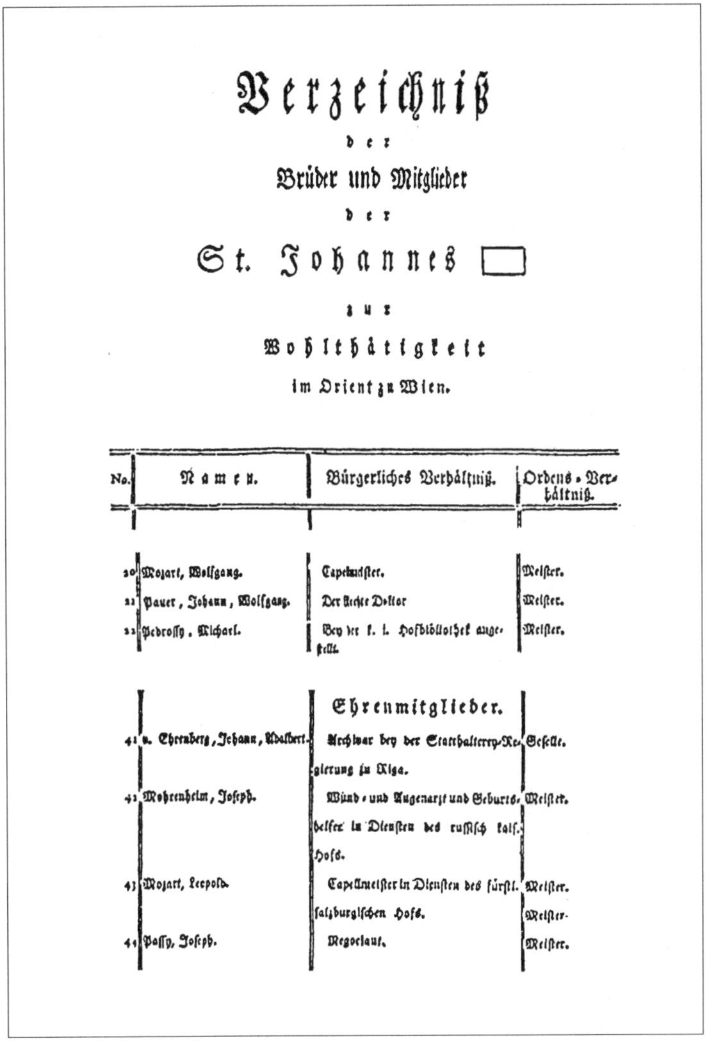

Verzeichniß

der

Brüder und Mitglieder

der

St. Johannes ☐

zur

Wohlthätigkeit

im Orient zu Wien.

No.	Namen.	Bürgerliches Verhältniß.	Ordens-Verhältniß.
20	Mozart, Wolfgang.	Capelmeister.	Meister.
21	Pauer, Johann, Wolfgang.	Der Aerzte Doktor	Meister.
22	Pedrossy, Michael.	Bey der k. k. Hofbibliothek angestellt.	Meister.
		Ehrenmitglieder.	
41	v. Ehrenberg, Johann, Adalbert.	Archivar bey der Statthalterey-Regierung zu Riga.	Geselle.
42	Mohrenheim, Joseph.	Wund- und Augenarzt und Geburtshelfer in Diensten des russisch kais. Hofs.	Meister.
43	Mozart, Leopold.	Capellmeister in Diensten des fürstl. salzburgischen Hofs.	Meister.
			Meister-
44	Passy, Joseph.	Negociant.	Meister.

Titelseite des Mitgliederverzeichnisses von 1785

Franz Graf Esterházy v. Galántha

Bruder Mozart (rechts) in der Loge »Zur gekrönten Hoffnung«, neben ihm angeblich Schikaneder

Leopold Mozart

Aus dem Präsenzbuch »Zur wahren Eintracht«

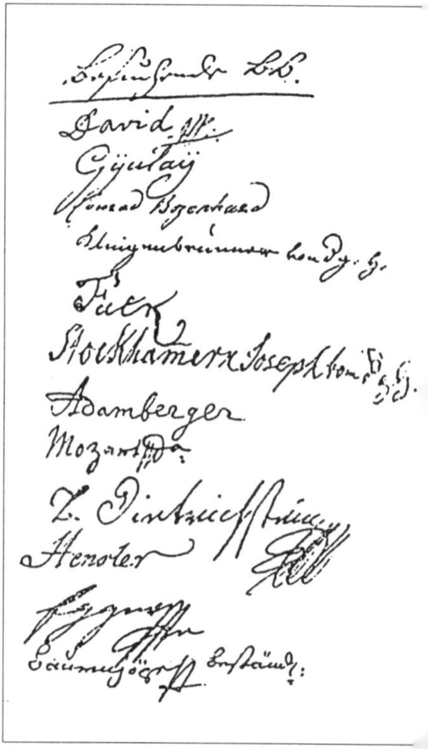

David

Gyulay

Adamberger

Mozart

Hensler

Mozarts Einweihung

Zu einem für ihn bedeutsamen Zeitpunkt seines Lebens und in einer Zeit reger kultureller Tätigkeiten in Wien, klopfte Wolfgang Gottlieb Mozart an die Pforten des Logentempels an und bat, als Freimaurer in der Loge »Zur Wohlthätigkeit« aufgenommen zu werden.

Dies geschah am Dienstag, den 14. Dezember 1784 ab halb sieben im Hause »Zum rothen Krebsen« Nr. 464, 2. Stock, am Kienmarkt.

Es waren jeweils etwa fünfzig Brüder zur Maurerarbeit im Tempel zugegen, gelegen im zweiten Stock des Weinbrenner-Hauses, das die Mitglieder der Loge »Zur wahren Eintracht« für 900 Gulden jährlich gemietet hatten, eine beträchtliche Summe.[98] Nach einer schriftlichen Vereinbarung wurden die Räume ebenfalls von der am 2. Februar 1783 gegründeten Loge »Zur Wohlthätigkeit« benutzt gegen einen jährlichen Mietbeitrag von 250 Gulden.[99]

Gemeinsam mit dem gleichaltrigen Wenzel Summer, Kaplan in Erdberg[100] (was die Wirkungslosigkeit der päpstlichen Bullen auf dem Gebiet der KK Monarchie beweist), und gemäß dem von der Strikten Observanz festgelegten Ritual[101], so wie es beide Logen »Zur wahren Eintracht« und »Zur Wohlthätigkeit« anwandten, wurde Mozart als Freimaurerlehrling initiiert.

Die Art und Weise, wie Mozarts Rezeption geschah, kann anhand des Rituals nachvollzogen werden. Eine Beschreibung der Zeremonie aber sagt rein gar nichts aus über den Charakter der Einweihung und vor allem, sie kann nicht die Art, wie sie erlebt wird, nachvollziehen.

»In der Tat kann nichts, von dem was niedergeschrieben ist, Profanen etwas Wesentliches und Entscheidendes mitteilen, denn das ›maurerische Geheimnis‹ lässt sich nicht in den Büchern oder durch irgendeine mitteilbare Formel ergründen. Es offenbart sich allein durch die existenzielle und unmittelbare Erfahrung der Initiation selbst. (…) Deshalb ist dieses Geheimnis, das man Eingeweihten vorwirft und dessen man die Freimaurer anklagt, nur die unvermeidliche und logische Konsequenz ihrer Achtung vor der rein erlebnishaften Wahrheit der Initiation als solchen.«[102]

Oder, wie Konfuzius sagte: »Der Geist kann wohl voranschreiten, er kommt nie so weit wie das Herz.«

Eines steht fest: Mozart hat seine Aufnahme in die Gemeinschaft der Freimaurer sehr intensiv erlebt, und ihre Bedeutung schlug sich nicht nur in seinen eigentlichen maurerischen Kompositionen nieder, sondern in einer ganzen Reihe von Werken, die in ihrer ganzen Sinnfülle nur verständlich werden, wenn man sich davon Rechenschaft ablegt, dass sie sich auf die Maurerei beziehen und auf die emotionalen und geistigen Dimensionen der Initiation.

Die Freimaurerei wurde zum Bestandteil seines künstlerischen Schaffens, und ihre Sinndeutung fand ihren Höhepunkt in der »Zauberflöte«, der einzigartigen Darstellung des Weges zum Licht, den der Profane zurücklegt.

Seit langem lebte Mozart in einer maurerischen Umgebung, aber erst am 5. Dezember 1784 ließ die Bauhütte »Zur Wohlthätigkeit« folgendes Dokument bekannt geben:

> »Vorgeschlagen Kapellmeister Mozart. Unser abgegangener Secr: Br: Hoffmann vergaß diesen vorgeschlagenen bey den sehr ehrw: Schwester ⧉ auszuschreiben, er ist schon vor 4 Wochen bey der hochw: Districts □ angesagt, und wir wollten daher kommende Woche zu seiner Aufnahme schreiten wenn die sehr ehrw: Schwester ⧉ nichts gegen ihn einzuwenden hätten.
> W. i. O. $57\frac{5}{\mathrm{XII}}84$ Schwankhardt: Secr:«[103]

Es ist kein Geheimnis, dass Mozart seit vielen Jahren enge Beziehungen zu Freimaurern hatte und dass er ihre Ideen zur Kunst und Gesellschaft teilte. Sein Eintritt in die Freimaurerei wird für ihn umso bedeutsamer, als er sich als gleichwertiger Partner mit der Elite seiner Zeit dort trifft und er von Freunden auf seinem maurerischen Wege geleitet wird, die für ihn Brüder werden.

Es ist aber bemerkenswert, dass er nicht um Aufnahme in der Prestige-Loge »Zur wahren Eintracht« angefragt hat, sondern in der viel bescheideneren Bauhütte »Zur Wohlthätigkeit«. Wir wissen aber, dass es zwischen den beiden enge Verbindungen und zahlreiche gemeinsame Arbeiten und maurerische Feiern gab, so etwa das jährliche Johannisfest zur Sommersonnenwende. In »Zur Wohlthätigkeit« fand Mozart als Meister vom Stuhl Otto von Gemmingen wieder, der 1778 sein Förderer in Mannheim gewesen war und durch den er im gleichen Jahr in Paris den Komponisten, Sänger und Freimaurer LeGros und seine Freunde kennen gelernt hatte. Erster Aufseher war Lichnowsky.

1784 hatte Mozart Krisen verschiedener Art durchlebt: psychologische, philosophische, affektive. Insbesondere die Trennung von Theresa von Trattner, unter deren Dach die Mozarts gewohnt hatten und zu der Wolfgang eine tiefe Bindung hatte, muss ihn geschmerzt haben. Ende September 1784 hatte er diese Wohnung verlassen; im Oktober widmete er Theresa die Sonate KV 457 und im Mai 1785 die Fantasie KV 475. Man kann im Vergleich der beiden Meisterwerke die Läuterung nachvollziehen, die Mozart seit seiner Aufnahme in die Maurerei mitgemacht hatte.

Darüber hinaus war Mozart seit mehreren Jahren ein Anhänger des »Sturm und Drangs« und der Ideale der Aufklärung und zeigte Sympathien für den Geist des Illuminismus, »ein progressiver, antimystischer, irreligiöser, rationalistischer Geist, der sozial und politisch vorrevolutionär war«[104] und den Zielsetzungen seiner Reifejahre vollkommen entsprach.

Mozarts Einweihung vorausgegangen war sein schriftlicher Antrag zur Aufnahme. Mehr als sicher hat Gemmingen selbst seine Kandidatur angeregt, und es war auch er, der als »Proponent« der Loge die Aufnahme des »Suchenden« vorschlug.

Wenn auch Mozarts Aufnahmegesuch nicht mehr auffindbar ist, so gibt es doch eine Anzahl fast gleichlautender Anträge: »Verehrungswürdiger Freund! Von jeher war es einer meiner sehnlichsten Wünsche, mit Menschen in Verbindung zu treten, die in ihrem Bestreben das rühmliche Ziel ausgestecket haben, an der Aufklärung und dem Wohl ihrer Mitmenschen zu arbeiten. Ich glaube, in der Freymaurerey diese besseren Menschen gefunden zu haben; so wie ich aus verschiedenen Gründen zu schließen keinen Anstand nehme, daß Sie wirklich darunter gehören…«[105]

Mit diesem Dokument wurde seine Kandidatur in der Loge vorgestellt. Nach Befragung stimmten die Logenmitglieder mittels weißer und schwarzer Kugeln (in der so genannten »Kugelung« oder »Ballotage«) über die Aufnahme ab.

Mozarts genaues Ergebnis kennen wir nicht, da keine schriftliche Unterlage vorhanden ist, wir wissen aber, dass es positiv gewesen sein muss, es ansonsten nicht zu seiner Initiation gekommen wäre, und wir wissen auch, dass Haydn »hell leuchtend« (einstimmig) angenommen wurde.

Danach wurden dem Kandidaten drei Paten zugeteilt: »…da dann derjenige, welcher ihn vorstellet, allezeit selbst bestimmet ist, sein erster Pathe zu seyn.«[106]

Wie es Pflicht in den Wiener Logen war, wurde die Kandidatur den anderen Logen mitgeteilt, damit eventuelle Einwände berücksichtig werden konnten, und gleichzeitig die Aufnahme angekündigt. Da keine Einwände eingebracht wurden, konnte das Datum der Einweihung festgelegt werden. Die Einladung zur Aufnahmearbeit wurde am 11. Dezember 1784 verschickt.

Bevor die Zeremonie beginnen konnte, hatte jeder Kandidat einen Revers folgenden Inhalts zu unterschreiben:

»Ich Unterzeichneter versichere auf Ehrenwort, daß ich von Niemand durch Versprechung der Entdeckung außerordentlicher Dinge oder zeitlicher Vortheile verleitet worden bin, um Aufnahme in den Freymaurer-Orden zu bitten, sondern daß ich dieß aus eigenem Trieb verlange. Nachdem mir auch zugesagt worden, daß in diesem Orden nichts gegen den Staat, Landesfürsten, Religion, und gute Sitten vorgenommen werde, so verspreche ich als ein ehrlicher Mann alles dasjenige, was mir eröffnet oder sonst mit mir vorgenommen werden wird, gegen Jedermann, er sey geistlichen oder weltlichen Standes, auch dann geheim zu halten, wenn ich nicht zur Aufnahme gelangen sollte.«[107]

Nur zehn Tage nach seiner eigenen Einweihung war Mozart erstmals »Besuchender Bruder« in Borns Loge »Zur Wahren Eintracht«, um an der Aufnahme in den Bund des großen Musikliebhabers Anton Georg Graf von Apponyi teilzunehmen.[108] Es dürfte für ihn ein tief bewegendes Erlebnis gewesen sein, so kurze Zeit nach seiner eigenen Einweihung die eines Freundes nachzuvollziehen.

Voraussetzungen

Dank zahlreicher Freunde und Bekannte war Mozart das maurerische Milieu seit langem vertraut. Im Alter von elf Jahren schon hatte er einen ersten Kontakt zu ihm. Von einem Fleckfieber geheilt, widmete er Dr. Joseph Wolff aus Olmütz, der ihn gepflegt hatte, ein Lied mit dem Titel: »An die Freude« in F-Dur KV 53. Man muss von der Annahme ausgehen, dass der Arzt dazu selbst den Text von Johann Peter Uz, eines Vertreters der Aufklärung, vorgeschlagen hatte. Es besteht kein Zweifel, dass Gehalt und Bedeutung des Textes maurerisch sind. Auch Schiller widmet seinen freimaurerischen Freunden bekanntlich eine »Ode an die Freude«. Man darf hier den ersten Kontakt Mozarts zur Freimaurerei ansetzen, auch wenn weder er noch sein Vater verstanden, um was es ging.

Man ging lange von der Annahme aus, dass Mozart mit sechzehn Jahren das Lied »O heiliges Band« KV 148, nach Ludwig Friedrich Lenz komponierte, dessen Text einer ausdrücklich als freimaurerisch vorgestellten Sammlung entstammt. Das Lied hat keine Klavierbegleitung, nur eine einfache Bass-Stimme, deren Verwandtschaft mit »O Isis und Osiris« aus der »Zauberflöte« erstaunlich ist. Es erscheint daher richtiger anzunehmen, dass es kurz nach dem Eintritt Mozarts in den Brüderbund geschrieben wurde, ohne dass es hierfür aber einen formellen Beweis gäbe.

Zwischen 1773 und 1779 komponierte und revidierte Mozart die Musik zu »Thamos« KV 345 auf das Textbuch von Gebler. Durch seinen Geist, seine Würde und Tiefe ist das Werk ein Vorläufer der »Zauberflöte« und Ausdruck maurerischer Überzeugung, auch wenn der Komponist noch nicht fähig war, die damit verbundenen Symbole in Musik zu übertragen, aus dem einfachen Grund, dass er sie nur schlecht oder überhaupt nicht kannte.

Im November-Dezember 1778 hatte Mozart in Mannheim Wolfgang Herbert von Dalberg, Staatsminister und Theaterintendant, Bruder von Karl Theodor, kennen gelernt. Auf seine Anregung hin komponierte er »Semiramide«, auf das Textbuch Otto von Gemmingens, nach einem Drama des Freimaurers Voltaire.

Man darf daher behaupten, dass Mozart, »ein Maurer ohne Schurz« war, ein Mensch, der sich einsetzte für »Freiheit, Gleichheit und Brüderlichkeit, der überzeugt war von der Notwendigkeit des Gedankenaustausches und einer gemeinsamen Arbeit zum Fortschritt der Menschheit und zur Förderung von Kunst und Wissenschaft. Durch seinen Eintritt in die Freimaurerei engagiert er sich tiefer und weitsichtiger in diese Arbeit, während er gleichzeitig eine geistige Erleuchtung, zumindest eine vermeintliche erhält und die Wärme brüderlicher Freundschaft. In diesem Sinn darf man behaupten, dass er durch sein maurerisches Engagement gleichzeitig seine Selbstfindung abschloss.«[109]

In den Wiener Archiven, besonders im Haus-, Hof- und Staatsarchiv, gibt es eine Anzahl von Dokumenten, die kostbare Hinweise zu Mozarts Logenarbeit geben und die Ernsthaftigkeit seiner maurerische Praxis und die Vielzahl seiner Logenbesuche belegen. Sie machen deutlich, dass die Freimaurerei ihn begeisterte, selbst wenn er keine Hochgrade, die zu diesem Zeitpunkt in Wien sowieso als »irregulär« galten, und keine Ämter in den Logen angestrebt hat: Auch wenn fast alle Briefe Mozarts verschwunden sind, die auf seine Beziehungen zur Königlichen Kunst hätten hinweisen können, so hinterließ Mozart doch ein viel bedeutsames Zeugnis seiner Verbundenheit mit dem Orden: seine Musik. Sie verdeutlicht sein maurerisches Engagement und legt Rechenschaft ab über die Arbeit an sich selbst, die ihm die Symbolik der Freimaurerei ermöglicht hat, eine Symbolik, die

Mozart wie kein anderer Komponist in seiner Musik transzendiert hat.

Mozarts Musik zeigt, wie sehr seine Verbundenheit mit der Königlichen Kunst gelebte Maurerei darstellt.

Angewandte Freimaurerei

Es sind kaum Dokumente über die Logensitzungen von Mozarts Bauhütte »Zur Wohlthätigkeit« erhalten geblieben, dafür aber die Protokolle der Schwesterloge »Zur wahren Eintracht«. Sie zeigen, dass Amadé am Vorabend von Weihnachten 1784 »besuchender Bruder« in der von Born geleiteten Loge war.

Born weihte ihn auch in seiner Loge zum Gesellen am 7. Januar 1785:

> »sodann der br. Wolfgang Mozard auf Ersuchen der S. Ehrw. Zur Wohlthätigkeit in den 2ten Grad mit den gewöhnlichen Ceremonien befördert.«[110]

Wann Mozart Maurermeister wurde, wissen wir nicht genau.[111] Mozart wird noch mehrfach als »besuchender Bruder« in der »Wahren Eintracht« erwähnt: am 14. und 28. Januar 1785, sowie am 16. und am 22. April 1785, als sein Vater zum Gesellen und zum Meister erhoben wurde, was deutlich macht, dass Wolfgang am 22. April den Meistergrad erreicht haben musste, denn niemand kann an einer Meistererhebung teilnehmen, der nicht selbst Meister ist. Aus den vorhandenen Dokumenten kann man schließen, dass Mozart entweder bereits am 13. Januar 1785 in der Loge »Zur wahren Eintracht«[112] oder am 26. Februar in seiner Bauhütte »Zur Wohlthätigkeit« die Meistererhebung erlebt hat.[113]

Auch am 12. August und am 19. Dezember 1785, als die Loge das Edikt Josephs II. diskutierte und ihre Deputation für die Versammlung der Landesloge vom 24. Dezember 1785 ernannte, zählte er zu den »anwesenden Brüdern«.

Fest steht ebenfalls, dass Mozart sowohl seinen Vater als auch Haydn zum Eintritt in die Freimaurerei angeregt hat.

Haydn zuerst: Am 29. Dezember 1784, zwei Wochen nach Mozarts Aufnahme, bittet dieser den Zeremonienmeister der Loge »Zur wahren Eintracht«, sich für ihn zu verwenden.

Am 24. Januar 1785 wird Haydn vorgeschlagen und einstimmig angenommen. Als Datum für seine Initiation wird der 28. Januar festgelegt. Mozart ist an diesem Abend in der Loge anwesend, um bei der Aufnahme seines Freundes zugegen zu sein. Haydn aber ist nicht erschienen, weil ihn das Einberufungsschreiben zu spät auf Schloss Esterháza erreicht hatte.

Haydn wird am Freitag, den 11. Februar 1785 als Lehrling in die Loge »Zur wahren Eintracht« aufgenommen. Mozart kann allerdings nicht an der Zeremonie teilnehmen. Er leitet am selben Tag, zur gleichen Stunde, das erste seiner sechs Subskriptionskonzerte in der »Mehlgrube« und spielt dabei, in Anwesenheit seines Vaters, der an diesem Tag aus Salzburg in Wien angekommen ist, den Solopart seines Klavierkonzertes in D-Moll KV 466. Er hatte ihn erst am Vorabend fertig gestellt.[114] Leopold Mozart entdeckt die Popularität, die sein Sohn in Wien genießt.

Am nächsten Tag veranstaltet Mozart bei sich zu Hause eine besondere Feier, um die Aufnahme seines Freundes Haydn in den Orden würdig zu begehen. Gemeinsam mit seinem Vater und den Logenbrüdern Anton und Bartholomäus von Tinti spielt er die drei letzten der sechs Quartette, die er Haydn gewidmet hat. An dem denkwürdigen Abend sagt dieser die berühmt gewordenen Worte, die Leopold stolz in einem Brief an seine Tochter Nannerl vom 14. Februar 1785 festhält: »H. Haydn sagte mir: ich sage ihnen vor gott, als ein ehrlicher Mann, Ihr Sohn ist der größte Componist, den ich von Person und dem Nahmen nach kenne: er hat geschmack, und über das die größte Compositionswissenschaft.«[115]

Im Übrigen zeigt die Titelseite der Quartettedition bei Pasquale Artaria die so genannten maurerischen »lacs d'amour«, als Darstellung der Bruderkette, des Symbols der brüderlichen Verbundenheit, die alle Maurer der Erde einschließt: »Ihre Verknüpfung stellt auch das Geheimnis dar, das unsere Mysterien umschlingen soll. Ihre kreisförmige und bruchlose Ausdehnung sagt, dass das maurerische Reich der Tugend, das ganze Universum im Symbol jeder Loge enthält.«[116]

Wolfgangs Vater, der »Kapellmeister« Leopold Mozart, wird am 28. März 1785 gemeinsam mit einem gewissen Joseph Bashy zur Aufnahme vorgeschlagen: » – da beide in kurzem von hier abreisen werden, so haben wir um Dispens wegen ihnen angesucht.«[117]

Er wird am Mittwoch, den 6. April 1785, um 18.30 Uhr in der Bauhütte seines Sohnes als Maurerlehrling eingeweiht.[118]

Die »Ereignis-Protokolle« der Loge »Zur wahren Eintracht« vom 16. und 22. April 1785 vermerken zu diesen Daten die Aufnahme in den 2. resp. 3. Grad von Leopold Mozart.[119] Im Protokoll vom 22. April ist der Name Leopolds über dem seines Sohnes als »Besuchende BB:« wieder durchgestrichen. Das will nicht heißen, dass er nicht anwesend war. Aber als Geselle muss er warten, bis die Meisterloge eröffnet ist, und er erhält erst Einlass, als die Erhebung in den »dritten Grad U. K. O.[120]« für ihn beginnt… 23 Brüder der Loge sowie 7 »besuchende Brüder« nehmen unter Borns Hammerführung an der Zeremonie teil. Bei allen drei Initiationen seines Vaters ist Wolfgang zugegen.

Von diesem Zeitpunkt an wird Leopold Mozart, »Capellmeister in Diensten des fürstl. Salzburgischen Hofs« im Mitgliederverzeichnis der »Wohlthätigkeit« als Ehrenmitglied angeführt.

Am 24. April nehmen Leopold und Amadé gemeinsam an einer feierlichen Logensitzung der »Gekrönten Hoffnung« zu Ehren von Ignaz von Born teil.[121] Wolfgang führt bei dieser Gelegenheit die Kantate »Die Maurerfreude« KV 471 auf. Den Solopart singt Valentin Adamberger. Die Partitur wird im gleichen Jahre vom freimaurerischen Verleger Artaria herausgegeben. Zu dieser Ausgabe schreibt der Maurer Wenzel Tobias Epstein das Vorwort.

Die Kantate wird noch mehrmals in den Logen aufgeführt, so am 1. Mai in der »Wahren Eintracht« und am 7. Mai 1785 in einer gemeinsamen Arbeit der Logen »Zum Palmbaum« und »Zu den drei Adlern«.[122]

Anlässlich der berühmten Feierstunde vom 24. April erhält Born sogar einen Glückwunschbrief des Maurers Benjamin Franklin, der ebenfalls Komponist war und, »wie man annimmt, zwei maurerische Lieder mitgeschickt hatte«.[123] Die Zeremonie wird mit einer glanzvollen »Tafelloge« abgeschlossen.

Am nächsten Tage fährt Leopold nach Salzburg zurück. Sein Sohn sollte ihn nicht mehr wieder sehen.

Das erste Werk, das Mozart für eine Logenarbeit schreibt, ist das Lied »Gesellenreise« in B-Dur KV 468 vom 26. März 1785. Es gilt für eine Aufnahme in den 2. Grad.

Auf dem einzigen erhaltenen Mitgliederverzeichnis der »Wohlthätigkeit«, aufgestellt »Auf Johannis 5785«, wird Wolfgang Mozart als »Capellmeister« unter Nummer 20 angeführt.

Im Juli 1785 komponiert er sein bedeutsamstes maurerisches Musikwerk, das gleichzeitig die enigmatischste seiner Partituren darstellt. Sie ist uns als »Maurerische Trauermusik« in C-Moll KV 477 bekannt.

Wie Roger Cotte[124] und Autexier[125] nachgewiesen haben, handelt es sich um eine »Meistermusik«. Autexier hat anhand der »Vertraulichen Akte« herausgefunden, dass die Musik für die Erhebung in den Meistergrad am 12. August 1785 von Carl von König geschrieben wurde. Mozart ist bei der Zeremonie anwesend. Nach der Erhebung hält »Br. Este eine Rede in italienischer Sprache, worinnen er dem Br. König unser Mitleiden zu erkennen gab, dass er des Ordens halber aus Venedig, seinem Vaterlande verwiesen worden, und ihm für seine bewiesene Standhaftigkeit der Achtung sämt. BB: versicherte. Standhaftigkeit mache den Charakter des Maurers aus.«[126] Bei der von der Inquisition »aufgehobenen« Loge handelt es sich um »Della Fedelta« (Zur Treue).

Mozarts ergreifende Musik erklingt auch in der Loge »Zur gekrönten Hoffnung« am 17. November 1785 anlässlich einer anderen Meistererhebung, die verbunden wird mit der »Todtenfeyer«[127] für zwei verstorbene Maurermeister Georg August Herzog von Mecklenburg-Strelitz und Graf Franz Esterházy von Galántha, sowie am 7. Dezember 1785 in der Loge »Zu den drei Adlern«, wo sie aus dem gleichen Anlass aufgeführt wird.

Man weiß seit Nettls Nachforschungen[128], dass Mozart für die erwähnte Aufnahmezeremonie im 3. Grade die Musik für zwei andere maurerische Gesänge auf Texte von Gottlieb Leon, betitelt: »Des Todes Werk« und »Vollbracht ist die Arbeit des Meisters«, komponiert hat. Diese sind allerdings verloren gegangen.[129]

Am 27. September 1785 hat Mozart an der Aufnahme Anton Stadlers teilgenommen.

Am 20. Oktober 1785 wirkt Mozart mit an einem Unterstützungskonzert für zwei ausländische Brüder, Anton David und Vinzent Springer, »beyde Virtuosen auf dem Basset Horn«[130], mit, das gemeinsam von den Logen »Zu den drei Adlern« und »Zum Palmbaum« veranstaltet wird: »PS: Br Mozard wird durch sein so sehr Beliebtes Phantasiren die Bbr: unterhalten.«[131]

Am 15. Dezember 1785 findet ein weiteres Konzert zugunsten derselben Brüder in der Loge »Zur gekrönten Hoffnung« statt. Mozart trägt dazu bei durch seine Kantate »Die Maurerfreude«, ein Klavierkonzert (man weiß nicht welches) und durch Improvisationen.[132]

Am 19. Dezember 1785 nimmt Mozart zuerst an einer Logensitzung der »Wohlthätigkeit« teil, während der die Auflösung prinzipiell angenommen und die Deputierten für die Sitzung der Landesloge vom 24. gewählt werden. Anschließend besucht er die »Wahre Eintracht«, die sich auch mit der Problematik der Logenfusionen auseinandersetzt. Er beantragt seine Aufnahme in die »Neugekrönte Hoffnung«.

Am 14. Januar 1786 erklingen die von Mozart komponierten Gesänge: »Zur Eröffnung der Loge« in B-Dur KV 483 und »Zum Schluss der Loge« in G-Dur KV 484. Sie stellen mit zwei anderen Gesängen für Solo und Männerchor, die verloren gingen[133], seinen Beitrag zur Eröffnung der neuen Loge dar. Allerdings heißt es, er habe anscheinend nicht an der Zeremonie teilgenommen, was umso mehr erstaunt, als er am nächsten Tag im Mitgliederverzeichnis der Loge »Zur neugekrönten Hoffnung« als No.67 der »ordentlichen Mitglieder« aufgezählt wird.[134]

Wie wenig die Wiener Freimaurer die katastrophalen Folgen des Handbillets von Joseph II. geahnt haben, das am Ursprung des Logenzusammenschlusses steht, beweisen die Texte zu Mozarts Kompositionen: »Josephs Wohltätigkeit / Hat uns in deren Brust / Ein dreifach Feuer brennt, / Hat unsre Hoffnung neu gekrönt. / Vereinter Herzen und Zungen / Sei Joseph dies Loblied gesungen, / Dem Vater, der enger uns band.«[135]

Zu dieser Zeit schreibt Mozart auch sein Adagio für zwei Bassetthörner und Fagott, F-Dur KV 410, und das Adagio für zwei Klarinetten, zwei Bassetthörner und Bassklarinette, B-Dur KV 411, deren maurerische Bestimmung unbestreitbar ist.

Im dritten Monat des maurerischen Jahres 5786, ist Mozart im Verzeichnis der »Neugekrönten Hoffnung« als »Capellmeister III.« unter der Nummer 66 eingetragen. Die römische Ziffer bedeutet den 3. Grad, das heißt, den Meistergrad. Das Verzeichnis weist 116 ordentliche Mitglieder, 56 Ehrenmitglieder und besuchende Brüder, 110 abwesende und 25 dienende Brüder aus.

Am 11. Januar 1787 ist Mozart in Prag Gast von Jan (Johann) Joseph Thun. Am Abend ist er bei Graf Emanuel Joseph Canal zum so genannten »Breitfeld-Ball« eingeladen, auf welchem die Arien aus »Figaros Hochzeit« zu Ehren kommen.[136] Der Freimaurer Canal hatte die Impulse zur Gründung der berühmten Prager Loge »Zur Wahrheit und Einigkeit«, dem Zentrum des Illuminismus in Böhmen, gegeben und war deren Erster Aufseher. Zweiter Aufseher war der Jesuit Raphaël Unger, Leiter der berühmten Prager Bibliothek, deren Besuch er Mozart ermöglichte. Gottlieb August Meißner, ein anderer bekannter böhmischer Freimaurer, hält fest, dass Mozart an mehreren Arbeiten der Loge während seiner Prag-Besuche teilgenommen hat, unter anderem im Herbst 1787, während der Vorbereitungen zur Uraufführung des »Don Giovanni«. Mozart wohnte damals in den »Drei Löwen«, einen Katzensprung vom Tyl-Theater entfernt, und bei den Duschek auf der Bertramka, wo er sich bei seinen Brüdern für die Gastfreundschaft revanchieren konnte.

Am 30. März 1787 schreibt sich Mozart ins Stammbuch von Johann Georg Kronauer mit einem englischen Text ein: »Patience and tranquillity of mind contribute more to cure our distempers as the whole art of Medecine.–«[137]

Am 27. April 1787 schreibt sich Born in Mozarts Stammbuch mit einem lateinischen Text ein: »Dulcis Apollo! qui tuas artes, tua munera Mozarto nostro dedisti, ut poscenti chorda sonos reddat, quos vult manus et mens, acutos, graves, citos, tardos, canoros, querulos, magnos, parvos, sine ulla offensione concinentes; fac ut cum grata lyrae suae musica faustorum quoque dieri numeri consonent, et gratae sortis harmonia.« (Sanfter Apoll! der du deine Kunst und deine Gaben unserem Mozart derart zukommen ließest, dass die Saite, die durch ihn berührt wird, solche Töne hervorlockt, die Herz und Hand sich wünschen, hohe und tiefe, schnelle und langsame, fröhliche und ernste, lange und kurze Töne, die alle zusammen ohne jeglichen Widerspruch erklingen, bewirke, dass mit der angenehmen Musik seiner Leier auch die Zahl seiner glücklichen Tage und die Harmonie eines wohlwollenden Schicksals im Gleichklang ist.)[138]

Am 12. Januar 1788 nimmt Mozart zusammen mit Valentin Adamberger an einer Akademie in der Loge »Zur Neugekrönten Hoffnung« teil, aus Anlass der Hochzeit von Erzherzog Franz, des künftigen Vernichters der Freimaurerei in Österreich.[139]

Im »Mitglieder-Verzeichnis« der Loge »Zur gekrönten Hoffnung« vom Johannisfest 1788 hat Mozart die Nummer 70. Es zählt 110 anwesende und 115 abwesende Brüder, sowie 10 dienende Brüder auf.[140]

Im Verzeichnis von 1789-90, das 79 anwesende und 113 abwesende Brüder ausweist, wird Mozart als »Anwesender Bruder« unter der Nummer 51 angeführt.[141]

Im März 1789 bittet Mozart Franz Hofdemel um ein Darlehen von 100 Gulden.[142] Dabei bestätigt er ihm, dass seine Aufnahme in die Loge nicht mehr lange auf sich warten lasse: »Nun werden wir uns bald mit einem schönern Namen nennen können! ihre sache ist dem Ende sehr nahe!«[143] Dies ist ein Beweis mehr dafür, dass Mozart auf dem Laufenden war über das, was sich in der Loge tat, und das konnte er nur wissen, sofern er an ihren Sitzungen teilnahm. Weiterer Beweis: Im Logenverzeichnis desselben Jahres ist Mozart unter der Nr. 56 als »Anwesender Bruder« angegeben, bei 89 anwesenden, 111 abwesenden und 12 dienenden Brüdern.

In einer späteren handschriftlichen Mitgliederliste der »Gekrönten Hoffnung« desselben Jahres wird Mozart ebenfalls unter Nummer 56 der »Anwesenden Brüder« aufgezählt, mit Angabe des Meistergrades.[144]

Im Juli 1791 trägt Mozart in das »Verzeichnüß« seiner Werke eine Kleine deutsche Kantate ein: »Die ihr des unermeßlichen Weltalls Schöpfer ehrt« KV 619, auf einen Text des maurerischen Pädagogen Franz-Heinrich Ziegenhagen.

Was die maurerische Kantate »Dir Seele des Weltalls« KV 429 angeht, eine Hymne zum Johannisfest, so wirft sie eine Datierungsfrage auf, die zurzeit nicht gelöst werden kann. Man sollte aber davon ausgehen, dass sie zu einem Zeitpunkt geschrieben wurde, als Mozart schon eingeweiht war. Sie ist ganz in seinem letzten Schaffensstil gehalten.

Im September 1791 weilt Mozart zur Aufführung von »La Clemenza di Tito« in Prag und ist am 10. Gast der Loge »Zur Wahrheit und Einigkeit«, die zu seinen Ehren seine Kantate »Die Maurerfreude« aufführt. Bei dieser Gelegenheit kündigt Mozart seinen tschechischen Brüdern für bald ein neues großes maurerisches Werk an.[145] Es handelt sich um die »Zauberflöte«.

Diese wird am 30. September 1791 uraufgeführt. Mozart leitet das Werk, das eine unsterbliche Hymne auf die Ideale der Freimaurerei darstellt.

Knapp 50 Tage später betritt er zum letzten Male in seinem Leben eine Maurerloge. Am 17. November 1791 nimmt er an der Einweihung des neuen Tempels der »Gekrönten Hoffnung« teil und führt seine Kantate »Laut verkündet unsre Freude« KV 623 auf, die er zwei Tage vorher fertig gestellt hat. Constanze wird gegenüber dem englischen Komponisten und Verleger Vincent Novello und seiner Frau Mary 1829 zugeben müssen: »Er hatte eine maurerische Kantate geschrieben, die jene, für die sie geschrieben worden war, derart begeistert hat, dass er freudestrahlend nach Hause kam: ›Habe ich doch gewusst‹, sagte er, ›dass ich nie etwas Besseres geschrieben habe; ich glaube, dies ist das schönste meiner Werke‹.«[146]

Am 20. November erkrankt er. Fünfzehn Tage später geht er in den Ewigen Osten ein.

Sein jüngster Sohn, Franz Xaver Wolfgang, der ebenfalls Musiker geworden ist, wird die Fackel übernehmen: Vom 23. Dezember 1818 bis Sommer 1823 macht er eine ausgedehnte Konzertreise, die ihn durch ganz Europa führt. Vermutlich am 4. Juni 1819 wird er in Warschau in die deutschsprachige Loge »Zur Halle der Beständigkeit« aufgenommen. Im Register dieser Loge ist er jedenfalls 1820 unter der Nummer 257 als »Lehrling« eingetragen mit dem Vermerk »auf Reisen«.[147]

III.
Gelebte Freimaurerei

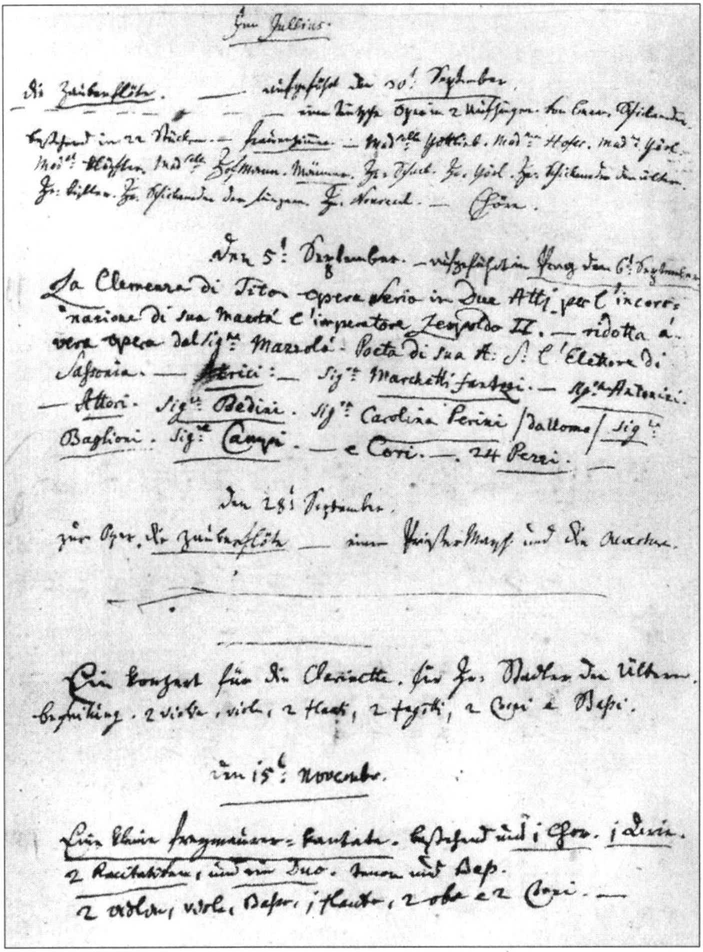
im Jullius.

Die Zauberflöte. — aufgeführt den 30t: September. — eine teutsche Oper in 2 Aufzügen. von Eman. Schikaneder. bestehend in 22 Stücken. — Sängerinen. — Mad:selle Gottlieb. Mad:me Hofer. Mad:me Görl. Mad:me Klöpfler. Mad:selle Hofmann. Männer. Hr. Schak. Hr. Görl. Hr. Schikaneder der ältere. Hr. Kistler. Hr. Schikaneder der Jüngere. Hr. Nouseul. — Chöre.

den 5t: September. — aufgeführt in Prag den 6t: September

La Clemenza di Tito. opera seria in Due Atti. per l'incoronazione di sua Maestà l'imperatore Leopoldo II. — ridotta á vera opera dal Sig:re Mazzolà. Poeta di sua A: S: l'Elettore di Sassonia. — Attrici: — Sig:ra Marchetti fantozzi. — Sig:ra Antonini. — Attori. Sig:re Bedini. Sig:ra Carolina Perini (da uomo) Sig:re Baglioni. Sig:re Campi. — e Cori. — 24 Pezzi.

den 28t: September.

zur Oper: die Zauberflöte — ein Priestermarsch und die Ouverture.

Ein konzert für die Clarinette. für Hr: Stadler den ältern. begleitung. 2 violini, viole, 2 flauti, 2 fagotti, 2 Corni e Bassi.

den 15t: November.

Eine kleine freymaurer-Kantate. bestehend aus 1 Chor. 1 Aria. 2 Recitativen, und ein Duo. Tenor und Bass. 2 violini, viole, Bassi, 1 flauto, 2 oboe e 2 Corni. —

Mozarts letzter Eintrag in seinem »Verzeichnüß«: »Eine kleine Freimaurerkantate«, 1791

Gottfried van Swieten

Joseph Haydn

Christoph Willibald Gluck

Titelseite der Kantate »Die Maurerfreunde« KV 471

Rituale und Symbole

Die Freimaurerei ist ein System des Denkens und Nachdenkens, das sich im Laufe der Jahrhunderte entwickelt hat und auf Traditionen und Erbschaften gründet, die vielseitig bedingt sind. Diese Erbschaften, so verschieden sie in ihrer Ausrichtung auch sein mögen, haben eines gemeinsam: Sie beruhen auf initiatorischen Praxen.

Freimaurer ist derjenige, der nach den bestehenden Riten in einer »gerechten und vollkommnen« Loge Aufnahme gefunden hat. Die Rituale können sich im Laufe der Zeit verändert haben, sie können sich von Kontinent zu Kontinent, von Zivilisation zu Zivilisation, von einem Kulturraum zum anderen unterscheiden, in ihrem Wesen aber sind sie identisch, und ihre geistige Dimension ist seit Bestehen der Königlichen Kunst unverändert geblieben.

»Die Einweihung bildet jene Etappe der ›zweiten Geburt‹, die den Zugang zu einem höheren Grade gewährt. Der Prozess des ›initiatorischen Todes‹ begreift ein Hinuntersteigen ins Innere der Erde, in die Unterwelt, die eine zusammenfassende Wiederholung aller vorherigen Lebensabschnitte ermöglicht. Deshalb kann eine Einweihung nicht beschrieben werden …«[148]

Dies ist umso wahrer, als jeder seine eigene Einweihung subjektiv erlebt und dieses persönliche Erlebnis nicht vermittelt und auf jemand anderen übertragen werden kann.

Der Eingeweihte stirbt vom profanen Leben hinweg und wird dem Lichte neu geboren, heißt es. Dieses Erlebnis ist unauslöschbar. Ein Maurer kann den Orden verlassen, er kann ihn leugnen, ihn verraten; in sich aber kann er seine Initiation nicht abtöten, und diese ist ohne Alternative. Man ist eingeweiht oder man ist es nicht, es gibt kein Dazwischen. Ob man nun an den Maurerarbeiten teilnimmt oder nicht, ob man die Loge »deckt« oder nicht, ändert nichts an der Tatsache, dass das Erlebnis der Initiation für den Eingeweihten stattgefunden hat und auf immer in ihm verankert bleibt, mit all dem, was es als allgemeine und als subjektive Erfahrung darstellt.

Als Initiierter findet sich der neue Maurer als Bruder unter Brüdern wieder, von denen jeder einzelne, auf individuelle und persönliche Art, dieselbe kollektive Erfahrung gemacht hat. Deshalb gibt es keine Hierarchie in der Logenarbeit. Die einzigen Unterschiede zwischen den Maurern bestehen in den Graden sowie zu den Würdenträgern, die innerhalb der Loge und während der Tempelarbeit ein Amt bekleiden.

Die Arbeiten in den Logen bezwecken die Vervollkommnung des Einzelnen in der Solidarität aller Brüder und die Vervollkommnung aller Brüder in der Solidarität mit der profanen Gesellschaft. Der Maurer ist davon überzeugt, dass der Mensch dazu fähig ist, doch er weiß auch, dass der Tempelbau nie vollendet wird. Jeder aber trägt seinen rauen Stein dazu bei und bearbeitet ihn mit seinen Brüdern in gemeinsamem Denken und Handeln. Um in seiner Arbeit voranzukommen, benutzt er den Reichtum der Symbole, die von allen Maurern des Erdkreises anerkannt sind, sowie die Strenge der Rituale und Riten. Darum ist die Loge »Zentrum der Welt«.

Als freier Mensch in einer freien Loge gehört der Maurer keiner Schule und keiner Kirche an. Er ist nicht verpflichtet, Theorien anzunehmen und an Dogmen zu glauben. Die Freimaurerei ist weder die Hüterin einer Wahrheit noch die Beschützerin eines Glaubens. Sie beruft sich nur auf die Toleranz: »So wird der Maurer fähig, sich zu hinterfragen, sich in Frage zu stellen; und dank dieser Triebfeder des Fortschritts, entdeckt er den Weg der Erkenntnis aber auch den der Ordnung, die sowohl auf materieller wie auf geistiger Ebene herrschen muss.«[149]

Um auf seinem Weg zur Vollkommenheit weiterzukommen, benutzt der Maurer Symbole und Rituale: »Dank seiner Feierlichkeit, seiner archaischen Formeln, seines Rhythmus, ermöglicht das Ritual die Integration des Eingeweihten, der zum Handelnden wird.«[150]

Je nach der Bedeutung allerdings, den die Eingeweihten den Symbolen und Riten zukommen lassen, erhält die Maurerei einen anderen Charakter.

Für eine der Strömungen innerhalb der Königlichen Kunst bestehen die Symbole und Rituale sozusagen »in sich« und werden zur Finalität, zum Endzweck der Maurerei. Ohne sie, kein Heil.

Für die andere sind sie das Mittel, das es den Maurern erlaubt, sich verstehen zu lernen und sowohl die maurerische als auch die profane Welt, in welche erstere integriert bleibt, besser zu erfassen. Deshalb ist der Maurer verpflichtet, über diese Welt, die in dauernder Entwicklung ist, nachzudenken und zu versuchen, Einfluss auf diese Entwicklung zu gewinnen.

Die beiden Tendenzen haben sich unter verschiedenen Aspekten und Formen seit den Ursprüngen der Institution herausgeschält und gefestigt.

In jenen Tagen, als Mozart um Aufnahme im Tempel bat, offenbarten sie sich vor allem in der Auseinandersetzung zwischen Rosenkreuzern und Asiatischen Brüdern einerseits, Strikter Observanz und Illuminaten andrerseits.

Musik in der Loge

Seit ihren Anfängen hat die Musik in der Freimaurerei eine nicht unbedeutende Rolle gespielt, sowohl für die Logenarbeit selbst als auch bei den geselligen Tafellogen. Komponisten und Interpreten gehörten zu den ersten, die in die Bruderkette aufgenommen wurden, und schrieben, sangen und spielten zu den Logenzeremonien Gesänge und Hymnen, so wie es Brauch in den Kirchen war.

Der erste, von dem wir wissen, dass er dies tat, war Rev. James Anderson, der Urheber des »Konstitutionenbuches«, das seinen Namen trägt und ebenfalls zwei Lieder enthält, den »Gesang der Meister« und den »Gesang der Aufseher«. Vom »Gesang der Meister« hat Jean-Jacques-Christophe Naudot, Maurer, Flötist und Komponist, eine verkürzte Fassung hinterlassen, die in mehreren Hinsichten bedeutsam ist, insbesondere, weil sie eine musikalische Praxis bestimmt hat, die während des ganzen XVIII. Jahrhunderts Gültigkeit behielt: Die Melodien der Solisten wurden von allen Brüdern, die in der Bauhütte zugegen waren, aufgenommen und zu Ende gebracht, oft auf einen ergänzenden oder veränderten Text.

Der Chorteil wurde sehr bald durch Instrumente vertieft. Sie sollten sowohl den Gesang unterstützen, als auch den Brüdern, die keine musikalische Ausbildung hatten, eine Hilfestellung geben. Da das Ergebnis dennoch riskierte, der erhebenden Atmosphäre abträglich zu sein, wurde empfohlen, dass bei mehrstimmigen Gesängen oder Chormusik ohne Instrumentalbegleitung nur die Brüder, die eine musikalische Ausbildung hatten, »sich darum kümmern sollten«.[151]

Diese Praxis entwickelte sich insbesondere in den Ländern, in denen der lutherische Einfluss maßgeblich blieb, und man findet sie noch bei Jan Sibelius, dem bedeutendsten freimaurerischen Musiker nach Mozart. Dieser lässt ganze Gesänge zwischen Solisten und Chor alternieren.

Sie sollte sich auch zu einer anderen Entwicklung hinorientieren, insofern der letzte Abschnitt des Sologesangs vom Chor aufgegriffen wurde, dies mit dem Wort »Ja«, als Ausdruck der Bestätigung für das, was vorher gesungen worden war. Mozart benutzt diese Technik in »O heiliges Band« KV 148. Doch schon zu seiner Zeit wurde das »Ja« nach und nach aufgegeben; die Wiederholung eines Teils des Solistentextes durch den ganzen Chor aber war allgemeine Praxis geworden. Sie sollte ihre Sublimierung in der Hymne »O Isis und Osiris« (Nr.10) der »Zauberflöte« finden.

Woher stammten die in den Logen verwendeten Melodien?

Einerseits wurden Komponisten, die eingeweiht worden waren, um neue Melodien gebeten. Man muss aber feststellen, dass uns nur wenige erhalten und überliefert wurden.

Andrerseits benutzte man bekannte Melodien weltlichen und geistlichen Ursprungs oder Weisen von Komponisten, die in Mode waren: ein »Copyright« und Autorenrechte gab es damals nicht, jeder borgte und klaute, wo er konnte.

Diese Praxis findet sich auch bei Mozart. Er benutzt das »Incipit Lamentatio Jeremiae« des Karfeitagsgottesdienstes[152] in seiner »Maurerischen Trauermusik« KV 477, dem kostbarsten musikalischen Juwel, das es für eine maurerische Zeremonie gibt, und er verwendet den lutherischen Choral »Ach Gott vom Himmel sieht darein« im Auftritt der »Zwei Geharnischten« vor den Prüfungen, die Tamino und Pamina in der »Zauberflöte« zu bestehen haben (28. Auftritt).

Ein weiteres konstitutives Element der maurerischen Musik sind die Rhythmen, die einerseits auf den rituellen Klopfzeichen der jeweiligen Grade, andererseits auf der Eigenart der verschiedenen maurerischen Obedienzen fußen. Unsere Schwierigkeiten heute beruhen auf der Tatsache, dass Form und Sinn der Klopfzeichen »beachtlich in Zeit und Raum variieren«[153], so dass es de facto unmöglich ist, zu wissen, welche Klopfzeichen in den vergangenen Jahrhunderten in den Logen der verschiedenen Länder und in den verschiedenen Großlogen benutzt wurden. Fest steht allerdings, dass im Ritual der männlichen Logen die Schläge auf der Zahl drei beruhten, während sie in den weiblichen Adoptionslogen auf der Zahl fünf fußten, und man kann davon ausgehen, dass in den regulären Wiener Logen das verwendete Ritual einen unterschiedlichen Rhythmus für die Hammerschläge der einzelnen Grade hatte: -v- (lang, kurz, lang) für den Lehrlingsgrad, v- - (kurz, lang, lang) für den Gesellengrad und vv- (kurz, kurz, lang) für den Meistergrad: »Als ›offenen Tressor‹ bezeichnet man heute in der Kryptographie ein solches Verschlüsselungsverfahren oder einfacher ausgedrückt mit dem Satz ›Man sieht den Wald vor lauter Bäumen nicht‹.«[154]

Dieser Unterschied zwischen den Logen und Graden sollte für die »Zauberflöte« bedeutsam werden.[155]

Was wissen wir über die Instrumente, die im Tempel verwendet wurden?

Wie schon erwähnt, dienten Musikinstrumente dazu, dem Gesang der versammelten Brüder eine Stütze zu geben und das Ritual zu begleiten, darüber hinaus auch, um den Fortlauf der Arbeiten zu unterstreichen.

In den französischen Bauhütten galt als übliches Instrumentarium ein Bläsersextett, bestehend aus zwei Oboen, zwei Fagotten und zwei Hörnern. Später wurden die Oboen durch die Klarinetten ersetzt. Diese Zusammenstellung erhielt in der Loge den Namen *Harmonie*, »im militärischen Sinn eine Vereinigung von Holz und Blechinstrumenten, im

Gegensatz zur *Fanfare* (Blechbläser allein) und zur *Batterie* (Jagdhorn, Zinke, Trompete, Querpfeife, Trommel, große Trommel und Zimbel)«.[156] Aus diesem Grunde spricht man auch heute noch in den französischen Logen von der »Colonne d'Harmonie«.

In den Wiener Logen war die Zusammenstellung der Musikinstrumente weniger strikt, auch wenn man mit Vorliebe Blasinstrumente benutzte. Für Mozart spielte das Bassetthorn, im Italienischen »clarone«, das erst 1770 in Passau erfunden worden war[157], eine bedeutsame Rolle in seinen maurerischen Kompositionen oder in den Werken, in denen er die maurerische Symbolik veranschaulichen wollte. Die beiden Stadler-Brüder spielten es auf bewundernswerte Art. Anton Stadler besaß zudem eine Bassettklarinette, die im tiefen Register vier zusätzliche Halbtöne wiederzugeben imstande war.

Mozart benutzte auch Streicher im Tempel, doch sie dienten im Allgemeinen dazu, die »Irrwege und Leiden des Suchenden während der Aufnahmezeremonie zu verdeutlichen«.[158] Sie mussten daher zwingend von »maurerischen« Instrumenten, das heißt, Blasinstrumenten begleitet sein.

Wie sowohl aus den vorhandenen Logendokumenten als auch aus Mozarts Werken für die Loge ersichtlich ist, waren in den Wiener Bauhütten zu Ende des XVIII. Jahrhunderts aber vor allem Clavichord,[159] Pianoforte[160] und Orgel(positiv)[161] im Gebrauch.

Auf die Empfehlung von Joseph Holzmeister schafft Ignaz von Born für seine Loge »Zur Wahren Eintracht« eine Orgel zum Preis von 40 Gulden an, »welche später auch Mozart und seiner Loge ›Zur Wohlthätigkeit‹ dienen sollte«.[162]

Das Pianoforte scheint »sehr schnell in den Logen adoptiert worden zu sein, wegen der Idee des technischen Fortschritts, die seine Verwendung wecken konnte«[163], vielleicht aber auch, weil die Kirche »gegen dieses Instrument formelle und spezifische Einwände«[164] vorgebracht hatte.

Ein gedankliches System

Es bleiben kaum Schriften von Mozart, in denen er sich zur Freimaurerei bekennt. Nach seinem Tod haben seine Frau (oder seine Schwester? oder Nissen? oder alle zusammen?) dafür gesorgt, dass sämtliche Zeugnisse oder Beweisstücke, die auf seine Zugehörigkeit zum Orden hätten schließen lassen, verschwanden.

Unehrlichkeit, Kleinmut, Dummheit?[165] Oder vielmehr ganz einfach nackte Angst vor der Repression, die unter Franz II. hereinbrach, und der damit verbundene Wunsch, ein anderes Bild des Toten vorzuzeigen? Wie dem auch sei, Mozart bezeugt sein Maurertum fast ausschließlich durch seine Musik, aber dies umso eindringlicher.

Von allen Komponisten, die Anhänger der Königlichen Kunst waren – und im XVIII. Jahrhundert gab es kaum welche, die nicht in einer Loge aufgenommen worden waren –, ist Mozart der einzige, der uns ein Erbe hinterlassen hat, das sich auf sie bezieht. Man darf sogar sagen, dass ab seiner Aufnahme, »der Gedanke an seine Zugehörigkeit zur Freimaurerei sein ganzes Schaffen durchdringt«.[166]

Zweifellos hat der Symbolismus der Maurerei Mozart fasziniert, schon bevor er an die Pforte des Tempels klopfte. Nach seiner Aufnahme in die Loge perfektionierte er das bestehende *musikalische* System, um daraus die Spiegelung eines neuen *gedanklichen* Systems zu machen. Man darf sogar behaupten, dass er eine Synthese von Jahrzehnten des Nachdenkens und Arbeitens in der Loge verwirklicht hat.

Die Bedeutung der Zahl drei und ihrer Symbolik in der Maurerei ist allgemein bekannt. Sie findet sich wieder im Anapestrhythmus (kurz, kurz, lang), wie man ihn vor der Fuge in der Ouvertüre und vom »dreifachen Akkord« des 2.

Aktes der »Zauberflöte« her kennt. Man sieht ihn ebenfalls symbolisiert im punktierten Rhythmus, weil die Dauer der punktierten Note den dreifachen Wert des Punktes hat. Als Marschrhythmus zwingt dieser zum Hinken, und der Profane hinkt symbolisch.[167]

Man findet den Begriff »drei« auch wieder in Trillern und Triolen. Aufsteigende Triolen sollen auf den dreistufigen Aufstieg zum Osten hinweisen, von wo aus der Meister vom Stuhl die Arbeiten leitet.

Gebundene Noten sind ein Symbol der Brüderlichkeit,[168] Fuge und Kontrapunkt stellen die Bauarbeit am Tempel dar.

In der Auswahl der Tonarten beweist Mozart am deutlichsten seinen Willen, das maurerische Gedankengut musikalisch zu deuten.

Es-Dur war schon vor seiner Zeit die Tonart, die als maurerisch angesehen wurde. Bei ihm wurde sie mit der Relativtonart, C-Moll, die »königliche«: »Was bei Es-Dur (in seiner spezifischen Färbung) eine erhabene, freimaurerische Feierlichkeit verkörpert, das wird in C-Moll zur stillen, ergriffenen Frömmigkeit. Hier wird der Tod bejahend verehrt …«[169] Die drei B-Vorzeichen sind so arrangiert wie die drei symbolischen Punkte im Dreieck, die die Freimaurer auszeichnen. In französischen Sprachgebrauch spricht man von Maurern als »Frères Trois Points« (Drei-Punkte-Brüder).

A-Dur, mit drei Kreuz-Vorzeichen, ist eine Variante von Es-Dur. Es ist bezeichnend, dass die Leuchtkraft dieser Tonart gerade dem *Klarinettenquintett* und dem *-konzert* zukommt, die Mozart für seinen Ordensbruder Stadler geschrieben hat.

F-Dur (ein B-Vorzeichen) und B-Dur (zwei Bs) können für den Lehrlings- resp. Gesellengrad stehen.

Nach Autexier hat auch D-Dur symbolischen Charakter, beinhaltet es doch den Buchstaben D wie »Delta«, den Buchstaben, der im Griechischen drei Winkel hat, der »Dreiecksbuchstabe, Symbol der Kenntnis und der Maurerkelle«.[170]

C-Dur, die Tonart ohne Alterierung, versinnbildlicht seit jeher die Fülle, die Festlichkeit und das Licht. Für Mozart wird sie zum Schlüssel seines musikalischen Denksystems in Bezug auf die Maurerei.

Wenn auch diese musikalische Systematisierung des maurerischen Symbolismus für ihn wichtig war, so hätte sie doch nur zu reinem Formalismus geführt, hätte es der Komponist dabei bewenden lassen. Es wäre auch irrig, sich nur an solchen Anhaltspunkten zu orientieren, um auf Schritt und Tritt ein »maurerisches« Werk zu vermuten. In diesem Falle hätte Rémy Stricker Recht, wenn er schreibt: »Wenn man einen musikalischen Weg sucht, der zu einer Exegese des Symbolismus führen soll, so führt dieser gewiss in eine Sackgasse.«[171]

Jedoch zeugte es von Unehrlichkeit, den freimaurerischen Einfluss zu verkennen oder zu leugnen, wenn sogar musikalische Symbole ihn offenbaren oder verdeutlichen. Dies aber war bisher meistens der Fall.

Für Mozart ist die Arbeit anhand einer musikalischen Symbolik nur ein Mittel, aber ein gültiges und gerechtfertigtes, um an sich zu arbeiten, um den genuinen Symbolismus der Maurerei zu erfassen und ihn mit dem musikalischen in Einklang zu bringen. Dies gilt nicht nur für die Werke, die er für die Loge bestimmt hat, sondern auch für so genannte profane Partituren, und manchmal noch stärker für diese als für Schöpfungen mit spezifisch maurerischem Charakter.

Einweihungsmusiken

Neben Sibelius ist Mozart der einzige Komponist, der uns Werke hinterlassen hat, die für Einweihungszeremonien zu den drei Graden der »blauen Logen« – Lehrling, Geselle, Meister – bestimmt sind.

So haben die beiden wunderbaren kleinen Werke Adagio in F-Dur für zwei Bassetthörner und Fagott KV 410/484d (nur 27 Takte) und Adagio in B-Dur für zwei Klarinetten und drei Bassetthörner KV 411/484a mit fast an Sicherheit grenzender Wahrscheinlichkeit als Einweihungsmusiken für den Lehrlingsgrad gedient.

Mozart selbst hat die Partituren nicht datiert. Das Adagio in B-Dur trägt nur die Erwähnung »di me W.A.Mozart m.p.« (= manu propria, von eigener Hand). Wyzewa/Saint-Foix notieren, dass das Adagio in F-Dur infolge der kanonischen Form der beiden Oberstimmen mit einem Text im Heft 16 (Kanons) der ›Vollständigen Werke‹ bei Breitkopf erschien, doch das Originalmanuskript weist keine Worte auf.[172] Allein das Symbol des Kanons aber, auf das schon Einstein aufmerksam gemacht hat[173], zeigt uns bereits die geistige Beziehung zur Königlichen Kunst.

Die Bemerkung über die fehlenden Worte führt zu einer Überlegung von Roger Cotte, der feststellte, dass das Adagio in B-Dur lange Pausen enthält, »die wahrscheinlich dazu bestimmt waren, dass die Beamten in der Loge die rituellen Sätze sprechen konnten«.[174] Die Pausen machen die rhythmische Akzentuierung der Musik und der Batterien, die damit verbunden sind, besonders deutlich. Die Rhythmen prägen die symbolischen Reisen und Prüfungen des Suchenden, bevor ihm das Licht erteilt wird. Die Pausen stellen andererseits die Wartezeit dar für die Antworten der im

Westen der Loge sitzenden beiden Aufseher auf die Fragen des Meisters vom Stuhl, der vom Orient her die Arbeiten leitet. Sie bestimmen demnach den »Raum« im Tempel.

In der Coda des Adagios in B-Dur tauchen die vier Noten auf, die das Thema des Finales der Symphonie in C-Dur KV 551 bestimmen: »Wenige Werke (…) beweisen daher besser das Engagement des gesamten intimen Wesens von Mozart in die ›maurerischen Geheimnisse‹.«[175]

Zieht man nun die Orchestrierung der beiden Werke und Mozarts Bewunderung für das Spiel der Gebrüder Stadler in Betracht, so kann man sie nur nach dem 27. September 1785 datieren. An diesem Tage nämlich wurde Anton Stadler in die Loge »Zum Palmbaum« aufgenommen.[176] Man muss sogar davon ausgehen, dass die beiden Werke Teile einer größer angelegten Ritualmusik werden sollten[177], und diese Überlegung ist umso berechtigter, wenn man ihnen die Fragmente des Allegro assai in B-Dur für zwei Klarinetten und drei Bassetthörner KV 440b/484b (Anh. 95), sowie die des faszinierenden Adagio in F-Dur für eine Klarinette und drei Bassetthörner KV 440c/484c (Anh. 93) und des nicht minder schönen Adagio C-Dur für Englischhorn, zwei Hörner und Fagott KV 580a (Anh. 94) hinzuordnet. Es ist auch nicht falsch, im gleichen Zusammenhang die Fünf Divertimenti für drei Bassetthörner KV 439b zu erwähnen, die man heute zwischen 1785 und 1788 datiert, während das Köchelverzeichnis ihr Entstehen auf 1783 festlegt. Insbesondere die langsamen Sätze haben bedeutsame Ähnlichkeiten mit Werken, deren freimaurerischer Charakter eindeutig ist. Man muss nur hinhören können.

Wolfgangs Lied »Gesellenreise«, das mit den Worten »Die ihr einem neuen Grade« beginnt, ist ein Larghetto in B-Dur (KV 468) für eine Singstimme und Orgel (oder Klavier). Es entstand am 26. März 1785. Es ist eindeutig für eine Zeremonie zum zweiten Grade bestimmt. Die meisten Forscher bringen es in Beziehung zur Beförderung von Wolfgangs Vater zum Maurergesellen. Es sei gestattet, hierzu Zweifel anzubringen. Leopold Mozart wurde erst zwei Tage nach der Komposition dieses Liedes zur Einweihung in den *ersten* Grad vorgeschlagen, und selbst wenn die Loge Wolfgangs, der demnach Bescheid wusste über die Aufnahme seines Vaters in den Orden, um eine »Dispens« ersucht hatte, damit die Zeitspanne zwischen den verschiedenen Initiationen verkürzt werden konnte, so war die Erhebung in den *zweiten* Grad umso weniger vorhersehbar, als diese nicht in der Loge »Zur Wohlthätigkeit«, sondern in der Bauhütte »Zur wahren Eintracht« vorgenommen wurde. Ich gehe demnach davon aus, dass diese Partitur Wolfgangs eigene Beförderung zum Maurergesellen widerspiegelt, die zwei Monate zuvor stattgefunden hatte.

Der Text stammt von Franz Joseph Ratschky, der bekannt für seine maurerischen Gedichte und Veröffentlichungen war. Das Lied fordert von den Gesellen Unverdrossenheit und Starkmut, um sich »dem Quell des Lichts« zu nähern.[178] Zur Symbolisierung der Bande der Brüderlichkeit, auf die der Gesellengrad besonderen Wert legt, benutzt Mozart »die Bindung zweier Noten«.[179]

Kein anderes Werk aber beweist eindrucksvoller als die erschütternde »Maurerische Trauermusik«, C-Moll KV 477/KV 479a (die richtiger den Titel »Meistermusik« tragen müsste[180]), welche Antworten Mozart auf seine Lebensfragen in der Freimaurerei gefunden hat.

Bis ins 20. Jahrhhundert wurde allgemein angenommen, dass Mozart das Werk für eine Trauerzeremonie zu Ehren der zwei verstorbenen Maurer, Herzog Georg August von Mecklenburg-Strelitz und Graf Franz Esterházy von Galántha, geschrieben hatte. Eine solche Feier fand in der Tat am 17. November 1785 in der Loge »Zur gekrönten Hoffnung« statt, der Franz Esterházy angehört hatte. Wenzel Tobias Epstein sprach die Trauerrede, und Mozart führte seine außerordentliche Trauermusik auf.[181] Am 7. Dezember wurde das Werk in der Loge »Zu den drei Adlern« wiederholt, der Bauhütte, der der Herzog angehört hatte.[182]

So gab es berechtigte Gründe anzunehmen, dass Mozart sein Werk für diese Gelegenheit geschrieben hatte. Es gab dennoch ein Problem, dem nur wenige Kommentatoren Rechnung trugen. Wohl hatte Mozart sein Werk als »Trauermusik« auf dem Autograph bezeichnet und sie in das »Verzeichnüß aller meiner Werke« unter dem Titel »Maurerische TrauerMusick« festgehalten, doch als »im Monat Jully« geschrieben »bey dem Todfalle der Bbr: Meklenburg und Esterházy«.

Gewiss hatte Mozart viele Gaben, doch ein Hellseher war er nicht. Er konnte keine Trauermusik für ein Ereignis schreiben, das erst vier Monate später stattfand.

Dass Mozart sich so im Datum seiner Komposition geirrt haben konnte oder dass er den Monat Juli schon im vorhinein auf der linken Seite des Verzeichnisses eingetragen hatte (das vorangehende Doppelblatt schließt mit der Eintragung des Liedes »Das Veilchen« zum 8. Juni) und die Werke erst nach der Arbeit an den »Nozze di Figaro«, das heißt im November oder Dezember eintrug, ist nun kaum denkbar, auch wenn Kritiker dies durch die Tatsache bestätigt finden wollen, dass Mozart das Klavierquartett Nr.1 in G-Dur KV 478, das er am 16. Oktober 1785 abschloss, ebenfalls unter der Rubrik »Juli«[183] eingeschrieben hat. Ich sehe darin umso weniger einen »unwiderlegbaren Beweis«, als die »Nozze« erst unter dem Datum des 29. April 1786 eingetragen wurden, und schließe mich der Hypothese an, dass die »Maurerische Trauermusik« eine andere Bestimmung hatte, als die von Mozart angegebene.

Roger Cotte war der erste, der davon ausging, dass »diese Trauermusik, einige Wochen nach Mozarts Meistererhebung die neue Lehre illustrierte, die er erhalten hatte, und keinesfalls für die Trauerfeier von zwei Brüdern bestimmt war …, die noch lebten.«[184]

Nach Autexier wäre eine erste Fassung für zweiteiligen Männerchor, 2 Violinen, 2 Bratschen, 1 Klarinette, 1 Bassetthorn, 2 Oboen, 2 Hörner (»corni da caccia«) und Bass geschrieben worden. Ihr sei der Text des Klageliedes unterlegen gewesen: »Replevit me amaritudinibus, ebriavit me absynthio. Inundaverunt aquae super caput meum: dixi, perii.« (Er hat mich mit Bitterkeit gesättigt und mit Wermut getränkt. Wasser hat mein Haupt überschwemmt; da sprach ich: Nun bin ich verloren. Klgl. 3:15,54)[185]

Anlässlich der Trauerarbeit am 17. November 1785 in der Loge »Zur gekrönten Hoffnung« wurde dann, laut Autexier, eine Fassung ohne Chor, aber in der gleichen Instrumentierung gespielt.[186]

Eine dritte Version wurde bei der Trauerfeier vom 7. Dezember dargeboten. Mozart verwendete hier anstelle der Jagdhörner, »zwei Bassetthörner und ein Kontrafagott«.[187] Man errät warum: die vorhin erwähnten Virtuosen Anton David und Vinzent Springer sowie Anton Stadler, nahmen an der Zeremonie teil.

Mozart hat selbst seine Komposition als maurerische Musik ausgegeben, bezieht sich darin ständig auf die Symbole, mit denen er seit seiner Meistererhebung vertraut wurde, und hielt darauf, dass dies bekannt wurde. Damit unterstrich er den Wert und die Bedeutung, die er dieser Musik beimaß, zu einem Zeitpunkt, als die Verfolgung der Freimaurer, insbesondere der Illuminaten, in Bayern ihren Höhepunkt erreichte und Verfolgte Zuflucht in Österreich suchten und das ganze Ausmaß des Desasters bekannt machten, so wie Carl von König aus Venedig dies ebenfalls tat.

Mozarts Musik wurde damit eine Herausforderung und war gleichzeitig eine Art maurerisches Glaubensbekenntnis, das umso dramatischer war, als die Wolken immer düsterer wurden. Vier Tage nach der Trauerfeier für den Herzog von

Mecklenburg-Strelitz im Dezember unterzeichnete Joseph II. sein Edikt.

So wurde dieses symbolische Werk in der Tat ein Symbolwerk für die Trauer der Maurer, die das Schlimmste befürchten mussten.

Die Musik beginnt in C-Moll – »bei Mozart geradezu ein Topos der Todesthematik«[188] –, auf einen Anruf der Bläser von zwei Takten mit jeweils zwei verbundenen Noten, unterbrochen durch Pausen, wie wir sie von den Initiationsmusiken zum ersten Grade her kennen. Als Echo antworten die Streicher auf der Grundlage eines Marschrhythmus, der immer beschwerlicher zu werden scheint, wie es die zweiten Violinen andeuten.

Der zweite Teil des Werkes, in Es-Dur, beruht auf dem »Cantus Firmus« dessen musikalische Grundlage das »Klagelied des Jeremias« ist. Er wird durch die Oboen und die Klarinette angestimmt, denen nochmals die schmerzliche Expressivität der Streicher antwortet. Der Gesang wird von allen Bläsern wieder aufgenommen und zum rhythmischen Höhepunkt geführt, der in die Wiederholung des Anrufs der Oboen und von Elementen des ersten Teiles mündet und das Werk zum Abschluss führt: der außerordentlichen Auflösung in einem C-Dur-Akkord. Dieser verleiht ihm seine volle symbolische Bedeutung.

Sie liegt in einer der entscheidenden Zeremonien im Leben jedes Maurers: der Erhebung in den Meistergrad. Sie fußt auf der Integrierung einer Legende ins Ritual, die einen wesentlichen Bestandteil der Freimaurerei darstellt, der Legende des mythischen Architekten und Erbauers des Salomonischen Tempels, Hiram (Abiff), auch eine Zeitlang in der Mitte des XVIII. Jahrhunderts Adon(h)iram oder Adoram genannt.[189]

Die Geschichte von Hirams Ermordung durch drei unwürdige Gesellen, die von ihm das Losungswort zum Meistergrad erpressen wollten, seines Begräbnisses, der Entdeckung seines Leichnams durch treue Maurer und seiner symbolischen Auferstehung ist die Grundlage des »Psychodramas«, das der angehende Meister durchlebt. Er selbst »spielt die Person Hirams, der ermordet, begraben und wieder gefunden wird – zwischen *Zirkel* und *Winkelmaß* dank eines *Akazien*zweiges – und dem Leben zurückgegeben wird«.[190] Nachdem die Freimaurerei dem Lehrling und dem Gesellen beigebracht hat, wie man leben muss, um zu sich selbst zu finden und Bruder für die andern zu werden, lehrt sie ihn bei der Aufnahme zum Meister, wie man sterben muss – »höchste Lehre«.[191]

Diese endet allerdings nicht in der Verzweiflung. Der Tod siegt nicht. Hiram wird wieder zum Leben erweckt. Sein Tod und seine Auferstehung machen dem Maurer die Dauerhaftigkeit des Lebens bewusst und verständlich.

Mozart übermittelt uns den Sinn und die Botschaft der Erhebung zum Meister mit rein musikalischen Mitteln. Der Anruf eröffnet die Zeremonie. Die verbundenen Noten suggerieren die brüderliche Suche der Meister nach dem Leichnam. Der immer stärker gebrochene Marschrhythmus weist auf ihre immer trostlosere Suche hin. Der »Cantus Firmus« deutet ihr Meditieren über Tod und Schicksal des Menschen. Die Reprise des Anrufs und der Themen stellt die Bemühungen dar, Hiram dem Tode zu entreißen, und die Auflösung im Schlussakkord, der gleichzeitig strahlend und abgeklärt ist, bestätigt den Sieg des Lebens über den Tod, den Mozart als den »*Schlüssel* zu unserer wahren Glückseeligkeit« ansieht.[192]

In Bezug auf den Zeitpunkt, da Mozart diese Musik bekannt machte, sollte man hinzufügen, dass sie auch einen Sieg der Hoffnung der Maurer gegenüber dem Unheil dargestellt hat, das jeden Augenblick über sie hereinzubrechen drohte.

Ritualmusiken

Als unmittelbare Folge des Handbillets von Kaiser Joseph II., trat Mozarts Loge »Zur Wohlthätigkeit« ein letztes Mal am Montag, den 19. Dezember 1785, zusammen. Als »besuchender Bruder« war Mozart sodann, gemeinsam mit Gemmingen, in der Loge »Zur wahren Eintracht«. Die Brüder waren in ihren Meinungen sehr gespalten, was die Zukunft des Ordens anging. Es gab heftige Diskussionen und sogar den Vorschlag, alle Logen zu decken. Am 24. Dezember 1785 kam es zum Konsensus, die beiden neuen Sammellogen »Zur Wahrheit« und »Zur neugekrönten Hoffnung« zu gründen. Die meisten der Maurer der »Wohlthätigkeit«, unter ihnen Mozart, folgten Gemmingen und schlossen sich der Loge »Zur neugekrönten Hoffnung« an, trennten sich demnach von den Brüdern der »Wahren Eintracht« und von Born.

Die Bauhütte »Zur neugekrönten Hoffnung« wurde am Samstag, den 14. Januar 1786 feierlich eröffnet. Zu dieser Gelegenheit hatte Mozart bekanntlich zwei Lieder auf Texte von Augustin Veith Edler von Schittlersberg vertont. Beide Lieder wurden für Valentin Adamberger geschrieben, der sich nun, gemeinsam mit Mozart, in der »neugekrönten Hoffnung« wieder fand.

Das erste: »Zerfließet heut', geliebte Brüder« KV 483 war zur Eröffnung der Loge bestimmt. Es ist ein »Andante in B-Dur« mit zwei Strophen, die dem Solisten vorbehalten sind. Der Tradition gemäß wurde jede Strophe durch ein Respons abgeschlossen, der von einem dreistimmigen Männerchor mit Orgelbegleitung gesungen wurde. Die erste Strophe feiert die Wohltätigkeit des Kaisers, der »unsre Hoffnung neu gekrönt« hat, eine evidente Anspielung auf den Namen der neuen Loge, so wie man, nur leicht verschlüsselt, die Namen von drei der alten Logen im Text wieder findet. Die zweite Strophe drückt den Dank an die alten Leiter der Logen aus, den Beamtenrat, der zu den Klängen von Mozarts Musik seinen feierlichen Einzug in den Tempel hielt. Der Kontrast zwischen dem Raffinement des Sologesangs, leicht zu meistern durch einen Sänger wie Adamberger, und der Einfachheit der Vokallinie des Chores ist frappierend. Dieser Chorteil besteht nun keineswegs aus einem »obligaten Männergesangsvereinspensum für die Freimaurer«[193], aber man muss bedenken, dass, sogar, wenn die meisten der Brüder dem Adel oder der Großbourgeoisie entstammten oder bekannte Intellektuelle waren, und selbst wenn oder gerade weil über hundert Brüder bei dieser feierlichen Eröffnung anwesend waren, doch nur eine Minderheit mit den erforderten Musikkenntnissen ausgestattet war, um wenigstens richtig singen zu können. So banal sind daher die Gründe, warum der Chorsatz derart simpel ist, dass er schon fast simplistisch erscheint. Wenn man allerdings genau hinhört, so entdeckt man den eigentlichen Reichtum dieser Musik: ihre Einfachheit eben, die obschon gesucht, von absoluter Ehrlichkeit des Ausdrucks ist.

Die Eröffnungszeremonie, die mit der Amtseinsetzung der neuen Würdenträger ihren Höhepunkt gefunden hatte, schloss mit einem anderen Lied Mozarts: »Ihr unsre neuen Leiter« KV 484. Es ist von gleicher Struktur wie das Eingangslied. Inhaltlich fordert der Solist die neuen Amtsträger auf, die Brüder auf dem Weg der Tugend weiterzuführen, während der Chor ihnen gelobt, »am großen Gebäude« zu bauen wie sie selbst: Dies ist ein Ausdruck für die Verpflichtung, die jeder Maurer bei seiner Aufnahme in den Orden eingeht. Auch hier kann man feststellen, wie einfach und sanglich, also leicht zu behalten, der Chorrefrain ist.

Man muss sich fragen, ob das Lied »O heiliges Band der Freundschaft treuer Brüder« KV 148 für Tenorsolo und Bassbegleitung nicht in Zusammenhang mit einer Initiation gesehen werden muss. Auf einen Text von Ludwig Friedrich Lenz mit dem Titel »Lobgesang auf die feierliche Johannisloge«, der auf der ersten Seite der »Freymaurer Lieder mit Melodien« (Winter, Berlin, 1771) abgedruckt ist, würdigt es in einfachen Versen die brüderliche Freundschaft der Maurer.

Köchel gibt als Entstehungszeit für dieses Lied das Jahr 1772 an. Mozart hätte ein solches Werk demnach mit 16 Jahren geschrieben. Das muss bezweifelt werden. Vielmehr sollte man es, wie Wyzewa/Saint-Foix dies tun, in die Zeit von Mozarts Aufnahme in die Maurerei datieren, denn es zeigt die »volle Reife des Meisters«.[194] Sollte man nicht eher noch darin eine »Zeichnung« sehen, eine Arbeit, wie sie jeder Maurer verrichten muss, um überhaupt zur Beförderung in einen höheren Grad zugelassen zu werden? Dies würde auch erklären, warum es nicht im Werkverzeichnis des Komponisten aufgeführt ist. Die Tatsache nämlich, dass es nicht darin verzeichnet ist, hat dazu geführt, dass es als vor 1784 geschrieben datiert wurde.

Erinnern wollen wir noch an die »erste maurerisch-musikalische Bekundung«[195] Mozarts, das Lied »An die Freude« KV 43b, das er mit elf Jahren komponierte und dessen Thema, die Freude, von Grund auf freimaurerisch ist, bevor wir einige Überlegungen zur Besetzung der einzelnen freimaurerischen Werke anstellen.

Wegen des »Geheimnisses« können nur Maurer an maurerischen Zeremonien teilnehmen. Das bedingt demnach, dass die Musikinterpreten ebenfalls alle dem Orden angehören müssen.

Was die maurerischen Lieder Mozarts angeht, so sind sie grundsätzlich für eine Singstimme mit Klavier-, resp. Orgelbegleitung geschrieben und stellen demnach kein Problem für die Interpreten dar.

Das wird anders mit den beiden Liedern »Zur Eröffnung« und »Zum Schluss« der Loge, die erklangen, als Mozarts neue maurerische Heimstätte »Zur Neugekrönten Hoffnung« eingeweiht wurde. Hier kommt zum Solisten ein dreistimmiger Chor hinzu, und um in dieser Besetzung ein musikalisch annehmbares Ergebnis zu erzielen, brauchte es Proben, denn einen dreistimmigen Chor singt man nicht aus dem Stegreif, auch wenn Wyzewa/Saint-Foix hier anderer Meinung sind.[196]

Das allein dürfte schon die häufig geäußerte Annahme widerlegen, Mozart wäre bei der Zeremonie nicht zugegen gewesen und hätte sich schriftlich bei Gebler entschuldigt mit folgenden Zeilen:

»Lieber Bruder

Nun ist es eine Stunde daß ich nach Haus kam – und zwar mit starken Kopfschmerzen und Magenkrampf behaftet – ich hofte immer auf besserung – da ich aber leider das gegentheil empfinde, so sehe ich wohl daß ich nicht dazu bestimmt bin, unserer heutigen ersten Feyerlichkeit beyzuwohnen, und ich bitte sie also, lieber Br, mich deswegen an ort und stelle zu entschuldigen. – Niemand verliert mehr dabey als ich; ich bin Ewig ihr

aufrichtiger Br Mozart

Euer Hochgräflichen – – O Ja gewis«[197]

Da der Brief weder einen Adressaten noch ein Datum hat, bleibt diese Annahme reine Spekulation, die eigentlich nur durch Mozarts Worte »unserer heutigen ersten Feyerlichkeit beyzuwohnen« eine Grundlage hat. Wer aber, wenn nicht der Komponist, hätte die Probenarbeit durchgeführt, und wie viel muss ihm doch gerade diese Feierlichkeit bedeutet haben, weil er hier erstmals mit Adamberger, der die Solopartien sang, nicht nur als Ordensbruder, sondern als Logenbruder zusammenkam. Dieser hatte bekanntlich bis zum Logenzusammenschluss der vormaligen »Gekrönten Hoffnung« angehört.

Wie steht es nun aber um die Werke, die eine kleine oder größere Orchesterbesetzung erfordern?

Man weiß, dass Mozart seine Musik oft in Bezug auf seine Interpreten komponiert und auch die Instrumentierung den Gegebenheiten angepasst hat. Das war im ersten Jahre seiner Maurertätigkeit komplizierter, da es acht Logen in Wien gab, wurde aber nach der Logenfusion einfacher. Doch bereits vorher kam es zu zahlreichen Zusammenarbeiten und Hilfeleistungen zwischen den Bauhütten. Hier können die Aufführungen der »Maurerischen Trauermusik« als beispielhaft angeführt werden.

In der Loge »Zur Neugekrönten Hoffnung« fanden sich 1786 u.a. wieder: Adamberger, Josef Bartha, Komponist und Organist, Franz Xaver Barth, Violinist, Joseph Blaske, ebenfalls Geiger, Vittorino Colombazzo, Oboist, Christoph Edler von Kessler, Klavierspieler und Komponist, Theodor Lotz, Klarinettist, Fagottist und Instrumentenbauer (der eigens für die »Maurerische Trauermusik« ein Kontrafagott – »Gran fagotta« – gebaut und es auch gespielt hat), Philipp Richter, Trompeter, Leopold Schilling, ein Komponist, der mehrere Instrumente beherrschte, Ferdinand Schleiss, Klarinettist, die Gebrüder Stadler, insbesondere Anton, der bedeutendste Klarinettist und Bassetthornspieler seiner Zeit, die Tinti-Brüder, die Komponisten Joseph Weigl und Paul Wranitzky, letzterer ebenfalls ein hervorragender Geiger, sowie Joseph Franz Zahradnischek, Trompeter, ab 1790 Mitglied dieser Bauhütte[198], um nur die wichtigsten zu nennen. Es dürfte demnach für den »Musikmeister« Mozart keine Schwierigkeiten gegeben haben, Interpreten zu finden. Bekanntlich waren auch Mozarts Osmin, Ludwig Johann Ignaz Fischer, und sein Pedrillo, Johann Ernst Dauer, Freimaurer.

Hieraus ergibt sich auch die Erklärung, warum Mozart von 1786 bis 1791 keine spezifische Logenmusik mehr geschrieben hat. Das hatte nichts mit einer Abkehr vom Orden zu tun. Nur: Sein Repertoire umfasste bereits alle Gattungen, die im Tempel zu Gehör kamen, und zudem gab es ein gutes halbes Dutzend Musiker, die sich mit Komposition abgaben und ebenfalls ein Anrecht darauf hatten, für die Loge zu schreiben. Bedeutsam ist aber, dass Mozart seine Tätigkeit in der Loge »Zur Gekrönten Hoffnung« mit jeweils einem neuen Musikwerk begonnen und abgeschlossen hat, und beide Kompositionen standen in Verbindung mit der Eröffnung eines neuen Tempels. Darüber hinaus war er auf Anfrage immer bereit, ein Werk für einen Maurerbruder zu schreiben, so wie dies der Fall war für die »Kleine deutsche Kantate« KV 619, die er für Ziegenhagen schrieb und die er selbst nie gehört hat.

Maurerische Kantaten

Vier Kantaten sind uns von Mozart auf maurerische Texte erhalten geblieben. Sie bilden sozusagen die Klammern, innerhalb derer seine Arbeit von den Idealen der Königlichen Kunst beflügelt wird.

Im strengen Sinne des Wortes ist die Kantate – der Name kam 1620 auf – ein »gesungenes Stück« und demnach das Gegenstück zur Sonate, dem »geklungenen Stück«. Die Kantate hat einen lyrischen und expressiven Grundzug. Die Melodie des/der Solisten soll den Sinn des Textes herausstellen. Eine Instrumentalbegleitung, die sich progressiv entwickelt hat, soll den Vokalteil abstützen.

Mozarts erste maurerische Kantate »Sehen, wie dem starren Forscherauge« KV 471 entstand auf einen Text des weltgeistlichen Freimaurers Franz Petran. Sie ist Ignaz von Born gewidmet und wurde zu seiner Ehre in einer Feierstunde, am 24. April 1785 in der Loge »Zur gekrönten Hoffnung«, mit, wie so oft, Mozarts Lieblingstenor, Valentin Adamberger, als Solisten aufgeführt.

Im Beisein seines Vaters, der zwei Tage zuvor die Meisterwürde erhalten hat, ehrte Wolfgang, der ebenfalls kurz zuvor erst in den Meistergrad erhoben worden war, den berühmtesten Wiener Maurer seiner Zeit, der seinen Vater und ihn in den zweiten und dritten Grad befördert und erhoben hatte.

Der feierliche Ton (Es-Dur!), der sich sofort einstellt, wundert nicht, er ist bei einem solchen Werk angebracht.

Eine melodische Figur, die sich an die Einleitung anschließt, wird von der Klarinette eingeführt und von der Flöte aufgenommen. Nun folgt und entwickelt sich der Gesang des Solisten, bevor eine zweite, ausdrucksvolle Melodie erklingt. Nach einem kurzen Rezitativ: »Sehen, wie die Weisheit …«, leitet ein Andante in G-Moll zu den Worten: »Nimm, Geliebter, diese Kron' …«, dem Höhepunkt der Partitur. Hier wird der Edelmut des »ält'sten Sohns« der Maurerei, des Kaisers demnach (oder seines Vaters)[199] gepriesen. Diesem Edelmut ist dem Text nach der Triumph der Maurer zu verdanken.

Der Solist (Molto allegro) ruft sodann zum Lobe Josephs II. auf: »Drum singet und jauchzet, ihr Brüder!«, denn er hat den Lorbeer gewunden und dem Weisesten der Maurer aufs Haupt gesetzt: Der Kaiser hatte Born wegen seiner Erfindung zur Verbesserung des Amalgamationsverfahrens zur Scheidung der Metalle am 14. April zum Reichsritter erhoben und das Patent für das gesamte Reichsgebiet aufgekauft.

Das Lob auf den Kaiser wird mit der Einfachheit, die uns nun vertraut ist, vom Chor wiederholt, was Wyzewa/Saint-Foix zu folgender Bemerkung veranlasst: »Es ist sehr erstaunlich, festzustellen, dass die meisten maurerischen Kompositionen des Meisters schon den gleichen Ernst, die gleiche innere Ruhe aufweisen wie die berühmtesten Einweihungsszenen der ›Zauberflöte‹.«[200]

Die Kontinuität der Mozartschen Arbeit an sich und sein Fortschreiten auf dem Weg zum maurerischen Licht wird somit bestätigt.

Unstimmigkeit herrscht über das Kompositionsdatum der bekanntesten maurerischen Kantate, »Dir Seele des Weltalls« KV 428. Sie ist nicht im Werkverzeichnis aufgeführt. Genügt dies, um sie vor 1783 zu datieren, also vor Mozarts Aufnahme in den Orden, wie Köchel dies tut?

Was am meisten daran auffällt, sind die Reife des musikalischen Stiles und seine Affinitäten mit den Kompositionen der letzten Schaffensperiode Mozarts, die alle ohne Ausnahme, Ästhetik und Ethik in Einklang bringen.

Das Werk beginnt und schließt fast identisch mit einem Allegro in Es-Dur des Chores. Die Antwort erfolgt in B-Dur durch den Solisten (Andante). Zusammen fügen sie sich zu einer großen Hymne zu Ehren der schöpferischen und belebenden Macht der Sonne.

Soll diese als ein Gleichnis für den »Großen Baumeister aller Welten«, das Symbol der Schöpferkraft für die Maurer angesehen werden? Ich bin dessen nicht so sicher. Ich glaube eher, dass es sich um eine rousseauistische Beschwörung der Sonne handelt, die der aus der Kantate KV 619 sehr ähnlich ist.

Mozart greift das Einleitungsmotiv der Kantate im Rezitativ Sarastros zum Abschluss der »Zauberflöte« wieder auf[201]: »Die Strahlen der Sonne vertreiben die Nacht«, und dieses Rezitativ wird durch die Violinen mittels aufsteigenden Triolen eingeführt.

»Eine kleine deutsche Kantate«, so lautet der Titel einer Partitur in C-Dur KV 619 für Solo mit Klavierbegleitung, die Mozart am 12. Juli 1791 abgeschlossen hat, als er mit der Instrumentierung der »Zauberflöte« vollauf beschäftigt war. Man kann sich fragen, wie er noch Zeit fand, dem Ersuchen des Hamburger Maurers Franz-Heinrich Ziegenhagen nachzukommen: »Aber wenn es darum ging, seinen Pflichten gegenüber der Maurerei nachzukommen, war er nie zu erschöpft, um sie zu erfüllen.«[202]

Die Kantate wurde erst nach Mozarts Tod, 1792, im Anhang von Ziegenhagens Buch mit dem Titel: »Lehre vom richtigen Verhältnisse zu den Schöpfungswerken, und die durch öffentliche Einführung derselben allein zu bewürkende algemeine Menschenbeglükkung« veröffentlicht. De facto handelt es sich um eine Morallehre, die insbesondere das Gemeinschaftsleben junger Menschen regelte. Als Anhänger Rousseaus hatte Ziegenhagen geplant, seine Ideen im Elsass in die Praxis umzusetzen, wo er schon ein Stück Land gekauft hatte. »Nun aber war das Elsass 1791 nicht nur französisches Revolutionsgebiet (›Ici commence le pays de la Liberté! / Hier beginnt das Land der Freiheit‹); es war (...) der neuralgische Punkt, von dem aus, einige Monate später, der Krieg beginnen sollte. (...) Man erfasst so die ganze Bedeutung dieser Mitarbeit Mozarts am Unternehmen Ziegenhagens: Sie macht uns, ohne dass ein Missverständnis möglich wäre, klar, wohin seine Sympathien gingen, und dies ist umso bedeutsamer, als es zu der Zeit geschieht, da er die erste Fassung der ›Zauberflöte‹ abschließt.«[203]

Der Text ist ein Aufruf an jene, die des »unermeßlichen Weltalls Schöpfer ehren«, ob er nun für sie Jehova oder Gott oder Fu oder Brahma heißt: Wir haben es demnach mit einer deistischen Vision zu tun, – dem Großen Baumeister aller Welten –, und mit einer Vision von Toleranz, da die Freimaurerei allen Formen religiösen Denkens und Glaubens offen steht.

Der Weltenschöpfer meldet sich dann selbst zu Wort mit einem Aufruf an den Menschen, all seine Werke zu lieben (Andante): »Diese Maximen sind voll Würde und Zurückhaltung.«[204] Danach steigert sich der Ton bis zur Exaltierung (Allegro A-Moll). Der Mensch wird aufgefordert, die Bande des Irrtums zu zerbrechen und den Schleier des Vorurteils zu zerreißen. Ein neues Andante führt wieder zur Besänftigung der Musik, die den allgemeinen Optimismus der Aufklärung und den besonderen Optimismus des Freimaurers widerspiegelt, der mit Lessing[205] überzeugt ist, dass durch die Brüderlichkeit eines Tages das Glück auf dieser Erde erreicht werden kann.

Man kann sich nur wundern, welchen musikalischen Reichtum Mozart für Ziegenhagens Text gefunden hat, der wieder einmal beweist, dass große Gefühle noch keine große Dichtkunst ergeben. Von Dichtkunst kann hier überhaupt nicht die Rede sein.

Was für Ziegenhagen gilt, ist wahr für die meisten maurerischen Autoren, insbesondere wenn man sie mit unserem heutigen Verständnis von Dichtung liest. Es scheint kaum vorstellbar, dass eine solche Anhäufung von falschem Pathos und von Kitsch eine derart reine Musik erzeugen konnte: Mozart ging demnach vom Sinn aus, nicht von den Worten, vom Geiste, nicht vom Buchstaben.

Die einzig löbliche Ausnahme ist der Text zur Kleinen Freimaurer-Kantate C-Dur KV 623 mit dem Titel: »Das Lob der Freundschaft«. Stammt er von Schikaneder, wie allgemein behauptet wird, oder von Gieseke, wie Landon und, in seinem Gefolge, David Humphreys[206] annehmen, was mir allenfalls plausibler scheint?

Diese Kantate ist Mozarts letztes vollendetes Werk, das letzte, das er in sein »Verzeichnüß« eingetragen hat, das letzte, das er zu seinen Lebzeiten noch hören konnte.

Es hat alle Eigenschaften, die den Stil von Würde und geistiger Erhabenheit dieser Schöpfungsphase Mozarts ausmachen, es steigt zu den reinen Gipfeln auf, die Mozart in seinen letzten Lebensjahren erreicht hat.

Man sage nun nicht, es komme uns auf eine Sublimierung dieser Musik oder anderer Werke jener Zeit an, weil es dem Meister nicht gegönnt war, die zeitliche Grenze eines 5. Dezembers 1791 zu überschreiten, und man nicht weiß, wohin sich seine Musik noch orientiert hätte!

Man braucht nur die außerordentliche Ernte dieses Jahres zu betrachten, in ihrer Vielfalt und Vielseitigkeit, eine Ernte, die alle Musikgattungen umfasst, vom Kontertanz zur Oper, vom Solistenkonzert zur maurerischen Kantate, um sich fassungslos zu fragen, wie ein einziger Mensch ein so gewaltiges Werk verwirklichen konnte.

Es ist umso rührender festzustellen, dass diese Kantate, deren Titel schon programmatisch ist, den Schlusspunkt hinter Mozarts Leben und Arbeit setzt. Sagen wir es noch mal: Wir sehen darin kein Testament. Mozart dachte nicht daran, dass er zwanzig Tage nach der Eintragung des Werks in sein Register sterben würde. Diese geschah mit Schriftzügen, die ebenso ruhig und gleichmäßig waren wie die der ersten Eintragung: eine Tatsache, die ebenfalls unterstreicht, dass er sich seines Gesundheitszustandes nicht bewusst war.

Nach der eindrucksvollen Formulierung von Jean-Victor Hocquard ist dieses Opus die Schlussfolgerung zur »Zauberflöte«: »Es beginnt nach dem Stück, wenn der Vorhang gefallen ist und wir in die Intimität des Heiligtums eingeführt werden.«[207]

Selbst wenn man heute davon ausgeht, dass das Lied zum Schluss der Loge: »Laßt uns mit geschlungnen Händen« KV 623a, ein Lied, das dazu bestimmt ist, bei der Bruderkette gesungen zu werden, nicht von Mozart ist, so ist das nicht entscheidend: »Es wurde zweifellos an die erste Aufführung der Kantate angefügt, die Mozart im November 1791 geleitet hat«[208], und es freut uns zu wissen, dass Mozarts Logenleben und -arbeit aufhörte mit dem Worte: »Licht«.[209]

Dieser Hymnus an die Freude, die Hoffnung und die Brüderlichkeit wurde erstmals angestimmt zu einem Zeitpunkt, da die Königliche Kunst wie nie zuvor in Österreich bedroht war. Er wurde zum Ausdruck des existentiellen Optimismus der Freimaurer, die ständig ihren rauen Stein bearbeiten, um ihn in den Bau des Tempels einzufügen, von dem sie genau wissen, dass er nie vollendet wird. Diese Unmöglichkeit aber gestattet ihnen, den gestirnten Himmel zu sehen.

Symbolische Spiegelung von Meinungen und Überzeugungen

Mozart hat die Maurerei gelebt. Sie hat ihren Widerhall nicht nur in den Werken gefunden, die für die Loge oder maurerische Feiern bestimmt waren, sondern auch in profanen Partituren, in denen die Brüder die Symbole wieder finden konnten, die ihnen vertraut waren, in denen vor allem aber der Komponist den neuen Geist verdeutlichte, der die sieben letzten Jahre seines Lebens prägen sollte.

So sind in allen Werken, die in Es-Dur, C-Moll oder A-Dur, die nach Dezember 1784 entstanden, Elemente festzustellen, die uns ermöglichen, Mozarts Weg von einer musikalischen Ästhetik zu einer neuen Ethik zu verfolgen. Sie müssen als die Arbeit eines Maurers angesehen werden, der seinen »rauen Stein behaut«.

Ihre Analyse soll hier nicht erfolgen, doch ich möchte auf einige Schlüssel hinweisen, die Mozart dem Hörer bewusst und absichtlich zur Verfügung gestellt hat. Es bleibt freigestellt, sie zu benutzen oder nicht. Die Musik ändert sich dadurch nicht. Nur hört der, der die Schlüssel zu gebrauchen weiß, sie anders.

Das erste Werk, das Mozart nach seiner Aufnahme in die Loge »Zur Wohlthätigkeit« komponierte, war das Quartett A-Dur KV 464, das er am 10. Januar 1785 vollendete. Was darin am meisten auffällt ist, das Wechselspiel »Frage-Antwort« auf dem es beruht. Anfangsfrage, *piano*, der ersten Violine, Unisono-Antwort, *forte*, der vier Instrumente. Im Menuett wird das Verfahren umgekehrt: Die Frage wird unisono und *forte* von den vier Musikern gestellt, die Antwort erfolgt *piano* durch die erste Violine allein. Überraschender noch sind die Pausen zwischen den Fragen und Antworten, diese Augenblicke des Wartens und Erwartens. Handelt es sich um das Fragespiel mit dem Suchenden, das mit der Aufnahme in den Maurerorden verbunden ist, wie die Massin meinen?[210] Ich bin dessen nicht so sicher. Ich glaube vielmehr, dass der Wort-Wechsel zwischen dem Meister vom Stuhl und den beiden Aufsehern während der Logenarbeit hier musikalisch gespiegelt wird. Dieses Ritual musste einen so aufmerksamen und hellhörigen Menschen wie Mozart frappieren. Die Einführung eines Chorals, der zweimal im letzten Satz angestimmt wird, ist umso bedeutsamer, als sie nur in ganz außergewöhnlichen Augenblicken seines Schaffens erfolgt, wie in der »Trauermusik« und der »Zauberflöte«. Sie erlaubt die Feststellung, dass dieses Quartett »ganz vom maurerischen Engagement erfüllt ist, das Mozart soeben eingegangen war.«[211]

So verwundert es auch nicht, dass das Quartett C-Dur, das so genannte »Dissonanzenquartett« KV 465, das letzte der sechs, die Haydn gewidmet sind, und das vier Tage nach dem vorherigen abgeschlossen wurde, noch eindrucksvoller verdeutlicht, wie Mozart seine Einweihung erlebt hat. Das Werk erhielt seinen Namen wegen der 22 Einleitungstakte (Adagio C-Moll) zum ersten Satz. Dieses langsame Voranschreiten auf einem Marschrhythmus, die sich aneinander reibenden Sekundenintervalle und ein tonales System, das sich nicht festlegt, haben die Hörer derart gestört, dass dem Meister vorgeworfen wurde, er wolle sie absichtlich provozieren. Das ist nicht der Fall. Mozart wollte über sich reden, das ist alles. Haydn, nach seiner Aufnahme in die Maurerei zu dieser Einleitung befragt, bemerkte kurz und bündig: »Wenn Mozart das so geschrieben hat, hatte er seine Gründe dazu.«[212] Wir kennen diese Gründe. Die Einleitung spiegelt den Weg des Suchenden zum Licht, jenem C-Dur des Allegros, das nach einer kurzen Pause ausbricht und die Freude desjenigen verkörpert, der das profane Dunkel hinter sich gelassen hat.[213]

Mozart führte sein Klavierkonzert Nr. 20, D-Moll KV 466 in Gegenwart seines Vaters auf, an dem Abend, als Haydn in den Orden aufgenommen wurde. In ihm tauchen erstmals in den Einleitungstakten Triolen in den dunklen Streichern auf, die eine aufsteigende Bewegung haben. Ob sie den dreistufigen Aufstieg zum Osten in der Loge symbolisieren, darf man sich fragen, vor allem, weil diese Musikfigur an bedeutsamen Punkten in Mozarts Schaffen immer wieder auftaucht?

Frappierend ist ebenfalls das Wechselspiel zwischen den Instrumentengruppen: Ich kann nicht umhin, sie wieder mit dem Austausch von Fragen und Antworten zwischen dem Meister vom Stuhl und den beiden Aufsehern in Verbindung zu bringen.

Das Klavierkonzert Nr. 22, Es-Dur KV 482 scheint mir ebenfalls aus maurerischer Perspektive bedeutsam zu sein, sowohl durch seine Haupttonart, das berühmte Es-Dur, als auch durch ihr Korrelat, C-Moll, die Tonart der »Maurerischen Trauermusik«, die im Kern des Werkes steht und eine lange Meditation zwischen Klavier und Bläsern, den maurerischen Instrumenten, bestimmt. Darin ein Nachdenken über letzte Dinge zu sehen, scheint mir umso berechtigter, als der Satz auf drei Noten im Orchester schließt, die wie die drei Schläge in der Loge sind.

Es-Dur charakterisiert ebenfalls das Trio für Klavier, Violine oder Klarinette und Viola KV 498: ein Werk für drei Instrumente, in drei Sätzen, mit drei B-Vorzeichen im Schlüssel. Mozart selbst gibt an, dass der Violinpart von der Klarinette übernommen werden kann, dem Instrument, das für ihn zum Inbegriff für die Maurerei wird. Einstein glaubt, dass die Tonart hier nicht Symbol des Ordens ist, sondern der Freundschaft.[214] Das eine schließt das andere nicht aus, da der Klarinettist, der es zuerst gespielt hat, Anton Stadler war, und die Pianistin Franziska von Jacquin, Gottfrieds Schwester.

Die Massin glauben in Bezug auf die Symphonie Nr. 38 D-Dur, die so genannte »Prager« Symphonie KV 504, dass »es keinen Zweifel an den maurerischen Absichten des Werkes gibt«[215], und sei es nur durch die gebundenen Noten und die Pausen. Man müsste wirklich die Art und Weise untersuchen, wie Mozart nach seiner Aufnahme in der Bruderschaft die Pausen einsetzt!

Was nun sagen über die großen drei letzten Symphonien, Nr. 39 KV 543, Nr. 40 KV 550 und Nr. 41 KV 551, die Mozart in weniger als drei Monaten schrieb? »Der Gesamtplan der Trilogie ist an sich schon explizit: Es-Dur der ersten, ermöglicht das Exposé der maurerischen Philosophie; G-Moll der zweiten stellt die Drangsal des Menschen auf der Suche nach dem maurerischen Lichte dar; das abschließende C-Dur saugt in einem großen Brand alles auf, was vorher erlebt wurde.«[216] Mit neun (drei mal drei) rituellen Schlägen in den Streichern zu Beginn des Adagios der Es-Dur Symphonie werden wir in den Tempel eingeführt und, wie die zögernde Entwicklung des Hauptthemas andeutet, dauert es, bis die Lichter entzündet sind. Wir sind nun nicht mehr in der profanen Welt. Wir nehmen an einem brüderlichen Gedankenaustausch teil, der einmal abgeklärter, einmal lebhafter ist. Das geistige Ideal Mozarts wird auf »leuchtende Art erkennbar, ernst und freudig, vertrauensvoll und klarsichtig«.[217]

Muss noch eigens auf die Bedeutung der Gegensätze in der Maurerei hingewiesen werden? Ohne Schatten, kein Licht.

So steht die 40. Symphonie im dialektischen Gegensatz zur 39., um das verwundete Ich von Mozart auszudrücken: Die dreifachen Dreierakzente sprechen von der Bearbeitung des rauen Steines, die gebundenen Noten von der Brüderlichkeit.

Mit der Symphonie C-Dur Nr. 41, – »Jupiter« benannt vom Freimaurer Salomon, dem Komponisten und Konzertunternehmer, der Haydn zu seinen Reisen nach London

1790 und 1792 bewegen konnte, wohl wegen des Ebenmaßes der Form und der Vergeistigung des Gehalts, und trotzdem eine recht abstruse Bezeichnung, die heute weniger passt denn je –, steigen wir wieder zum Osten im Tempel hoch. Wir begegnen derselben Formel wie in der Symphonie Nr. 39, aber diesmal ergibt sich die Lösung, das sublime Licht des Finales, die Synthese der Themen, der Musiksprachen, der Formen: Die Arbeit am Großen Gebäude wird symbolisiert, insbesondere in der Stretta, mit der die Coda beginnt: »Per aspera ad astra«. Mozart steht in Ordnung.

Ohne weiter ins Detail von Mozarts maurerisch-musikalischer Arbeit zu gehen, möchte ich noch kurz auf einige Werke hinweisen, die von Maurerbrüdern in Auftrag gegeben wurden oder ihnen gewidmet sind, Werke demnach, die Ausdruck der brüderlichen Freundschaft, des Zutrauens und Vertrauens sind.

Mozart schrieb das Divertimento Es-Dur KV 563 kurz nach der 41. Symphonie KV 551. Es ist Bruder Puchberg gewidmet, der dem Komponisten immer wieder aus der finanziellen Misere geholfen hat. Dieser schenkt ihm eines seiner schönsten und reinsten Werke, in einer alten Form, in brüderlicher Tonart. Dies ist »die Dürftigkeit nach dem Glanz der olympischen Symphonie. Aber welche Dichtigkeit!«[218] Sie ist die Frucht geistiger Arbeit. Es heißt Würde zu wahren, selbst wenn die Angst am größten ist (Adagio), – so lautet das Gelernte, was zur Lehre wird.

Dieselbe Lehre bestimmt die beiden letzten Streichquintette, D-Dur KV 593 und Es-Dur KV 614, Auftragswerke des Violinisten und Maurerbruders Johann Tost. Sie sind komplementär und verdeutlichen das schon hervorgehobene und für die Maurer so bedeutsame »Durch Nacht zum Licht«.

Zwei seiner schönsten Werke schrieb Mozart für seinen Bruderfreund Anton Stadler. Das erste, das Klarinettenquintett A-Dur KV 581, beginnt mit einem Thema, das dem des Puchberg-Trios sehr ähnlich ist, aber hier schwingt sich die Klarinette, das Instrument »par excellence« seiner Werke mit maurerischem Charakter, zu einem Gesang der Brüderlichkeit und Menschlichkeit auf, der alle Zärtlichkeit der Welt in sich enthält. Sein Echo und seine Weiterführung stellt das Klarinettenkonzert A-Dur KV 622 dar, das eine ähnliche Inspiration aufweist, eine ähnliche Gelöstheit und innere Ruhe, eine ähnliche Zärtlichkeit für eine Welt, die Wolfgang dabei war zu verlassen.

Ich muss mich wiederholen: Ich glaube nicht, dass Mozart sich bewusst war, wie angeschlagen sein Gesundheitszustand war. Eines steht fest: Keines seiner letzten Werke, – die alle eine Beziehung zur Freimaurerei haben! –, verrät Unruhe, Angst, Unsicherheit, Verzweiflung. Es ist, als blicke er versöhnt zurück auf eine Welt, die ihn so hart behandelte und der er so viel schenkte.

Nur ein Brief an den Vater blieb uns erhalten, nachdem dieser ebenfalls Aufnahme in den Orden gefunden hatte. Dieser Brief, den Wolfgang ihm schrieb, als er von seiner Krankheit erfahren hatte, ist zu Recht berühmt geworden. Er ist in vielerlei Hinsicht bemerkenswert. Man kann gewiss sein, dass die Freimaurerei eine erneute Annäherung zwischen Vater und Sohn bewirkt hatte. Gemeinsam hatten sie das Erlebnis der Einweihung gekannt. Der Sohn war bei der Aufnahme des Vaters zugegen, und zum ersten Male stand er diesem nicht in einem Abhängigkeitsverhältnis gegenüber, sondern in einer brüderlichen, wegweisenden Beziehung und einem Austausch, der zu einer neuen Lebenserkenntnis und Lebenserfahrung geführt hat.

Hier der entscheidende Abschnitt aus Amadés Brief vom 4. April 1787:

»da der tod (genau zu nemmen) der wahre Endzweck unsers lebens ist, so habe ich mich seit ein Paar Jahren mit diesem wahren, besten freunde des Menschen so bekannt gemacht, dass sein Bild nicht allein nichts schreckendes mehr für mich hat, sondern recht viel beruhigendes und tröstendes! und ich danke meinem Gott, dass er mir das Glück gegönnt hat mir die Gelegenheit (Sie verstehen mich) zu verschaffen, ihn als den *Schlüssel* zu unserer wahren Glückseeligkeit kennen zu lernen. – ich lege mich nie zu Bette ohne zu bedenken, dass ich vielleicht (so Jung als ich bin) den andern Tag nicht mehr seyn werde – und es wird doch kein Mensch von allen die mich kennen sagn können dass ich im Umgange mürrisch oder traurig wäre – und für diese Glückseeligkeit danke ich alle Tage meinem Schöpfer und wünsche sie von Herzen Jedem meiner Mitmenschen. –«

Der Text sagt: »seit ein Paar Jahren«, was wörtlich genommen werden soll als: »seit zwei Jahren«. Dies führt uns zur Zeit der Einweihung zurück. Mozart schreibt: »Sie verstehen mich«, eine evidente Anspielung an ihre gemeinsame freimaurerische Erfahrung der Meistererhebung. Diese Art, das Ende des irdischen Lebens anzugehen, kann als konkrete Frucht der maurerischen Arbeit angesehen werden, die Wolfgang an sich unternommen hat.

Mozart hat sich mit dem Tod vertraut gemacht. Er hat keine Angst mehr vor ihm, er ist nicht auf der Flucht vor ihm. Den inneren Frieden gewinnen, bevor man die letzte Reise antritt: so lautet die Botschaft neuer und brüderlicher Freundschaft, die Mozart seinem Vater vermittelt, in der Hoffnung, eine neue Verbundenheit, eine neue Partnerschaft mit ihm gefunden zu haben.

Wir sind weit von der katholischen Annäherung an die letzten Dinge entfernt. Hier klingt keine Reue durch und keine Angst, im Stand der Todsünde zu sterben, aber ein klarer Blick wendet sich hin zum Leben, das Mozart umso intensiver erlebt hat, als er es verstanden hat, über den Tod nachzudenken.

Diese Haltung ist das geistige Fundament, von dem aus es ihm möglich wurde, musikalisch Don Giovannis wilde Entschlossenheit wiederzugeben, nach seiner eigenen Natur zu leben und dem Tode zu trotzen, »die Offenbarung der dialektischen Identität zwischen Leben und Tod anzunehmen«[219] und so eine neue Freiheit zu gewinnen, die letztmögliche Freiheit: jene, nichts zu bereuen. »Viva la libertà!«[220]

Für Mozart wird der freie Wille Triebkraft seines Handelns. Unter diesem Blickwinkel ist der Brief an den Vater auch eine Art Abschied an den Glauben seiner Kindheit und die Hüterin dieses Glaubens, die Kirche. Mozart hat die Nabelschnur durchgeschnitten.

Seitdem er nicht mehr im Dienste eines Kirchenfürsten steht, schreibt er keine geistliche Musik mehr während einer Zeitspanne von acht Jahren, die sich von der unvollendeten C-Moll-Messe von 1783 zum unvollendeten »Requiem« von 1791 erstreckt. Das Oratorium »Davidde penitente« von 1784-85 ist hierfür kein Gegenbeweis, sondern eine Bestätigung. Es ist ein Auftragswerk, dessen Mozart sich mit der geringstmöglichen Mühe entledigt: Um es zu schreiben, benutzt er die Musik der C-Moll-Messe. Er fügt am 6. und am 11. März 1785 nur gerade zwei neue Arien und eine Kadenz hinzu: eine Tenorarie, die für seinen Logenbruder Valentin Adamberger bestimmt war; die andere schrieb er für die Sopranistin Caterina Cavalieri[221], seine Constanze aus der »Entführung aus dem Serail«.

Für die »Große Messe« brachte es Mozart nicht fertig, das »Credo« zu schreiben und seinen Glauben an einen dreifaltigen Gott und an seine offenbarte Kirche musikalisch auszudrücken. Er brach nach dem »Et incarnatus est« ab: Gott, der Mensch geworden war.

Im »Requiem« stößt sich Mozart am »Dies Irae« und ist unfähig, den Gedanken an die Tränen und Schrecken des Jüngsten Gerichtes in Noten festzuhalten. Nach acht Takten des »Lacrymosa« bricht er ab: »Tag der Tränen, da der Mensch aus dem Staube ersteht, um gerichtet zu werden …«

Während dieser Jahre aber schafft er Werke, die immer stärker vom maurerischen Humanismus und dem Geist der Freiheit und der Toleranz geprägt sind. Ohne seine Bindung an die Freimaurerei hätte er sicher nicht den »Signor Contino« der »Nozze« zum Tanz aufgefordert und hätte auch nicht die dramatisch so menschlichen Akzente der »Wahlverwandtschaften« in »Cosi fan tutte« gefunden, zwanzig Jahre vor Goethe.

Mozart ist ein gläubiger Mensch, aber der zornige Gott des Alten Testamentes und der Erlöser des Neuen sind dem Großen Baumeister aller Welten gewichen, der einen neuen Blick auf das Sein und das Dasein ermöglicht: Mozart wendet sich dem Menschen zu und wird so fähig, die schönste geistliche Musik zu schreiben, die man sich vorstellen kann, das »Ave Verum« KV 618.

Ihm antwortet nur wenig später der Chor der Priester in der »Zauberflöte«.

IV. Der große Gesang

Ankündigung der Uraufführung, 1791

Paul Wranitzky

Das von J. Alberti gestochene Frontispiz des Original-Librettos, 1791

Emanuel Schikaneder mit der »Almanach«-Titelseite, 1791

Karl Ludwig Gieseke

Die »Zauberflöte«, mehr als ein Titel

Für die französisch Sprechenden beginnt das Werk von Mozart, das geradezu die Verkörperung seiner maurerischen Geisteshaltung darstellt, mit einem Missverständnis im Titel. Dieser heißt nämlich »La Flûte enchantée«, was soviel bedeutet, als dass die Flöte verzaubert ist, wo doch der Zauber eigentlich von ihr ausgeht.

Der deutsche Titel die »Zauberflöte« ist dagegen vollauf berechtigt. Dreimal spielt Tamino auf ihr und dreimal wirkt ihr Zauber an Wendepunkten auf seinem Weg zur maurerischen Initiation.

Nachdem Tamino an den Pforten der drei Tempel der Weisheit, der Vernunft und der Natur zurückgewiesen wurde, erhält er von einem »alten Priester« und von »einigen Stimmen (von innen)« Antwort auf seine drei quälenden Fragen: »Wann also wird die Decke schwinden?« – »O ew'ge Nacht, wann wirst du schwinden? – / Wann wird das Licht mein Auge finden?« – »Ihr Unsichtbaren saget mir: / Lebt denn Pamina noch?«[222]

Die beiden ersten Antworten sind geheimnisvoll: »Sobald dich führt der Freundschaft Hand / Ins Heiligtum zum ew'gen Band« und »Bald, Jüngling, oder nie!« Die dritte aber ist eine klare Bejahung: »Pamina lebet noch! –«, und Tamino greift freudig zur Flöte, um den Göttern und den Unsichtbaren seinen Dank zu sagen: »... sogleich kommen Tiere von allen Arten hervor, ihm zuzuhören.«

Erstmals seit Beginn der Oper, hört man den Klang dieses Instrumentes, denn Mozart hat bewusst bis dahin die Flöte aus der Orchestrierung der Partitur herausgelassen. So wird ihr Klang zur Offenbarung, und beschwörende Wirkung wird ihr zuerkannt.

Tamino gelingt es allerdings nicht, Pamina damit herbeizulocken: »Doch nur Pamina bleibt davon«. Die Töne werden aber von Pamina und Papageno gehört, und Papageno antwortet auf seinem »Faunen-Flötchen«.

Das zweite Male, da Tamino zur Flöte greift, sind er und Papageno in einer »Halle« und müssen die Prüfungen bestehen, die sie als würdig erweisen sollen, eingeweiht zu werden. Sie haben die Wahl zwischen der »guten Küche und dem Götterwein«, oder den beiden Instrumenten, Flöte und Glockenspiel, die ihnen zurückgegeben werden. Papageno stürzt sich sofort auf die Nahrung, die Tamino aber verschmäht. Er greift zur Flöte. Diesmal locken die Töne Pamina herbei. Tamino, durch die Schweigepflicht gebunden, kann ihr nicht antworten und »winkt ihr fortzugehen«. Das ist für sie »mehr als Kränkung – mehr als Tod!«, und sie singt eine der ergreifendsten Arien, die je geschrieben wurden: »Ach ich fühl's, es ist verschwunden! Ewig hin der Liebe Glück! –«

Beim dritten Male gehen Pamina und Tamino gemeinsam die Feuer- und Wasserprobe an. Diesmal ist es Pamina, die dem Prinzen empfiehlt: »Nun komm und spiel die Flöte an! Sie leite uns auf grauser Bahn.« Und während der einmaligen Szene, die in ihrer Reinheit ihresgleichen nichts hat, spielt Tamino eine Melodie von einer derartigen Feierlichkeit und inneren Ruhe, dass sie keiner Begleitung bedarf, nur »gedämpfte Pauken akkompagnieren manchmal darunter«. Der Gesang der Flöte schützt die beiden während der Prüfungen und lässt sie »des Todes Schrecken überwinden«.

Beim ersten Mal gibt die Zauberflöte Tamino moralischen Halt, als alles für ihn ins Wanken gerät und er seine Vorurteile aufgeben muss. Beim zweiten Mal hilft sie ihm, die Luftprüfung zu bestehen. Beim dritten Mal trägt sie dazu bei, dass Tamino und Pamina die Gefahren der Feuer- und Wasserprobe überwinden.

Die Zauberflöte ist Partnerin ihrer Initiation.

Eine wirre Geschichte?

Eine Zusammenfassung der Handlung der »Zauberflöte« besagt in etwa Folgendes:

I. Akt

Tamino, ein Prinz in einem »prächtigen javonischen Jagdkleide« wird von einer »listigen Schlange« (ursprünglich einem »grimmigen Löwen«) verfolgt. Er fällt in Ohnmacht zum gleichen Zeitpunkt, als drei verschleierte Damen aus einem Tempel treten und das Ungeheuer töten. Papageno, Vogelmensch und Vogelfänger, erscheint, als sie weggegangen sind, um ihrer Herrin, der Königin der Nacht, ihren Erfolg zu melden. Tamino »erwacht« und hält Papageno für seinen Retter. Der streitet es nicht ab und wird dafür von den zurückgekehrten Damen bestraft. Diese zeigen Tamino das Bildnis eines jungen Mädchens, in das der Prinz sich sogleich verliebt. Er erfährt, dass ein »mächtiger, böser Dämon« der Königin der Nacht ihre Tochter Pamina entrissen hat und gefangen hält. Tamino will sich sofort aufmachen, um sie zu befreien. Die Königin erscheint selbst in ihrer ganzen Herrlichkeit und verspricht Tamino, dass Pamina »dann auf ewig« sein werde, wenn er sie erlöse. Papageno, befreit vom Schloss vor seinem Mund, muss mit Tamino zur Burg des Tyrannen ziehen. Von den drei Damen erhält Tamino eine »goldene Flöte« und Papageno ein »stählernes Gelächter«, – ein Glockenspiel.

»Sobald das Theater in ein prächtiges ägyptisches Zimmer verwandelt ist«, erscheinen drei Sklaven, die sich darüber freuen, dass Pamina hat fliehen können und der Mohr

Monostatos, der sie bewachen muss und sie begehrt, dafür bestraft wird. Monostatos aber konnte das Mädchen wieder einfangen und bringt es zurück. Papageno erscheint. Der Mohr fällt in Schrecken vor dem Gefiederten, Papageno vor dem Schwarzen. Monostatos flieht, Papageno kündigt Pamina Hilfe von Tamino an.

Geleitet von drei Knaben, findet sich Tamino in einem Hain mit einem Tempelgefüge wieder. In der Mitte steht der Tempel der Weisheit, dieser »führt mit Säulen zu zwei andern Tempeln«, dem Tempel der Vernunft zur Rechten, dem Tempel der Natur zur Linken. Um den »Bösewicht« Sarastro zu finden, will Tamino in die Heiligtümer eindringen, wird aber zurückgestoßen. Aus dem Weisheitstempel tritt ein alter Priester hervor und klärt ihn darüber auf, dass alles, was die Königin der Nacht ihm gesagt hat, »Heuchelei« sei. Für Tamino bricht eine Welt zusammen, er findet aber Trost und Mut durch geheimnisvolle Stimmen, die aus dem Inneren der Tempel kommen. Papageno gelingt es, den Mohren mit seinem Glockenspiel zu bezaubern. Sarastro erscheint auf einem »Triumphwagen (...), der von sechs Löwen gezogen wird«. Er bestraft Monostatos und trennt Tamino und Pamina, die sich endlich gefunden haben und sich in die Arme gefallen sind. Die beiden »Fremdlinge« werden in den »Prüfungstempel« eingeführt.

II. Akt

»Das Theater ist ein Palmwald; alle Bäume sind silberartig, die Blätter von Gold. Achtzehn Sitze von Blättern; auf einem jeden Sitze steht eine Pyramide mit ein großes schwarzes Horn mit Gold gefaßt.« Sarastro fragt die Priester um die Erlaubnis, Tamino den Prüfungen auszusetzen, die ihm ermöglichen sollen, »ins Heiligtum des größten Lichts« zu blicken. Er ruft die Hilfe der Götter Isis und Osiris an. Tamino und Papageno müssen sich durch Schweigen verschiedenen Versuchungen widersetzen, unter anderem einem Besuch der drei Damen.

Monostatos nähert sich lüstern Pamina, gerade als deren Mutter, die Königin der Nacht, auftaucht und ihr einen Dolch überreicht, mit dem sie Sarastro töten soll. Monostatos, der alles gehört hat, will sie zwingen, ihn zu lieben, um sich und ihre Mutter zu retten. Als Pamina sich weigert, bedroht er sie. Sarastro erscheint, der Mohr flieht. Sarastro versichert Pamina: »In diesen heil'gen Hallen / Kennt man die Rache nicht!«

Sogar gegenüber Pamina, die auf Taminos Flötenspiel herbeigeeilt ist, bricht dieser sein Schweigen nicht. Sie tritt verzweifelt ab.

Papageno verfehlt die Prüfungen. Er wird nicht zu den Eingeweihten gehören, später dennoch »ein Mädchen oder Weibchen« finden, das seinem Wesen entspricht: Papagena.

In zwei großen Bergen, – » in dem einen ist ein Wasserfall, worin man sausen und brausen hört; der andre speit Feuer aus« – müssen Tamino und Pamina, endlich vereint, die letzten, schwierigsten Prüfungen bestehen. Pamina versichert Tamino: »Ich werde allerorten/An deiner Seite sein. – / Ich selbsten führe dich – / Die Liebe leite mich! –« Beide werden nach bestandenen Prüfungen als »Eingeweihte« gefeiert. Ein letzter Versuch der Königin der Nacht, die von Monostatos geleitet wird, Sarastros Reich zu erobern, scheitert: »Die Strahlen der Sonne vertreiben die Nacht.«

Bei genauerem Hinsehen erscheint die Handlung der »Zauberflöte« mehr als verworren.[223] Man muss deshalb davon ausgehen, dass wir es hier mit einer anderen Logik zu tun haben, die mit der Erwachsenenwelt und ihrer Rationalität nichts zu tun hat: Wir sind im Bereich des Märchenhaften. Die Inkohärenz, die zum Wesen des Märchens gehört, ist konstitutives Element der Handlung. Wenn auch Erwachsene sich an dieser Geschichte stören können, so habe ich noch nie ein Kind angetroffen, dem sie die geringste Schwierigkeit bereitet hätte.

Quellen des Werkes

Die Handlung der »Zauberflöte« beruht in der Tat auf einer Märchensammlung, die zur damaligen Zeit einen ungeahnten Erfolg kannte: »Dschinnistan oder auserlesene Feen- und Geister-Maehrchen« des Freimaurers Christoph Martin Wieland. Die Sammlung in drei Bänden, die ab 1786 herausgegeben wurde, enthält in dem zweiten von 1787 eine Erzählung von Jakob August Liebeskind mit dem Titel »Lulu oder Die Zauberflöte«, und in dem dritten von 1789 eine andere von Wieland selbst: »Die klugen Knaben«. Die erste beinhaltet fast genau den Anfang der »Zauberflöte«, bis zur berühmten »Umwertung aller Werte«, wenn der bis dahin als Bösewicht Beschimpfte zur Verkörperung aller Weisheit wird und die untröstliche Mutter die Inkarnation der Bosheit. Die zweite Erzählung führt die Wesenselemente des zweiten Aktes ein, insbesondere das glückhafte Eingreifen der drei Knaben an entscheidenden Stellen des Handlungsablaufs.[224]

Es war nicht das erste Mal, dass Schikaneder in dieser Sammlung seine Inspiration gesucht hatte. Sein Singspiel »Oberon, König der Elfen«, dessen Premiere am 7. November 1789 stattgefunden hatte und in dem ein Wunderhorn eine wichtige Rolle spielt, geht darauf zurück. Der Erfolg dieses Werkes, – Libretto von Gieseke, Musik von Wranitzky –, wird Schikaneder sicher dazu bewegt haben, in derselben Richtung weiterzufahren. So führte er bereits am 11. September 1790 die zweiaktige »heroisch-komische« Oper: »Der Stein der Weisen« auf, ebenfalls auf ein Textbuch von ihm selbst, und im März 1791 »Der wohltätige Derwisch«, ein weiteres »Lust- und Zauberspiel« mit Musik von Schack und Gerl. Beide fußen auf der gleichen »Dschinnistan«-Sammlung.

Die Nachforschungen des amerikanischen Musikwissenschaftlers Prof. David J. Buch zu »Der Stein der Weisen« (oder »Die Zauberinsel«) haben 1997 zu einem überraschenden Ergebnis geführt. In einem von der Sowjetarmee beschlagnahmten Manuskript der Oper, das den Deutschen 1991 zurückgegeben wurde, fand er, dass fast jede Nummer den Namen eines Komponisten trägt. Sie wurden von Kaspar Weiß, einem engen Freund Schikaneders, hinzugefügt.[225]

Zwar wusste man seit langem, dass Mozart das Duo »Nun liebes Weibchen« und seine Orchestrierung zur Oper beigetragen hatte, – es trägt schließlich die Nummer 625 im Köchelverzeichnis, und ein Manuskript davon befindet sich in Paris –, doch war bis zu dieser Entdeckung nicht bekannt, dass er noch zwei weitere Teile geschrieben hatte: »Miau! Miau« und »Fort, armer Jüngling!« im Finale des 2. Aktes, das er gemeinsam mit Schack orchestriert hatte, wie Handschrift- und Papieranalysen des Musikwissenschaftlers Dexter Edge inzwischen einwandfrei bestätigt haben. Es war auch nicht zum ersten Mal, dass Mozart »spielerisch« in Schacks Arbeit hineinschrieb: »Constanze Mozart wusste offenbar davon und schrieb Schack einige Jahre später einen Brief, in welchem sie Schack bat, jene Passagen zu identifizieren, die von ihrem verstorbenen Ehemann geschrieben worden waren. Leider war dies das Todesjahr Schacks, so dass sie nie eine Antwort bekam.«[226]

Dr. Buch hat auch die Dialoge wieder gefunden. So können wir uns heute ein klares Bild dieses Werkes machen, das neue Einsichten sowohl in Mozarts Arbeit als auch in Schikaneders Theater gestattet.

Am verblüffendsten dürfte wohl sein, dass nicht weniger als fünf Komponisten an der Oper gearbeitet haben und sich auch fast alle in ihr als Interpreten wieder finden: Benedikt Schack, Franz Xaver Gerl, der Kapellmeister Johann Baptist Henneberg, Schikaneder und Mozart selbst, und man kann sich sehr wohl vorstellen, welchen Spaß das Quintett bei der

Ausarbeitung hatte. Man kann sich auch denken, dass der Genialste unter ihnen zahlreiche musikalischen Einfälle und Wendungen sowie Verbesserungen an der Orchestrierung neben seinen eigenen Beiträgen ins Werk eingebracht hat, und man darf zu Recht von einer Teamarbeit reden. Dass es sich um eine solche handelte, wird auch dadurch bestätigt, dass Mozarts Name nicht öfter auftaucht: »Es ist faszinierend, dass wir nun ein Bild von ihm als Mitarbeiter im Kreise seiner Komponistenfreunde neben das uns gewohnte Bild von Mozart als genialen Einzelgänger stellen können.«[227]

So wird letzten Endes die oft diskutierte Frage, ob Schikaneder das Libretto der »Zauberflöte« allein geschrieben hat oder ob andere Mitglieder seiner Truppe, etwa Gieseke, daran mitgearbeitet haben, in Bezug auf das Ergebnis gegenstandslos. Wichtiger ist, dass Mozart in einer wirklich freundschaftlichen Verbindung zu Schikaneder, seinen engsten Mitarbeitern und seinem Ensemble stand.

Er hatte den Theatermann bereits 1780 in Salzburg kennen gelernt und ein Jahr später fünf »Zwischenaktmusiken« für dessen »Thamos«-Produktion geschrieben. »Während dem Aufenthalt Schikaneders in Wien – 1784 bis 1786 – wurde die Freundschaft mit Wolfgang Amadé erneuert. Mozart muss vom großartigen Schauspieler und glänzenden Regisseur tief beeindruckt gewesen sein…«[228]

Als Schikaneder dann das »Freihaus auf der Wieden« übernahm, dessen Ursprünge auf 1647 zurückreichen[229], wurde seine Beziehung zu Mozart umso enger, als sein Partner und Teilhaber, Joseph Edler von Bauernfeld, ein Freund der Familie Mozart war und Taufpate von Josepha, der Tochter von Franz de Paula Hofer und Josepha Weber, Constanzes Schwester. Ob Bauernfeld ebenfalls Freimaurer war, bleibt ungewiss.[230] Er hat sich jedenfalls in Mozarts Stammbuch eingetragen mit den Sätzen: »Der Zweck des Stammbuches, ist zur Zierde! / Bei dir trift dieser Fall nicht ein; / Wer seine Pflicht genau erfüllet, / Sich nie in dunkle Handlung hüllet, /

Und nur nach wahrer Tugend strebet: / Wie du! Ohn' allen Makel lebet, / Der darf sich seines Lebens freu'n / Und ist des Stammbuchs Zierde.«[231] Auf sein Betreiben war das Haus Schikaneders durch Leopold II. als KK »privilegiertes Wiedner Theater« am 21. Juni 1790 anerkannt worden.

Dass es enge Beziehungen Mozarts zu Schikaneders Unternehmen gab, beweisen nebst seiner Beteiligung an »Der Stein der Weisen« und, wie man jetzt auch annehmen darf, indirekt an »Der wohltätige Derwisch« ebenfalls seine Arien: »Ohne Zwang, aus eignem Triebe« KV 569 und »Schon lachet der holde Frühling«, KV 580 von 1789, sowie »Per questa bella mano« KV 612 von 1791, alle für das Wiedner Theater geschrieben, aber auch die acht Variationen über »Ein Weib ist das herrlichste Ding« KV 613, auf Schacks Musik für Schikaneders Singspiel: »Die verdeckten Sachen« (1789).

Wegen dieser Verbindung zwischen Mozart und Schikaneder erscheint es nicht abwegig anzunehmen, dass Mozart diesen auch zum erneuten Logenbesuch angeregt hat. So ist zu verstehen, dass man auf dem berühmt gewordenen Gemälde einer Aufnahmezeremonie in der »Gekrönten Hoffnung« im Gesprächspartner Mozarts, der rechts außen abgebildet ist, Schikaneder ausgemacht hat. Ihnen gegenüber ist, wie schon erwähnt, Gieseke abgebildet.

Am 8. Juni 1791, währenddem die Arbeiten an der »Zauberflöte« in vollem Gange waren, führte das bedeutendste Wiener Konkurrenzunternehmen Schikaneders, das Theater von Karl Marinelli in Leopoldstadt, eine Zauberoper nach Perinet auf, mit dem Titel: »Kaspar der Fagottist«. Diese fußte auf demselben Märchen wie die »Zauberflöte«. Ihre Musik stammte von dem damals populären Wenzel Müller. Zahlreiche Musikwissenschaftler, die sich an dem vermeintlichen »Bruch« in der »Zauberflöte« stören, gehen daher von der Hypothese aus, dass Marinellis »Meistercoup« Mozart und Schikaneder derart erschütterte, dass sie das schon begonnene Werk in Richtung Freimaurerei umorientierten.

Ihre Hypothese wird von Mozart selbst entkräftet. In einem Brief vom 12. Juni 1791 an seine Frau, die sich erneut zur Kur in Baden aufhielt, notierte er: »– ich gieng dann um mich aufzuheitern zum Kasperl in die neue Oper der *Fagottist,* der so viel Lärm macht – aber gar nichts daran ist.«[232] Am 24. sollte Schikaneder zudem ein Theaterstück über die Maurer auf seine Bühne bringen.

Es darf ebenfalls als erwiesen gelten, dass Mozart sein Wort bei der Erarbeitung der »Zauberflöte« mitzureden hatte, nicht nur, was die Musik betrifft, sondern auch, was den Text und die Struktur des Werkes angeht. Wir entdecken nämlich Szenen darin, die fast wortwörtlich aus zwei Libretti stammen, zu denen der Komponist vorher Szenenmusiken geschrieben hatte: Aus »Zaïde« wird eine Episode übernommen, in der ein Bildnis eine ebenso bedeutende Rolle spielt wie in der »Zauberflöte« (Akt I, 4, Arie des Gomatz), und aus »Thamos« wird das bei den Freimaurern beliebte ägyptische Umfeld entlehnt.

Man findet sogar eine ähnliche Gesinnung in diesen beiden Opern wieder. »Zaïde« plädiert, wie »Die Entführung aus dem Serail«, für mehr Verständigung gegenüber denen, die einen anderen Glauben, eine andere Meinung oder andere Sitten haben.

Hier spiegelt sich der Geist der Aufklärung wieder, die die Beschreibung anderer Sitten, insbesondere orientalischer, benutzte, um die Arroganz und Intoleranz der Kirchen anzuprangern, um anzugehen gegen die »christliche Anmaßung, das Monopol der hohen moralischen Werte der Menschheit zu besitzen. Und in diesem Kampf, der auf die Annahme eines moralischen Synkretismus der menschlichen Werte hinauslief, standen die Freimaurer in vorderster Front.«[233]

Aus »Thamos« sind die Idee des symbolischen Kampfes zwischen Licht und Finsternis, letztere durch Mirza, erstere durch den Sonnen-Oberpriester Sethos verkörpert, sowie die Themen des Raubs eines jungen Mädchens, Saïs, ihrer Erziehung durch die Licht-Jünger, der Einweihung des jungen Prinzen, Thamos, und der Heirat der beiden, in die »Zauberflöte« eingegangen. Sie wären es sicher nicht ohne Mozarts Zutun.

Schikaneder selbst bestätigt übrigens die Mitwirkung Mozarts am Libretto. Er schreibt, er habe es »mit dem seeligen Mozart fleissig durchdacht«[234], und seit der Wiederentdeckung der Oper »Der Stein der Weisen«, weiß man, wie eng in der Tat die Zusammenarbeit aller an Schikaneders Ensemble Beteiligten war.

Liest man dann das schier unglaublich anmutende Libretto dieser Oper[235] von 1790, so stellt man zahlreiche Parallelen zu den anderen Produktionen Schikaneders und insbesondere zur »Zauberflöte« fest: Auch hier ein Kampf zwischen Gut und Böse, auch hier zwei Paare, einerseits Nadir und Nadine, Vorläufer von Tamino und Pamina, andererseits Lubano und Lubanara, Wesensverwandte von Papageno und Papagena, die übrigens von den gleichen Interpreten gespielt und gesungen wurden: Schikaneder selbst und Barbara Gerl, während Anna Gottlieb zugleich Nadine und Pamina war.

Diese Parallelen zwischen den zwei Werken reichen bis in die Musik hinein und sind gerade auch für Mozarts Beiträge beispielhaft. Wie Papageno von den drei Damen für seine Lüge mit einem Schloss vor dem Mund bestraft wird, so dass er nur noch »Hm! Hm!«-Laute von sich geben kann, so belegt Eutifronte, der böse Geist der Unterwelt, der von Lubanara Liebe wollte, wie Monostatos von Pamina, diese mit einem Zauberbann: Sie kann nur mehr wie eine Katze miauen und wird erst ganz zu Ende der Oper erlöst. Diese beiden Katzen-Musiken, – das Duett »Nun liebes Weibchen« und der Beginn des Finales »Miau! Miau« –, sind von Mozart im gleichen Geiste konzipiert wie das Quintett mit dem jammernden Papageno im sechsten Auftritt der »Zauberflöte«.

Ebenso gibt es erstaunliche Zusammenhänge zwischen der Arie von Lubano »Die Liebe ist ein närrisch Ding«, sogar wenn ihre Urheberschaft nicht einwandfrei geklärt ist, und der von Papageno: »Ein Mädchen oder Weibchen« (Nr. 20).[236] Frappierend ist auch die Ähnlichkeit zwischen dem »Streit« der drei Damen um die Frage, welche von ihnen Tamino bewachen soll, und dem der vier Grazien in »Der Stein der Weisen«, die um die Gunst des »guten« Gottes Astromonte werben.

Eine weitere Inspirationsquelle für die »Zauberflöte« stellt ein Roman dar, der 1731 ohne Autorenname in Frankreich erschien: »Sethos, Histoire ou Vie tirée des Monuments, anecdotes de l'ancienne Egypte; ouvrage dans lequel on trouve la description des Initiations aux Mystères Egyptiens, traduit d'un manuscrit Grec«. Heute kennt man den Namen des Urhebers. Es handelt sich um den Abbé Jean Terrasson.

»Sethos« hatte einen ungeheueren Erfolg. Schon 1732 ein erstes Mal ins Deutsche von Christoph Wend übertragen, dann 1777 und 1778 wieder durch Matthias Claudius[237], wurde der Roman zum Lieblingsbuch der Freimaurer in den deutschsprachigen Ländern, zumindest von denen, die sich dem Mystizismus und der Ägyptologie zuwandten, und vor allem der Anhänger des Ritus von Memphis und Misraïm. Die Parallelen zwischen der Geschichte, die Abbé Terrasson erzählt, und dem Ablauf der »Zauberflöte« sind erstaunlich groß und können bis ins Detail nachgewiesen werden. So ist sogar die Zahl der auftretenden Priester in beiden Werken die gleiche: 18. Achtzehn Meister bewachen nach der maurerischen Tradition den Leichnam Hirams.[238]

Als weitere bedeutsame Quelle für die »Zauberflöte« gilt die 1781 in Dresden uraufgeführte Oper »Osiris« (Osiride) von Johann Gottlieb Naumann, auf ein Textbuch von Caterino Mazzola, des späteren Librettisten von »La Clemenza di Tito«. Naumann ist ein bekannter Freimaurer und hat eine große Anzahl maurerischer Lieder und Gesänge komponiert. »Osiris« gilt als erste Freimaureroper überhaupt und ist ein Plädoyer für die Königliche Kunst mittels der Symbolik der altägyptischen Geschichte und des Kampfes zwischen Licht und Dunkelheit, der Auseinandersetzung zwischen den Kräften des Guten und des Bösen.[239] Mozart traf Naumann 1789 in Dresden und hat von seinem Ordensbruder sicher Kenntnis von dessen Werk bekommen, wenn er es bis dahin nicht bereits gekannt hat.

Schikaneder selbst hatte das Thema der Freimaurerei schon am 24. Juni 1791, also knapp drei Monate vor der »Zauberflöte«, als Theaterstück auf die Bühne gebracht mit »Die Tempelherren« von Johann Ritter von Kalchberg. Das Stück ist reich an maurerischem Ideengut und Symbolen: So findet man den behauenen Stein, die drei »kleinen Lichter«, Salomo als Baumeister, die »ehernen Säulen« J.˙. und B.˙. am Tempeleingang, sowie die sieben Marmorstufen.[240]

Bereits Ende der 70er und Anfang der 80er Jahre aber waren in Wien Bühnenwerke produziert worden, die sich mit der Thematik abgaben. So schrieb von Ecker und Eckhoffen 1778 ein Stück: »Der Freymaurer im Gefängnis«, das aber das Papier nicht wert war, auf dem es niedergeschrieben wurde. 1784 folgte das Lustspiel »Die Freymaurer« von Friedrich Ludwig Schröder am KK Nationaltheater nächst der Burg, ein Plädoyer für den Orden, in dem es nicht »auf Stand oder Geld« ankommt, sondern »aufs Herz und auf die Absicht« (1. Aufzug).[241]

Doch auch diese Aufführungen hatten bereits Vorläufer, die sich mit der Thematik und vor allem mit dem so genannten »Maurergeheimnis« abgaben. 1753, nur zwei Jahre nach Veröffentlichung der Bulle Benedikts XIV., hatte Carlo Goldoni seine Komödie »Le Donne curiose« (Die neugierigen Frauen)[242] aufgeführt, die ein echtes Plädoyer für die Maurerei darstellt und seit 1769 auch in Wien auf der Bühne war.[243] Goldoni zeigt mit den Mitteln und den Figuren der

»commedia dell'arte«, wie Frauen, deren Männer regelmäßig hinter einer Türe verschwinden, die immer verschlossen ist, schlimme Verdächtigungen anstellen und die herrschenden Vorurteile gegen den Orden übernehmen: So gebraucht die Dienerin Rosaura genau die Worte, mit denen Papst Klemens XII. die Maurer verurteilt hatte. Sowohl die Frauen als auch die Zuschauer müssen aber erkennen, dass hinter dieser Tür keine Hexerei und keine Alchimie betrieben und nicht mit dem Teufel paktiert wird, sondern dass brüderliche Verbundenheit dort herrscht und die Männer an sich selbst und der Verbesserung der Welt arbeiten. Dabei erinnert der gedankliche Weg der Figur des Novizen Flamminio an Tamino: Goldonis didaktisch-apologetische »Methode« ist demnach der von Schikaneder und Mozart nicht unähnlich.

Goldonis Stück hatte einen solchen Anklang, dass es gleich auch einen Nachfolger fand in einer Komödie von Francesco Griselini, in der dieser die Freimaurer beim Namen nannte und die er »Aldinoro Clog« – Anagramm von Carlo Goldoni – widmete. Daraufhin hat man sich natürlich gefragt, ob Goldoni sein Stück nicht »pro domo« geschrieben hat und der Autor etwa Maurer in der venezianischen Loge »Della Fedelta« (oder »Di Rio Marin«) war. Bekannt war zudem Goldonis enge Freundschaft zu Parmenione Trissino, Meister vom Stuhl der Loge von Vicenza, sowie seine Verbundenheit mit notorischen Freimaurern wie Giacomo Casanova, Joseph Smith und John Murray, der zudem 1752 Begründer einer Loge in Venedig war. Ihnen hat Goldoni »Il Filosofo inglese« (Der englische Philosoph) resp. »I Malcontenti« (Die Unzufriedenen) gewidmet.

Als die Inquisitoren am 3. Mai 1785 die Loge »Della Fedelta« schlossen, stand Goldonis Name allerdings nicht auf den gefundenen Listen. Dies aber braucht nicht zu wundern: Goldoni hatte sich seit fünf Jahren in Paris niedergelassen. Die wenigsten Exegeten des Dramatikers zweifeln aber an seiner Zugehörigkeit zum Orden.[244] Nach Aushebung der Loge in der Lagunenstadt, wobei die Inquisitoren auch die maurerischen Möbel und Utensilien öffentlich verbrannten, wurden die Maurer ins Exil geschickt. Diese Strafe aber galt nur für Ausländer … und damit kommen wir zurück zum vertriebenen Carl von König[245] und zur »Maurerischen Trauermusik«, die erstmals nach dessen Verbannung zu seiner Meistererhebung erklang!

Schließlich muss als Quelle für die »Zauberflöte« noch das »Journal für Freymaurer« erwähnt werden, in dem Ignaz von Born, 1784, einen Text mit dem Titel: »Ueber die Mysterien der Aegypter« veröffentlicht hatte, der einen großen Nachhall gefunden hatte. Es wird angenommen, dass Mozart und Schikaneder sich hier nicht nur inspiriert haben, sondern Ignaz von Born, der schon zu Lebzeiten, trotz oder gerade wegen seiner Einsamkeit am Ende seines Daseins, »im Mittelpunkt eines förmlichen Kults«[246] stand, vor seinem Tod auch noch aufgesucht haben, um mit ihm über das Werk zu sprechen. Jedenfalls hat der Musikwissenschaftler Egon Komorzynski im Detail nachgewiesen, welche Textstellen von Borns Schriften inspiriert sind.

Born starb, als die Arbeiten an der »Zauberflöte« ihren Höhepunkt erreichten. Verständlich ist, dass die meisten Kommentatoren in der Figur Sarastros eine Würdigung des bedeutendsten Vertreters der Freimaurerei im Kaiserreich gesehen haben.

Die Entstehung der Musik

Am 5. Oktober 1790 schreibt Schikaneder an Mozart: »Lieber Wolffgang! Derweilen schicke ich Dir Dein Pa pa pa zurückh, das mir ziemlich recht ist. Es wirds schon thun. Abends sehen wir uns bei den bewußten – Krippen. Dein Schikaneder.« Er macht demnach eine deutliche Anspielung an das kommende zweite Finale der »Zauberflöte«.[247]

Damit ist ein kostbarer Hinweis dafür gegeben, dass er und Wolfgang sich zu diesem Zeitpunkt schon mit der kommenden Oper befassten, und zugleich eine andere Legende widerlegt, nach der Schikaneder kurz vor dem Bankrott stand[248], vor dem ihn dann der unmittelbare Erfolg der »Zauberflöte« bewahrt hat. Zwar ist bekannt, dass es den Theatern in Wien zu dieser Zeit schlecht ging und die Opern- und Theateraufträge großteils infolge des ruinösen Türkenkrieges ausblieben, dennoch stimmt es nicht, dass sich Schikaneder voller Verzweiflung – im März 1791! – an Mozart gewandt habe, mit der Bitte, ihm eine große Oper mit viel Szeneneffekten zu schreiben, die allein sein Theater noch vor dem Ruin bewahren könnte, und dass Mozart nur widerwillig seine Zustimmung gegeben habe.

Eine weitere Legende, die sich um die Entstehung der »Zauberflöte« rankt, besagt, dass Schikaneder, um Mozart bei Laune zu halten, ihn mit Wein und Weib so gut versorgt habe, dass Mozart dabei eine so genannte »galante« Krankheit erwischte, die dann durch van Swieten mit Quecksilber behandelt wurde und damit zu Mozarts Vergiftung geführt habe. Das Ganze habe sich in Schikaneders Chalet im Garten des Freihaustheaters, dem berühmten »Zauberflötenhäuschen«, abgespielt, das nun in den Gärten des Salzburger

Mozarteums steht. Man hat aber nicht einmal nachgeprüft, ob das Holz, aus dem das Häuschen hergestellt ist, aus dieser Epoche stammt und ob Schikaneder überhaupt einen Garten hatte.[249]

Ganz sicher gab es nicht nur intensive, anstrengende Arbeit, sondern auch manchen Spaß, viel realer hingegen liest sich ein Brief, den Mozart am 6. Juni an seine Frau schickt und dessen Beginn auf Französisch in der Rechtschreibung Mozarts wie folgt aussieht: »J'écris cette lettre dans la petite Chambre au Jardin chez Leitgeb[250] ou j'ai couché cette Nuit excellement – et j'espère que ma chere Epouse aura passée cette Nuit aussi bien que moi, j'y passerai cette Nuit aussi, puisque J'ai congedié Leonore, et je serais tout seul a la maison, ce qui n'est pas agreable.«[251]

In der Woche vom 21. zum 27. April hatte sich Mozart bei Puchberg entschuldigt, weil er soviel zu tun habe, aber erst in einem Brief vom 11. Juni an Constanze in Baden erwähnt er ausdrücklich die »Zauberflöte«: »Aus lauter langer Weile habe ich heute von der Oper eine Arie componirt – «. Welche, ist nicht bekannt. Er schließt den Brief: »ich küsse Dich 1000mal und sage in Gedanken mit Dir: Tod und Verzweiflung war sein Lohn! – Dein Dich ewig liebender Mann.«[252] Mozart war demzufolge zu diesem Zeitpunkt bei der Ausarbeitung des II. Aufzugs!

Seine innere Einsamkeit und zugleich seine Sorgen müssen zu diesem Zeitpunkt groß gewesen sein, und in seinen Briefen an Constanze von Juni und Juli 1791 ist immer wieder die Rede davon, wie sehr er sich nach ihr sehnt.

Am 2. Juli wendet er sich an sie mit der Bitte, dem »Süssmayer dem Dalketen buben« zu sagen, »er soll mir vom ersten Ackt, von der Introduction an bis zum Finale, meine Spart schicken, damit ich instrumentieren kann«.[253] Die Zusendung überschneidet sich mit dem Brief, denn am 3. Juli dankt Mozart »für das überschickte finale«.[254]

Am 5. Juli schreibt er zwei Briefe. Im ersten notiert er:

»Süssmayer soll mir doch N:° 4 und 5 von meiner schrift schicken«, was auf die Arie der Königin der Nacht »O zittre nicht…« und das Quintett »Hm! Hm! Hm!« der »Zauberflöte« hinweist. Im zweiten Brief dieses Tages verdeutlicht er seine innere Leere und seine Sorgen: »– ich hoffe, Dich Samstag umarmen zu können, vielleicht eher, Sobald mein Geschäft zu Ende ist, so bin ich bey Dir – denn ich habe mir vorgenommen, in Deiner Umarmung auszuruhen; ich werd' es auch brauchen – denn die innerliche Sorge, Bekümmerniß und das damit verbundene Laufen mattet einen doch ein wenig ab.«[255]

Am 6. schreibt er: » – gedult! es wird schon besser kommen – ich ruhe dann in deinen Armen aus!«[256]

Am 7. beklagt er sich: »Du kannst nicht glauben wie mir die ganze Zeit her die Zeit lang um Dich war! – ich kann Dir meine Empfindung nicht erklären, es ist eine gewisse Leere – die mir halt wehe thut, – ein gewisses Sehnen, welches nie befriediget wird, folglich nie aufhört – immer fortdauert, ja von Tag zu Tag wächst; – wenn ich denke wie lustig und kindisch wir in Baaden beysammen waren – und welch traurige, langweilige Stunden ich hier verlebe – es freuet mich auch meine Arbeit nicht, weil, gewohnt bisweilen auszusetzen und mit Dir ein paar Worte zu sprechen, dieses Vergnügen nun leider eine Unmöglichkeit ist – gehe ich ans Klavier und sing etwas aus der Oper, so muss ich gleich aufhören – es macht mir zu viel Empfindung –«[257]

Nur selten finden sich in seinen Briefen Äußerungen der Art, wie sie sich diesmal anhäufen: große Geldsorgen, innere Trauer, Leere, sogar Resignation machen sich breit. Unter so ungünstigen Bedingungen schreibt er dennoch eine Oper, deren heitere Leichtigkeit und innere Kraft immer wieder erstaunen.

Diese Briefe machen aber auch deutlich, dass Mozart die Oper nicht mehr umgeändert hat. Ein solcher Eingriff hätte zwischen dem 11. und dem 23. Juni erfolgen müssen, dem

Tag, an dem er aus Baden nach Wien zurückkehrte. In Baden hatte er noch am 18. für seinen Freund, den Lehrer und Chorleiter an der Badener Kirche, Anton Stoll, das wundervolle »Ave Verum« KV 618 geschrieben. Dort hatte er auch die Noten (Singstimmen und Orchesterskizzen, das »Spart« = Spartito) zurückgelassen, damit Süßmayr sie kopierte. Hätte er sie nicht als definitiv angesehen, hätte er sie gewiss nicht in seinem Brief an Constanze vom 2. Juli zur Instrumentierung zurückgefordert.

Mitte Juli beendete er zudem die »Kleine deutsche Kantate« KV 619 für Ziegenhagen, in der sich viele Elemente wieder finden, die den Stil der »Zauberflöte« charakterisieren. Mozart war derart in die freimaurerische Atmosphäre eingetaucht, dass es ihm nicht die geringste Schwierigkeit bereitete, zusätzlich zu seinem riesigen Arbeitspensum an der Oper, eine Kantate zu schreiben, deren Inspiration die Ideale und Visionen des Ordens waren.

»Im Jullius« schreibt er die »Zauberflöte« in sein »Verzeichnüß« ein. Inzwischen hat er die Aufträge für die Oper »Titus« und das »Requiem« erhalten.

Um den 25. August reist er mit Constanze[258] und Süßmayr nach Prag zu den Krönungsfeierlichkeiten Leopolds II. zum böhmischen König, wobei es zur Uraufführung von »La Clemenza di Tito« kommt. In Prag wird er, wie bereits erwähnt, von den Brüdern im Tempel »Zur Wahrheit und Einigkeit« empfangen und kündigt erstmals ein neues großes maurerisches Werk an:

»Als er das letzte Mal kam, hatten sich die Brüder in zwei Reihen aufgestellt, und der Eintretende wurde mit der Cantate *Maurerfreude*, die er 1785 zu Ehren Borns komponierte, empfangen. Diese Aufmerksamkeit rührte Mozart tief, und als er dafür dankte, äußerte er, er werde demnächst dem Maurerthum eine bessere Huldigung darbringen. Er meinte damit die *Zauberflöte*, welche bereits in seinem Geiste reifte.«[259]

Am 28. September beendet der Meister die Partitur der »Zauberflöte« mit der Ouvertüre und dem Marsch der Priester (Nr. 9), die er am selben Tage getrennt in sein »Verzeichnüß« einträgt.

Zwei Tage später, am 30., ist die Uraufführung, entgegen vielen Behauptungen nicht im heutigen »Theater an der Wieden«, sondern im Freihaus-Theater, was auch bereits den Namen »Theater an der Wieden« trug, aber auf der anderen Seite der Wien lag, genau gegenüber dem späteren Haus, das am 13. Juni 1801 von »Directeur« Schikaneder feierlich eröffnet wurde.

Auf dem Theaterzettel stand zu lesen:

»K. K. priv. Wiedner Theater Heute Freytag den 30ten September 1791. Werden die Schauspieler in dem kaiserl. Königl. Privil. Theater auf der Wieden die Ehre haben aufzuführen.

Zum Erstenmale:
DIE ZAUBERFLÖTE.
Eine große Oper in 2. Akten, von Emanuel Schikaneder. – Die Musik ist von Herrn Wolfgang Amade Mozart, Kapellmeister und wirklicher K. K. Kammerkompositeur. Herr Mozard wird, aus Hochachtung für ein gnädiges und verehrungswürdiges Publikum, und aus Freundschaft gegen den Verfasser des Stücks, das Orchester heute selbst diregiren.

Die Bücher von der Oper, die mit zwey Kupferstichen versehen sind, wo Herr Schikaneder in der Rolle als Papageno nach wahrem Kostüm gestochen ist, werden bei der Theater-Kassa vor 30 kr. verkauft.

Herr Gayl Theatermahler und Herr Neßlthaler als Dekorateur schmeicheln sich, nach dem vorgefassten Plan des Stücks, mit möglichstem Künstlerfleiss gearbeitet zu haben.

Die Eintrittspreise sind wie gewöhnlich.

Der Anfang ist um 7 Uhr.«

Bezeichnenderweise ist auf dem Theaterzettel zur Erstaufführung weder die Rede von einer »heroisch-komischen Oper« noch von einem »Lust- und Zauberspiel«, sondern von einer »großen Oper in 2 Akten«: Man ist sich des völlig anderen Charakters und Stellenwertes dieser neuen Schikaneder-Produktion bewusst.

Das Freihaustheater war ein zweistöckiges Gebäude, »das, aus Steinen erbaut und mit Ziegeln gedeckt, über dreißig Meter lang und fünfzehn Meter breit war, eine zwölf Meter tiefe Bühne, ein erstes und zweites Parterre, zwei Reihen Logen und zu Mozarts Zeit zwei Galerien hatte (später kam eine dritte Galerie dazu)«.[260]

Seit 1789 leitete Schikaneder diese Bühne, die seine Frau Eleonore von ihrem Liebhaber Johann Friedel geerbt hatte.[261] Ein Jahr zuvor bereits hatte er ein Gesuch an Kaiser Joseph II. gerichtet, um das Privileg für den Bau eines eigenen Theaters zu bekommen. Es dauerte aber noch zwölf Jahre, bis er das nötige Geld zusammen hatte. Danach errichteten in nur einem Jahr und 16 Tagen drei renommierte Architekten, Joseph Reymund der Jüngere, sowie Franz und Anton Jäger, die auch schon für den Kaiserhof gearbeitet hatten, das prächtigste und technisch modernste Theater der Residenzstadt seiner Zeit.[262]

Mozart dirigiert selbst die Premiere sowie die zweite Aufführung seiner »Zauberflöte« vom Cembalo aus. Süßmayr dreht die Notenblätter, Henneberg ist am Glockenspiel.

Laut Theaterzettel sind die Rollen wie folgt besetzt: »Sarastro: Hr. Gerl; Tamino: Hr. Schack; Erster (Priester): Hr. Schikaneder, der Ältere; Zweiter Priester: Hr. Kistler; Dritter (Priester): Hr. Moll; Königin der Nacht: Mad. Hofer; Pramina (sic!) ihre Tochter: Mlle. Gottlieb; Erste (Dame): Mlle. Klöpfer; Zweite Dame: Mlle. Hofmann; Dritte (Dame): Mad. Schack; Papageno: Hr. Schikaneder der jüngere; Ein altes Weib: Mad. Gerl; Monostatos, ein Mohr: Hr. Nouseul; Erster (Sklave): Hr. Gieseke; Zweiter Sklave: Hr. Frasel;

Dritter (Sklave) Hr. Starke. Priester, Sklaven, Gefolge«[263]. Die drei Knabenrollen wurden gesungen von Anna Schikaneder; Anselm Handelgruber; Franz Anton Maurer. Kistler und Moll waren ebenfalls die zwei Geharnischten. Sprecher war Johann Winter: »– es war ein Ensemble, das nicht übertroffen wurde (…) Die Seele der Oper war Anna Gottlieb, die die Pamina so sang und spielte, dass Mozart gerührt und erschüttert war.«[264]

Das Wiener Publikum der Vorstädte, das wegen eines Spektakels mit vielen Bühneneffekten in Scharen gekommen war, ist verunsichert. Zu Ende des ersten Aufzugs ist Mozart »überzeugt, dass die ›Zauberflöte‹ ein Misserfolg ist, der nicht mit dem des ›Titus‹ einen Monat zuvor zu vergleichen gewesen wäre: der Misserfolg der ›Zauberflöte‹ hätte sein Ende bedeutet.

Im Laufe des zweiten Aufzugs wird das Publikum lebendiger und bekundet seine Anteilnahme; die Verbindung zwischen Bühne und Saal stellt sich her, der Saal geht mit, ›die Zauberflöte‹ ist gerettet; langsam wächst die Begeisterung, bricht heraus. Das Volk von Wien macht die Oper zu seinem Werk«[265]: »Es war ein schöner Abend für Wolfgang Amadé, der Höhepunkt in Schikaneders Lebensarbeit – der Abend, an dem die deutsche romantische Oper geboren wurde.«[266]

Das Glück des »kleinen Mannes«

Am 7. Oktober 1791 fährt Constanze wieder zur Kur nach Baden, in Begleitung ihrer Schwester Sophie[267] und von Süßmayr. Diese Trennung hat uns die letzten drei Briefe aus der Feder Wolfgangs beschert, drei Briefe, in denen der Komponist über seine »Zauberflöte« berichtet und Zeugnis gibt über das, was dieses Werk ihm in den letzten Monaten seines Erdenlebens bedeutet hat.

Wien, am 7./8. Oktober 1791.
freytag, um halb 11 Uhr Nachts

Liebste, bestes Weibchen!
Eben komme ich von der Oper[268]; – Sie war eben so voll wie allzeit. Das Duetto Mann und Weib etc: und das Glöckchen-Spiel im ersten Ackt wurde wie gewöhnlich wiederhollet – auch im 2. Ackt das knaben Terzett – was mich aber am meisten freuet, ist, der Stille beifall! – man sieht recht wie sehr und immer mehr diese Oper steigt.(…) dann Instrumentirte ich fast das ganze Rondó vom Stadtler. in dieser zwischenzeit kamm ein brief von Prag vom Stadtler; – Die Duscheckischen sind alle wohl. (…) – Sie wissen schon alle die herrliche aufnahme meiner teutschen Oper. – Das sonderbarste dabei ist, das den abend als meine neue Oper mit soviel beifall zum erstenmale aufgeführt wurde, am nemlichen abend in Prag der Tito zum letztenmale auch mit außerordentlichen Beifall aufgeführt worden (…).

Wien, am 8./9. Oktober 1791.
Sammstags Nachts, um 1/2 11 Uhr

liebstes, bestes Weibchen!
Mit größten Vergnügen und freude=gefühle fand ich bey meiner zurückkunft aus der Oper deinen brief; – die Oper ist, obwohl sammstag allzeit, wegen Postag ein schlechter Tag ist, mit ganz vollem Theater und dem gewöhnlichen beifall und repetitionen aufgeführt worden; – morgen wird Sie noch gegeben, aber Monntag wird ausgesetzt – folglich muss Siessmayer den Stoll diesnstag herein bringen, wo Sie wieder zum *Erstenmale* gegeben wird – ich sage zum *Erstenmale*, weil Sie vermuthlich wieder etlichemal nacheinander gegeben werden wird; (…) Leitgeb bat mich ihn wieder hinein zu führen, und das that ich auch. – Morgen führe ich die Mama[269] hinein; – das büchel hat ihr schon vorher Hofer zu lesen gegeben. bei der Mama wirds wohl heissen, die *schauet* die Oper, aber nicht die *hört* die Oper. – …. hatten heute eine Loge. …[270] – zeugten über alles recht sehr ihren beifall, aber Er, der allwissende, zeigte so sehr den Bayern, dass ich nicht bleiben konnte, oder ich hätte ihn einen Esel heissen müssen; – Unglückseligerweise war ich eben drinnen als der 2:te Ackt anfieng, folglich bey der feyerlichen Scene. – er belachte alles; – anfangs hatte ich gedult genug ihn auf einige Reden aufmerksam machen zu wollen, allein – er belachte alles; – da wards mir nun zu viel – ich hiess ihn Papageno und gieng fort – ich glaube aber nicht dass es der dalk verstanden hat. – ich gieng also in eine andere Loge, worin sich flamm mit seiner frau befand; da hatte ich alles Vergnügen und da blieb ich auch bis zu Ende. – nur gieng ich auf das theater bey der Arie des Papageno mit dem GlockenSpiel, weil ich heute so einen trieb fühlte es selbst zu Spielen. – da machte ich nun den Spass, wie Schikaneder einmal eine haltung hat, so machte ich ein Arpegio – der erschrack – schauete in die Scene und sah mich – als es das 2:te mal kamm – machte ich

es nicht – nun hielte er und wollte gar nicht mehr weiter – ich errieth seine Gedanken und machte wieder einen Accord – dann schlug er auf das Glöckchenspiel und sagte *halts Maul* – alles lachte dann – ich glaube dass viele durch diesen Spass das erstemal erfuhren dass er das Instrument nicht selbst schlägt. – Übrigens kannst du nicht glauben wie charmant man die Musick ausnimmt in einer Loge die nahe am Orchestre ist – viel besser als auf der gallerie; – so bald du zurück kömmst must du es versuchen. – (...) Lechneitner war schon wieder in der Oper; – wenn er schon kein kenner ist, so ist er doch wenigstens ein rechter liebhaber, das ist aber ... nicht[271] – der ist ein wahres *unding*. – dem ist ein Dinee lieber. – lebe wohl, liebe! – ich küsse dich Millionenmal und bin Ewig dein

Mozart.

P.S. – küsse die Sophie in meinem Namen. dem Siessmayer schicke ich ein paar gute *Nasenstüber*, und einen braven *Schopf=beitler*, dem Stoll tausend Complimenten. adieu – die Stunde schlägt – lebe wohl! – wir sehn uns wieder![272]

(Wien, den 14. Oktober 1791)

Liebstes bestes Weibchen
Gestern Donnerstag, den 13:ten ist Hofer mit mir hinaus zum Carl, wir speisten daraus, dann fuhren wir herein, um 6 Uhr hohlte ich Salieri und den Cavalieri[273] mit dem Wagen ab, und führte sie in die Loge – dann gieng ich geschwind die Mama und den Carl abzuholen, welche unterdessen bey Hofer gelassen habe. Du kannst nicht glauben, wie artig beide waren, – wie sehr ihnen nicht nur meine Musick, sondern das Buch und alles zusammen gefiel. – Sie sagten beide ein Opera, – würdig bey der größten festivität vor dem größten Monarchen aufzuführen, – und Sie würden sie gewis sehr oft sehen, den sie haben noch kein schöneres und angenehmeres Spectacel gesehen. – Er hörte und sah mit aller Auf-

merksamkeit und von der Sinfonie[274] bis zum letzten Chor, war kein Stück, welches ihm nicht ein bravo oder bello entlockte, und sie konnten fast nicht fertig werden, sich über diese Gefälligkeit bei mir zu bedanken (…). Dem Carl hab' ich keine geringe Freude gemacht, daß ich ihn in die Oper abgeholt habe. –«[275]

Diese Briefauszüge sind beredt genug, sie sagen jedenfalls mehr aus über den Wert und die Bedeutung, die Mozart seiner »Zauberflöte« beimaß als jede Exegese. Welch himmelweiter Unterschied besteht doch zwischen diesen Schreiben und denen, die Mozart im Sommer an seine Frau geschickt hatte. Eine innere Freude spornt ihn an. Er hat wieder Spaß am Leben und erlaubt sich, seinen Spaß mit andern zu treiben. In dieser Hinsicht ist die Episode mit dem Glockenspiel doppelt bedeutsam. Sie offenbart den Schalk, der in Mozart steckte, aber auch welch ein abgebrühter, meisterhafter Bühnenhase Schikaneder gewesen sein muss, um so prompt und so brillant auf Mozarts Treiben zu reagieren.

Mozarts neue Vitalität steht auch am Anfang einer neuen Schaffenskraft.

So schreibt er in seinem Brief vom 7./8. über die Orchestrierung des »Rondos« von Stadler, das heißt, des dritten Satzes des Klarinettenkonzertes KV 622. Er schreibt auch: »– hätte ich nichts zu thun, so würde ich gleich auf die 8 tage mit Dir hinaus gegangen seyn; ich habe aber daraus gar keine bequemlichkeit zum arbeiten; – und ich möchte gerne, soviel wie möglich aller Verlegenheit ausweichen; nichts angenehmeres als wenn man etwas ruhig leben kann, deswegen muss man fleissig seyn und ich bin es gerne. –«

Im folgenden Brief notiert er: »heute früh, habe ich so fleißig geschrieben, dass ich mich bis 1/2 2 Uhr verspätet habe – lief also in größter Eile zum Hofer (nur um nicht allein zu essen), wo ich die Mama auch antraf. Gleich nach Tisch gieng ich wieder nach Hause und schrieb bis zur Operzeit.«

Vom »Requiem« ist keine Rede. Es kann aber nicht ausgeschlossen werden, dass Mozarts »fleissiges Schreiben« auch mit der Komposition dieses Werkes zu tun hatte.

Hier sei noch ganz besonders auf den »stillen Beifall« hingewiesen, von dem Mozart spricht. Im Freihaustheater auf der Wieden stand Amadé einem ganz andern Publikum gegenüber als dem, das bisher seine Opern besucht hatte. Man darf sogar sagen: einem Publikum, das das genaue Gegenteil dessen darstellte, mit dem Mozart vertraut war. Es ist ein lautes Volk, das mit Lärmen und Rufen seine Zustimmung gibt oder seine Ablehnung deutlich macht, ganz selbstverständlich, ganz spontan. Wenn solche Zuschauer dann aber still werden und durch diese Stille ihre Zustimmung kundtun, dann geschieht etwas ganz Besonderes, das einen so feinfühligen Menschen wie Mozart nur zutiefst berühren kann. Er weiß, dass er den Nerv des Publikums getroffen hat.

Da dieses Publikum so anders reagiert, ist Mozart aber auch die Sympathiebezeugung von Salieri derart wichtig. Der einflussreichste Musiker des höfischen Wiens verkörpert die andere Welt, die Mozart den Rücken gekehrt hat, wobei die Haltung Leopolds II. ihm gegenüber sich besonders ungünstig auf seine offizielle Karriere auswirkte. Nun aber stimmt Salieri diesem Werk zu und spendet Beifall, nicht nur für die Musik, sondern auch für den Text und »alles zusammen«, und gerade dies bedeutet Mozart viel. Für ihn ist die »Zauberflöte« ein Ganzes, und sein Beitrag dazu ist eine Musik von universalem Wert, die jedem das Beste zu geben vermag, vorausgesetzt, er ist fähig, sich zu öffnen und zuzuhören. Mozart ist in Symbiose mit ihnen allen, ob sie sich lautstark ausdrücken oder still ihre Zustimmung geben. Wie seit jeher kommt es ihm auf die geistige Verbundenheit an, sie war ihm immer notwendig; notwendiger denn je aber ist sie ihm für die »Zauberflöte«.

Aus diesem Grund gibt er denn auch der Schwiegermutter vor der Vorstellung das Textbuch zu lesen, doch seine Hoffnungen sind nicht allzu groß: Die Mama »schaut« die Oper, »hört« sie aber nicht, wie er von vorneherein weiß.

Aus demselben Grunde regt er sich aber derart gegen diesen »Bayern« im Publikum auf, der nicht verstehen will. Um wen es sich dabei handelte, ist nicht herauszufinden, da Mozarts Nachfahren den Namen wegradiert haben. Was Mozart besonders ärgert, ist die Tatsache, dass er sich in der »feierlichen Szene« über alles lustig macht. Interessant ist, dass der Komponist sagt, er habe noch die Geduld aufgebracht, ihn aufmerksam zu machen … nicht auf etwa seine Musik, wie man annehmen könnte, sondern auf »einige Reden«, doch so eigenartig ist dies wiederum nicht, wenn man sich bewusst wird, um welche Szene es sich handelt. Sie liegt zwischen dem Priester-Marsch (Nr.9) zu Beginn des II. Aufzugs und der Anrufung von Isis und Osiris (Nr.10), und wird eingeführt durch den »dreifachen Akkord«, die maurerische Klopfart.

Es geht demnach um die Schlüsselepisode des Werkes, in der Sarastro die Priester um die Erlaubnis bittet, Tamino den initiatorischen Prüfungen zu unterwerfen, und ihnen gleichzeitig in Erinnerung ruft, warum er Pamina entführen ließ. So rechtfertigt er erstmals seine Handlung vor dem Publikum. Er offenbart damit zwar, dass Pamina dazu bestimmt ist, Taminos Frau zu werden, doch nicht, dass sie auch auserkoren ist, mit Tamino eingeweiht zu werden.

»Wie viele Kritiker der ›Zauberflöte‹ haben sich als ›aller = feind‹, als ›Bayern‹ erwiesen, als Leitgeb-Papageno, in dem sie mit einem Ton unnachahmlicher Herablassung behauptet haben, dass das Textbuch der ›Flöte‹ unverdaulich sei, dass sich Mozart wenig darum scherte, und dass die maurerische Bedeutung des Werkes für ihn recht zweitrangig war«, schreiben zu Recht die Massin[276].

Ihre Bemerkung ist umso stichhaltiger, als es, meiner Meinung nach, im Text zu dieser Szene einen Satz gibt, den man als das »Credo« und das maurerische Testament Mozarts ansehen darf: »Mag immer das Vorurteil seinen Tadel über uns Eingeweihte auslassen, Weisheit und Vernunft zerstückt es gleich dem Spinnengewebe.«[277]

So sieht die Herausforderung von Mozart und Schikaneder an einen repressiven Staat und eine Gesellschaft von Kopfnickern zu einem Zeitpunkt aus, als zur Treibjagd gegen den Freimaurerorden geblasen wurde.

Die Treue zum maurerischen Engagement

Freimaurer, die die Illustration auf der Titelseite der Erstausgabe des Textbuches zur »Zauberflöte« studierten, wussten sofort, woran sie waren. Der Kupferstich, den der Verleger selbst, der Maurer Ignaz Alberti, gestaltet hatte[278], enthielt neben zahlreichen anderen, auch wesentliche Symbole der drei Grade der Johannislogen: Winkelmaß für den ersten, fünfzackiger Stern und Buchstabe G für den zweiten, Sanduhr für den dritten. So wurde die Radierung zur »Lösung des Geheimnisses«[279] der Oper. Man war mit einem Werke mit maurerischem Gehalt konfrontiert, denn auch wenn das Einweihungsritual nicht genau wiedergegeben ist, so sind doch seine wesentlichen Elemente vorhanden.

Man muss sich daher die Frage stellen, warum sich Schikaneder und Mozart dazu entschlossen hatten, auf einer Theaterbühne dem größtmöglichen Publikum eine Oper zu zeigen, die die Erfolgsrezepte der Zeit benutzte für ein einzigartiges Plädoyer zugunsten einer Institution, die in der Öffentlichkeit als eine Gefahr für den Staat angesehen wurde und deren Existenz bedroht war.

1791 wurden die Freimaurer in Österreich für die Ereignisse in Frankreich verantwortlich gemacht, so wie sie vorher in Verbindung mit der Auflehnung gebracht worden waren, die zur Unabhängigkeit der Vereinigten Staaten geführt hatte und so wie sie immer wieder als Urheber aller realen und imaginären Verschwörungen gehandelt wurden, die die öffentliche Meinung und Macht alarmierten.

Es stimmt, und wir haben schon darauf hingewiesen, dass der größte Teil der Männer, die auf dem neuen Kontinent den Bruch mit England bewirkt hatten, Freimaurer waren. Erwähnt seien hier nur George Washington, Thomas Jefferson, der Autor der Unabhängigkeitserklärung, und Benjamin Franklin.

Wahr ist ebenfalls, dass zahlreiche Mitglieder der berühmten Pariser Logen »La Science« oder später »Les Neuf Soeurs« und »Les Amis Réunis« (Die vereinten Freunde), glühende Anhänger und Verbreiter der revolutionären Ideen waren; wahr ist aber auch, dass Freimaurer zu den ersten Opfern dieser Revolution gehörten.

1791 hatte die Revolution ganz Frankreich erfasst, und Leopold II. reagierte mit Besorgnis auf die Ereignisse, die das Leben seiner Schwester Marie-Antoinette in Gefahr brachten und drohten, auf sein Reichsgebiet überzugreifen. Er konnte daher nur mit Argwohn verfolgen, was sich in den Logen tat, auch wenn er, wie behauptet wird, Sympathien für das maurerische Gedankengut hegte, vor allem, weil er sich der Arroganz, der Unfähigkeit und der Korruption von Aristokratie und Klerus bewusst war.

Der Druck auf ihn wurde allerdings immer größer. Er wurde durch all die ausgeübt, die genügend Gründe hatten, jene zu bekämpfen, deren Lebens- und Handlungsweise von maurerischen Idealen bestimmt wurde, aber auch von denen, die, wie Graf Pergen, der Polizeiminister und Begründer der Geheimpolizei im Reich, davon überzeugt waren, dass die Freimaurer ein Komplott gegen das Reich und die Monarchie schmiedeten.[280] Pergen war umso mehr davon überzeugt, als er in den Besitz eines Briefes gelangt war, den die Loge »De l'Amitié« aus Bordeaux den Brüdern der »Gekrönten Hoffnung« geschickt hatte, und in dem es, unter dem Titel: »Post tenebras lux«, hieß:

»Obwohl unsere große Gesellschaft selten an politischen Ereignissen teilnimmt, kann sie dennoch gegenüber denen nicht unerkannt bleiben, welche die weisen Prinzipien der neuen Verfassung, die sich im französischen Reich durchsetzt, verankern möchten: Sie stehen in einer derart vollkommenen Beziehung mit den maurerischen Grundsätzen von Freiheit, Gleichheit, Gerechtigkeit, Toleranz, Philosophie, Wohltätigkeit und Sittsamkeit, dass sie heilsame Auswirkungen auf das Wohl und die Ausbreitung der R.[281] versprechen. In der Tat wird jeder gute französische Citoyen in Zukunft würdig sein, Maurer zu sein, weil er frei und tugendhaft ist.«[282]

Die Wiener Loge scheint gegenüber dem gefährlichen Papier die Flucht nach vorne angetreten zu haben. So berichtet Graf Pergen dem Kaiser: »Ich vermuthe, die Vorsteher der hiesigen Loge von der gekrönten Hoffnung haben Argwohn geschöpft; und in der Besorgniß, dass ihnen bei längerem Stillschweigen eine Unannehmlichkeit von Seite der Polizey zugehen möchte, weil dieses Schreiben aufrührerische Sätze enthält, haben sie mir selbes im Original mit dem Beysatze überbracht, dass sie alles angewandt hätten, um dieses Schreiben unbeantwortet zu lassen.«[283]

Neben denen, die die Freimaurerei verleumdeten, gab es auch jene, die sie verrieten. Unter ihnen machten vor allem Leopold Aloys Hoffmann, das Vorbild für den Monostatos der »Zauberflöte«, ein Paulus, der zum Saulus geworden war, sowie Franz Josef Graf von Saurau, der Nachfolger Pergens als Polizeiminister, auf sich aufmerksam, weil sie an der Seite des Klerus ihre Brüder virulent bekämpften. Saurau wurde der unrühmliche Erfinder und Unterdrücker der so genannten »Jakobinerverschwörung«. Sein Lohn blieb nicht aus: Er wurde Oberster Kanzler und Leiter der Wiener Hofkanzlei.

Schimpf und Schande lagen somit auf dem Orden, seine Grundfesten wurden angegriffen, er war auf dem Rückzug. Schon vier Jahre zuvor hatte bekanntlich die Loge »Zur Wahrheit« ihre Tätigkeiten eingestellt, und außer der wieder erstandenen Loge »Zum heiligen Joseph« blieb nur noch »Zur gekrönten Hoffnung« übrig.

Mozarts Verbundenheit mit der Königlichen Kunst ist daher umso bemerkenswerter. Er blieb seinem Maurerschwur treu, dergestalt, dass er und der Buchdrucker Christian Friedrich Wappler »schließlich die einzigen dieser Loge (waren), die ihr von 1784[284] bis 1791 angehörten. Diese Kontinuität Mozarts, wo die meisten andern flüchtig wurden, stellt mit ihrem unerschütterlichen Optimismus, ein beachtliches Stück Logenarbeit dar.«[285]

Eher denn von Optimismus, möchte ich von gelebtem maurerischem Engagement bei Mozart reden, auch wenn er nie innerhalb des Ordens eine Beamtenaufgabe innehatte. Mozart dachte nicht daran, ihn zu verlassen, es ging ihm vielmehr darum, ihn zu reformieren. Er hatte bereits Pläne für eine neue Vereinigung entworfen, wie Constanze dem Verleger Breitkopf & Härtel mitteilt, und wenn man die negative Haltung von Mozarts Witwe gegenüber der Freimaurerei in Betracht zieht, so hat dieses Zeugnis für sich, dass es der Wahrheit entspricht. Constanze schreibt zuerst:

»Das Mozart Maurer war, wissen Sie. (...) Er hat auch eine Geselschaft unter dem Namen: die Grotte stiften wollen. Ich habe nur ein bruchstük von seinem Aufsaz darüber gefunden und Jemanden, der es vielleicht im Stande ist, weil er Theil hatte, zu ergänzen gegeben.«[286] Später erklärt sie sich bereit, dem Verleger für eine Mozart-Biographie auszuleihen: »1. einen Aufsaz, größtentheils in der handschrift meines Mannes, von einem Orden oder Geselschaft die er errichten wollte: Grotta genannt. Ich kann nicht mehr Erläuterung schaffen. Der hiesige Hofclarinettist Stadler der ältere, der den Rest geschriben hat, könnte es, trägt aber Bedenken zu gestehen, dass er darum weiß, weil die Ordens oder geheime Geselschaften so sehr verhaßt sind.«[287]

Warum der Name »Grotte« für die reformierte Loge, so wie Mozart sie gestalten wollte?

Verband er Erinnerungen an Salzburg damit? Schon im Dezember 1966 hatte der Musikforscher Carl de Nys in einer Mitteilung an die »Société de Musicologie« die Hypothese aufgestellt, dass das Bühnenbild zur »Zauberflöte« von einer Grotte im Park von Aigen inspiriert sein könnte, die einem notorischen Freimaurer, Basil von Amman, gehörte und in der sich die Maurer und Illuminaten trafen.[288] Hat Mozart also schon damals Beziehungen zu Maurern gehabt, an die er sich erinnerte, als er über den Maurerorden, seine Erneuerung und seine Zukunft nachdachte? Auch wenn es keine Antwort auf diese Frage gibt, verdient sie doch, gestellt zu werden.

Mehr für sich hat jedoch die Hypothese, dass Mozart sich an seinen Aufenthalt in der Villa des Grafen Cobenzl erinnerte, der im Juli 1781 stattfand, kurz nachdem Wolfgang den berühmten Fußtritt von Graf Arco erhalten hatte, der ihn aus der Knechtschaft des Salzburger Erzbischofs Colloredo entließ. Von diesem Aufenthaltsort aus berichtet er dem Vater am 13. Juli:

»… Das ist eine Stunde weit von Wienn, wo ich schreibe, es heißt Reisenberg. ich war schon einmal über nacht hier und jetzt bleibe ich etliche Tage. Das häuschen ist nichts, aber die Gegend, der Wald, worinn er (Graf Cobenzl) eine Grotte gebauet, als wenn sie von Natur wäre. das ist Prächtig und sehr angenehm …«[289]

Zu seinem maurerischen Engagement hat Mozart uns seine endgültige Antwort mit der »Zauberflöte« gegeben. Falls seine Loge beschlossen hatte, in die Offensive zu gehen[290], muss man auch davon ausgehen, dass Mozarts Logenbrüder von dem Opernprojekt wussten und ihm ihre Zustimmung gegeben hatten. Ein Grund mehr, die These von Mozarts Vergiftung durch seine Maurerbrüder, die auch heute noch Anhänger hat, als absurd abzutun.

Die brüderliche Botschaft

Gleich zu Beginn der Ouvertüre zur »Zauberflöte« bestätigt Mozart seine dauerhafte Verbundenheit mit der Maurerei und seine Auseinandersetzung mit den Fragen, die sie beschäftigen. Den fünf Anfangsakkorden[291] antworten die drei zentralen. Das Problem ist gestellt. Es geht um die Aufnahme der Frau in die Freimaurerei, die den Brüdern in jener Zeit und auch heute noch in verschiedenen Strömungen des Ordens Kopfzerbrechen bereitet.

Um seine Antwort zu verdeutlichen, zeigt uns Mozart zuerst den Gegensatz zwischen zwei Welten, der profanen und der maurerischen.

Wir haben es zu Beginn mit einer Umgebung zu tun, die uns vertraut ist, voller Gefahren, Schrecken, Hinterhalte, aber so ist nun mal unsere Welt.

Ein Prinz wird von einer Schlange verfolgt und fällt in Ohnmacht. Ein Vogelfänger wird bestraft, weil er gelogen hat, eine Königin trauert um ihr geraubtes Kind. Der Prinz soll sie den Fängen eines Dämons entreißen, der Vogelfänger muss ihn begleiten.

Wir haben schnell begriffen, dass Papageno die komische Spiegelung Taminos ist, die durch ihre Possen die noble Haltung des Prinzen ins rechte Licht setzt. Die Beziehung Oben-Unten, Meister-Knecht, Ritter-Knappe dauert an.

Sie ist umso gültiger, als es in der anderen Welt, in die wir mit Tamino und Papageno eindringen, und von der wir nicht mehr wissen, als das, was die Königin und ihre Damen darüber gesagt haben, noch Sklaven gibt. Diese Welt muss Furcht erregend sein, denn sie wird von Sarastro beherrscht, dem Bösewicht und Kindesräuber.

Und in der Tat, das erste, was wir sehen, wenn wir dort ankommen, ist die verzweifelte Flucht des geraubten jungen Mädchens vor ihrem Aufseher, einem Sklaven, der Sklaven terrorisiert, einem Mohren, der hässlich ist, weil er schwarz ist, der abstoßend wirkt, weil er Pamina begehrt.

Doch, o Wunder! Tamino entdeckt an den Pforten der Tempel, wo er zurückgewiesen wird, eine Welt des Schweigens und der Besinnung. Und da soll Sarastro als aufgeklärter Weiser herrschen? Hier soll Paminas Entführer das Sagen haben? So ist denn alles Heuchelei?

Tamino sieht seinen Irrtum ein und ändert seine Meinung. Wir ändern sie mit ihm. Er wird sich bewusst, dass in diesen heiligen Hallen ein Weiser herrscht, der »lohnet und strafet in ähnlichem Kreise«, wie seine Untertanen singen. Tamino ist sogar bereit, sich den Prüfungen zu unterziehen, die ihm die Priester auferlegen, um zum Kreise der Eingeweihten zu gehören, und dabei kann er nur ahnen, was diese Prüfungen bedeuten und was es heißt, ein Eingeweihter zu sein. Tamino ist bereit, das Versprechen, das er der Königin der Nacht gegeben hat, zu brechen, ist bereit zu schweigen, auch wenn er so die bedauernswerte Pamina zur Verzweiflung treibt. Er ist sogar bereit, den Tod zu wagen, nur um der Einweihung würdig zu werden.

Mozart schafft diese Umwertung mit rein musikalischen Mitteln. Wir verlassen das lustige Gejammer, mit dem sich Papageno über das Schloss beschwert, das ihm den Mund verschließt, wir verlassen den reizvollen, aber naiven Gesang zwischen ihm und Pamina, die brillante Virtuosität der Königin der Nacht und das Geplapper der drei Damen. Wir treten – paradoxerweise auf ein »Zurück!« der Priester – in eine andere Klangwelt ein[292], die eine feierliche, aber nicht religiöse, eine erhabene, aber nicht pathetische, eine edle, aber nicht dünkelhafte Welt darstellt.

Was geschieht mit uns? Wir beginnen zu verstehen, dass sich, von dem Augenblicke an, da Tamino sich fragt, wann die ewige Nacht denn schwindet, die Perspektive ändert. Wir werden uns bewusst, dass es eine verborgene Seite der Dinge gibt, und dass wir nun auf dieser anderen Seite sind, sozusagen im Innern der maurerischen Spiritualität, die wir zur selben Zeit wie Tamino entdecken. Wir werden mit Tamino zu Eingeweihten.

Mit Pamina und ihm durchleben und bestehen wir die Feuer- und Wasserprobe und werden mit ihnen ins Heiligtum aufgenommen. Mit Sarastro und den Priestern wehren wir den letzten Ansturm der Königin der Nacht, der drei Damen und des Monostatos ab. Mit ihnen verteidigen wir die heiligen Hallen.

So ähnlich muss das Publikum 1791 die Oper erlebt haben. Im Volkstheater des Schikaneder forderte Mozarts sublime Musik die Zuschauer auf, die tagtäglich Zeugen der Angriffe gegen die Freimaurer waren, ihre Vorurteile aufzugeben und der Maurerei gegenüber Verständnis und Toleranz zu zeigen.

Aber auch die Maurer selbst werden ihrerseits zu mehr Toleranz aufgerufen.

Sarastro ist weit davon entfernt, ein Mythos der Vollkommenheit zu sein. Er ist ein Mensch, der herrscht, und nicht nur der Bruder, der Wissen und Macht mit seinen Brüdern teilt. Er hält Sklaven, auch wenn die Sklaverei zu jener Zeit gang und gäbe war. Es muss hier auch gesagt werden, dass im Namen der Gleichheit die Freimaurer zu den ersten gehörten, die auf ihre Abschaffung drängten. Ich möchte hier nur die Persönlichkeit von Victor Schoelcher hervorheben, muss aber darauf aufmerksam machen, dass Schoelcher über hundert Jahre nach Mozart starb. Der Weg war noch weit.

Die Oper hat auch einen Nachgeschmack von Rassismus und Frauenfeindlichkeit, aufgebaut auf Vorurteilen, die damals gang und gäbe waren, heutzutage aber unerträglich sind. Man sollte sie daher als Spiegelung ihrer Zeit ansehen.

Mozart hat in seiner Musik und durch sie Gegenstellung bezogen. Schrieb er nicht für Papageno Gesänge von kindlicher Reinheit und für Monostatos eine kleine Arie von unendlich zärtlicher Trauer, die den ganzen Schmerz dieses Menschen ausdrückt, nicht geliebt zu werden? Machte er sich nicht in seiner Musik lustig über die beiden Priester, die Tamino und Papageno vor »Weibertücken« warnen … und, paradoxerweise, bereit sind, eine Frau einzuweihen?

Schenkte er nicht Pamina seine ganze Zärtlichkeit?

Pamina ist zur Synthese der Constanze, Gräfin, Zerlina, Fiordiligi geworden, sie wird zum Inbegriff der Frau schlechthin, der Frau, die nicht nur würdig ist, Aufnahme im Tempel zu finden, sondern die den Mann durch alle Gefahren begleitet, ja leitet, und die am Beginn einer neuen Vision der Liebe und des Paares steht, wie sie von Saint-Exupéry in eindringlichen Worten festgehalten wurde: »Lieben heißt nicht, sich gegenseitig anschauen, sondern gemeinsam in dieselbe Richtung sehen.«

Pamina ist Mozarts Vision der Liebe.

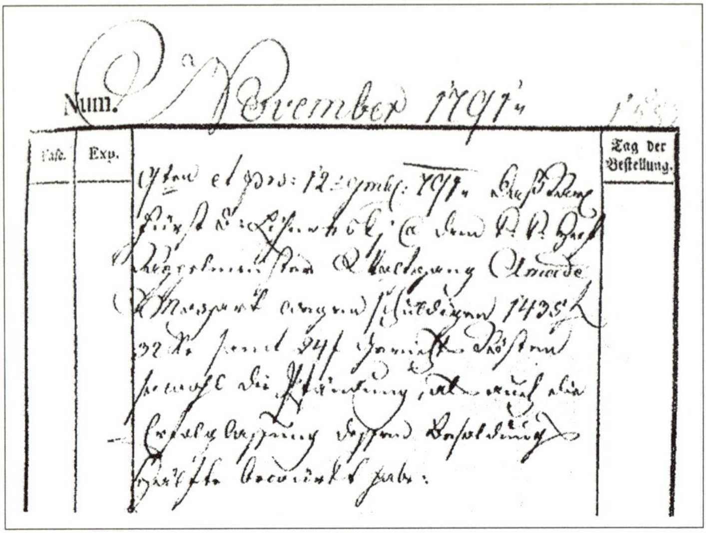
Num. November 1791.

Fase.	Exp.		Tag der Bestellung.

Urteil im Prozess Lichnowsky contra Mozart

V.
Ein ungelöstes Rätsel, Mythen und Legenden

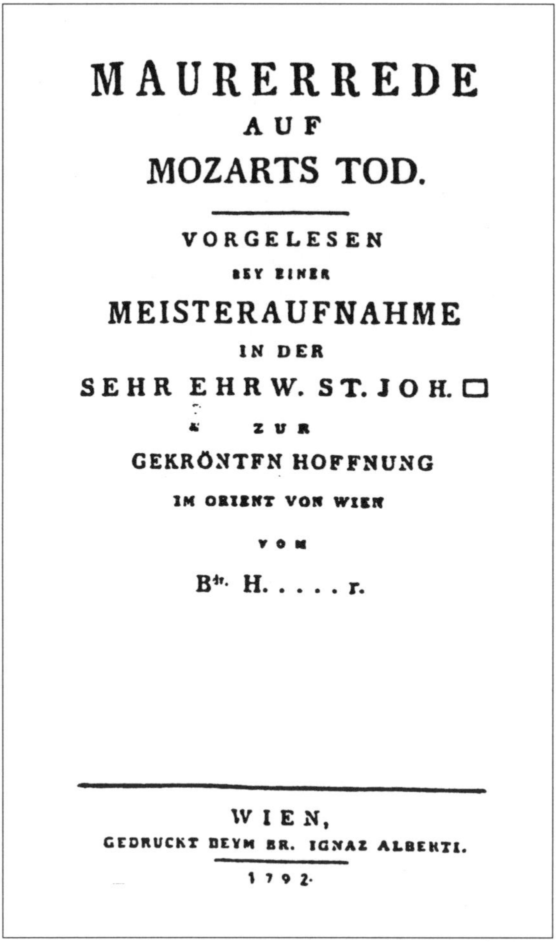

MAURERREDE
AUF
MOZARTS TOD.

VORGELESEN
BEY EINER
MEISTERAUFNAHME
IN DER
SEHR EHRW. ST. JOH. □
ZUR
GEKRÖNTEN HOFFNUNG
IM ORIENT VON WIEN
VOM
B$^{dr.}$ H. . . . . r.

WIEN,
GEDRUCKT BEYM BR. IGNAZ ALBERTI.
1792.

Titelblatt der »Maurerrede auf Mozarts Tod« von C. F. Hensler, 1792

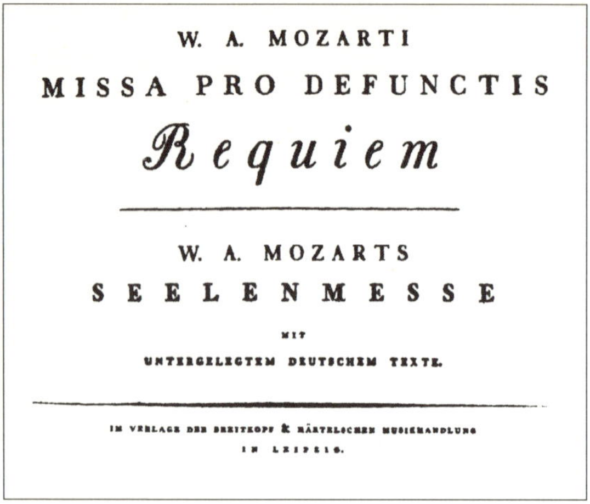
W. A. MOZARTI

MISSA PRO DEFUNCTIS

Requiem

W. A. MOZARTS

SEELENMESSE

MIT

UNTERGELEGTEM DEUTSCHEM TEXTE.

IM VERLAGE DER BREITKOPF & HÄRTELSCHEN MUSIKHANDLUNG

IN LEIPZIG.

Titelblatt der Erstausgabe des »Requiem«

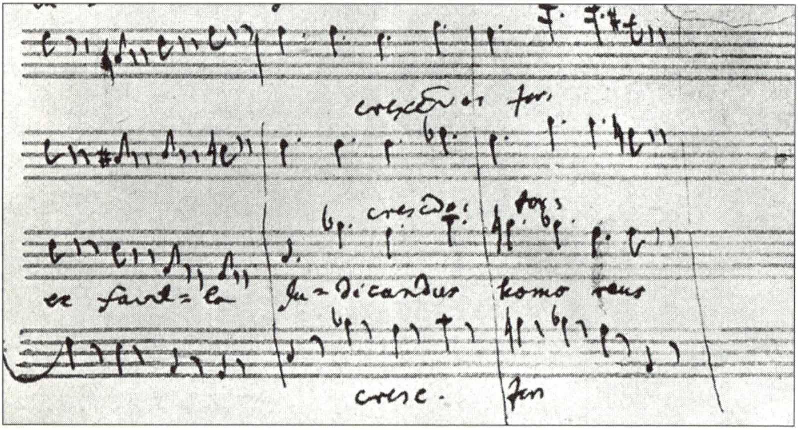

Mozarts letzte Noten: das »Lacrymosa« aus dem Requiem

Radierung Vignerons: »Armenbegräbnis« (Le Convoi du Pauvre)

Ein Maurer prozessiert gegen seinen Ordensbruder

Ein Dokument, das Hofrat Dr. Gottfried Mraz, Direktor des Hofkammerarchivs, 1991 gefunden hat, wurde zwar bereits im gleichen Jahr vom Musikwissenschaftler Walther Brauneis veröffentlicht[293], aber erst durch zwei Bücher von H. C. Robbins Landon hat es Verbreitung gefunden.[294] Es ist der Eintrag eines Urteils ins Protokollbuch der Hofkammer (Camerale 1791), das dieser am 12. November 1791 vom Niederösterreichischen Landesgericht zugestellt worden war. Er lautet:

4384 N: Ö: Landrecht erinnert unter »November 1791 [fol 1587r] 9ten et prs: 12 = 9mb: 791: Daß Karl / Fürst v: Lichnowskj Ca dem K : K : Hof = Kappelmeister Wolfgang Amadé / Mozart wegen schuldigungen 1435 f / 32 Xr samt 24 f Gerichts Kosten / sowohl die Pfändung, als auch die / Erfolglassung dessen Besoldungs / Hälfte bewürkt habe.«[295]

Dies besagt nichts weniger, als dass Carl von Lichnowsky gegen Mozart einen Prozess angestrengt hatte für geliehenes Geld, das bis dahin nicht zurückerstattet worden war, und dass dieser den Prozess verloren hatte. Das Urteil war hart: Die Hälfte von Mozarts Gehalt sollte eingezogen und seine Möbel verpfändet werden.[296]

Dass jemand ausgeliehenes Geld, das er nicht zurückbekommt, per Gerichtsurteil einklagt, ist an sich eine normale Sache, besonders bei der Summe, um die es ging. In diesem Falle aber ist es ein unfassbarer Vorgang.

Carl von Lichnowsky war nicht nur Mozarts Schüler und galt als sein Freund, sondern beide haben auch gemeinsam in der Loge »Zur Wohlthätigkeit« ihre Maurerpflichten erfüllt. Bei der Aufnahme Mozarts in den Orden war Lichnowsky Erster Aufseher.[297]

Ein Jahr später wechselte der Fürst dann zur »Wahren Eintracht«, der Loge Borns[298], und nach der Reorganisierung der Wiener Logen 1786 war er weiterhin Mitglied in dessen neuer Loge »Zur Wahrheit«.[299] Da diese ihre Tätigkeiten aber nur kurze Zeit später einstellte, muss man sich fragen, ob der Fürst nach 1787 noch ausübender Maurer war. Das aber entband ihn – wenigstens moralisch – nicht von den Pflichten, die er eingegangen war und die einzuhalten er bei seinem Eintritt unter Eid zugesichert hatte.

Enge Beziehungen bestehen zwischen beiden Ordensbrüdern. 1789 überredet der Fürst den Komponisten, ihn in seiner Kutsche nach Berlin zu begleiten. Dieser willigt ein, erhofft er sich doch neue finanzielle Perspektiven. Auch seine nahen Freunde unterstützen das Vorhaben, und der generöse Puchberg bietet Constanze und ihrem viereinhalbjährigen Sohn Carl sogar seine Wohnung bis zur Rückkehr Amadés an.

Am 8. April verlässt Mozart Wien als Begleiter des Fürsten. Über Znaim, Mährisch-Budweis, Iglau geht die Reise nach Prag, das man am 10. erreicht. Der Direktor des Nationaltheaters, Domenico Guardasoni, der schon die »Nozze« in Prag populär gemacht und »Don Giovanni« in Auftrag gegeben hat und mit der »Guardasonischen Gesellschaft Italiänischer Opervirtuosen« erfolgreich in den deutschen Ländern und denen der KK Monarchie aufführte, unterbreitet Mozart einen Kontrakt für eine neue Oper »auf künftigen Herbst«[300]: 200 Dukaten Honorar, 50 Dukaten Reisespesen. Da er aber eine Einladung nach Warschau erhielt, wo er am 14. Oktober 1789 »Don Giovanni« auf Italienisch mit dem berühmten Luigi Bassi in der Titelrolle aufführte, wurde der Vertrag hinfällig. Guardasoni sollte sich aber revanchieren. Als die böhmischen Stände in Prag ihm am 8. Juli 1791 den Auftrag gaben, die Ausrichtung einer Festoper zur Krönung Kaiser Leopolds II. zu gestalten, wandte er sich an Mozart, damit dieser den geplanten

»Titus« komponierte. Er reiste dazu nach Wien, wo er um den 15. Juli herum mit dem Komponisten zusammentraf. Die Uraufführung fand bereits, weniger als zwei Monate später, am 6. September in Prag statt: »Die Komposition ist von dem berühmten Mozart, und macht demselben Ehre, ob er gleich nicht viel Zeit dazu gehabt hat und ihn noch dazu eine Krankheit überfiel, in welcher er den letzten Theil derselben verfertigen musste.«[301]

10. April 1789: Fürst Lichnowsky will weiter und verlässt Prag mit Mozart. Wegen der schlechten Straßen erreichen die beiden Dresden erst zwei Tage später, am Ostersonntag. Dort trifft Mozart Josepha Duschek und ihren Gastgeber, den Kriegssekretär Johann-Leopold Neumann, dem es gelingt, den Komponisten an den Hof einladen zu lassen. Mozarts Konzert findet am 14. April um 17.30 Uhr statt, im Beisein des Kurfürsten Friedrich August III. von Sachsen und seiner Gattin Amalie Pfalzgräfin von Zweibrücken-Birkenfeld. Als Geschenk für sein Konzert erhält der Meister eine »recht schene« Tabakdose, wie er Constanze in einem Brief mitteilt[302], sowie 100 Dukaten, die er ihr verschweigt!

In Dresden trifft er aber vor allem auch die beiden ferventen Freimaurer, den Opernkapellmeister Naumann, sowie Christian Gottfried Koerner, den Freund Schillers, dem dieser seine »Ode an die Freude« gewidmet hat. Sie war von Schiller ausdrücklich dazu bestimmt worden, in den Logen vorgetragen zu werden. Koerners Schwägerin, Doris Stock, wird in diesen Tagen das letzte Porträt Mozarts zeichnen.

Die nächste kurze Zwischenetappe ist Leipzig, wo die beiden am 20. April eintreffen. Alles dreht sich hier für Mozart um Bach. Es scheint ein schöner Aufenthalt gewesen zu sein, während dem Mozart auch die Orgel in der Thomaskirche gespielt hat.[303]

Am 25. April sind die Reisenden in Berlin. Doch der König ist in Potsdam. Hier erhält Friedrich Wilhelm II. anderntags

Meldung: »Der Nahmens Mozart alhier (hat sich beym Einpaßieren für einen Capell-Meister aus Wien angegeben) meldet, dass ihn der Fürst Lichnowsky zur Gesellschaft mit sich genommen, dass er wünschte seine Talente zu Ew. Königlichen Majestät Füßen zu legen und dass er Befehl erwarte, ob er hoffen dürffe, dass Ew. Königliche Majestät ihn vorkommen lassen werden.«[304]

Am 2. Mai hat Lichnowsky seine Geschäfte in Berlin abgeschlossen. Zurück in Leipzig, trifft Mozart wieder all seine Freunde. Das Konzert, das sie zu seinen Ehren im alten Gewandhaus am 12. Mai veranstalten, aber bringt ihm nicht viel ein, und Mozart ist enttäuscht: »war von Seiten des beyfalls und der Ehre glänzend genug, desto mägerer aber die Einnahmen betreffend«.[305] Trotzdem: Bisher ist die Reise einigermaßen erfolgreich verlaufen, und nun soll es wieder nach Hause gehen.

Was dann aber geschieht, ist nicht nachzuvollziehen. Jedenfalls kommt es in Leipzig zur Trennung zwischen dem Fürsten und Mozart, der diesem auch noch 100 Gulden geben muss, weil jemand dessen Geldbörse gestohlen hatte.

Es muss einen heftigen Wortwechsel gegeben haben, denn Mozart war kein Duckmäuser, sondern »temperamentvoll bis zur Heftigkeit« und »auffahrend wie Schießpulver«[306]. Hat Mozart es satt gehabt, vom Fürsten am Gängelband geführt zu werden? Jedenfalls erscheint diese Trennung im Nachhinein wie eine Präfiguration der Auseinandersetzung Lichnowskys mit Beethoven, dem er im Oktober 1806 in Grätz in seinem Schloss Arrest androhte, weil der sich weigerte, vor den Offizieren Napoleons zu spielen. In der Nacht noch verließ Beethoven das Schloss und ging zu Fuß nach Troppau, wobei er sich eine Erkältung zuzog, die sich zweifellos negativ auf sein Gehörproblem auswirkte. Manche führen seine völlige Taubheit sogar darauf zurück.[307] Von Troppau aus soll er dem Fürsten die berühmt gewordenen Sätze geschrieben haben: »Was Sie sind, sind

Sie durch Zufall und Geburt. Was ich bin, bin ich durch mich. Fürsten gibt es Tausende, Beethoven nur einen.«

Statt mit Lichnowsky weiterzufahren oder zu versuchen, auf eigene Faust sofort nach Wien zu reisen, kehrt Mozart nach Potsdam und Berlin zurück. Warum er dies trotz der angespannten Lage seiner Finanzen und der Zusatzkosten der Rückreise tut, ist nicht geklärt. Er hat jedenfalls eine oder mehrere erfolgreiche Aufführungen seiner »Entführung aus dem Serail« gesehen. Hat er gehofft, einen Auftrag für eine neue Oper zu erhalten, dadurch, dass er anwesend war?

Am 26. spielt er dann endlich bei Hof. Der König ehrt sein Kommen und gibt ihm dem Auftrag für sechs Streichquartette für sich selbst – er war ein sehr guter Cellist – und für sechs leichte Klaviersonaten für seine älteste Tochter Friederike. Mozart schreibt aber nur drei Quartette, die so genannten »Preußischen«, das Quartett KV 575 im Juni 1789, gleichzeitig mit der Klaviersonate KV 576, sodann die Quartette KV 589 und KV 590 im Mai 1790: Wohl auch, weil er wenig dafür bezahlt worden war, honoriert er das Abkommen nicht ganz. Am 28. oder 29. Mai beginnt er die Heimreise ohne weitere konkrete Aufträge oder Ehrungen; er hat dies sogar kommen sehen, wie sein letzter Brief an Constanze von dieser Reise deutlich macht, den er am 23. Mai in Berlin schreibt. Zuerst rechnet er seiner Frau vor, dass er ihr elf Briefe geschickt habe, aber nur sechs Antworten erhielt, und fährt fort:

»gott lob, wir haben diese fatalitäten nun bald überstanden; – an *deinem halse hangend* werde ich es dir dann erst recht erzählen wie es mir damals war! – doch – du kennst meine liebe zu dir! – wo glaubst du dass ich dieses schreibe? – im gasthofe auf meinem zimmer? – Nein; – im thiergarten in einem Wirtshause | in einem garten hause mit schöner aussicht | allwo ich heute ganz alleine Speisste, um mich nur ganz alleine mit dir beschäftigen zu können; – die königin[308] will mich dienstag hören; *da ist aber nicht viel zu machen*. ich liess mich nur melden, weil es hier gebräuchlich ist, und Sie es übel nemmen würde. – mein liebstes Weibchen, du must dich bey meiner Rückkunft schon mehr auf mich freuen, als auf das *gelde*. – 100 friedrichs'=Dor sind nicht 900 fl sondern 700 fl; – wenigstens hat man mir es hier so gesagt. – 2:^{ts} hat Lichnowsky mich weil er eilen musste früh verlassen, und ich folglich | in dem theuren orte Potsdam | selbst zehren müssen; – 3^{tens} habe ich .... 100 fl: lehnen müssen, weil sein beutel abnahm – ich konnte es .... nicht gut abschlagen, du weist warum. – 4^{t} ist die academie in leipzig, so wie ich es immer sagte, schlecht ausgefallen, habe also mit Rückwege 32 meilen fast umsonst gemacht; daran ist Lichnowsky ganz alleine schuld, denn er liess mir keine Ruhe, ich musste wieder nach Leipzig. – doch – davon das mehrere mündlich; – hier ist 1:^{t} mit einer academie nicht viel zu machen, und 2:^{tens} – sieht es der könig nicht gerne. – du must schon mit mir mit diesem zufrieden seyn, dass ich so glücklich bin beym könige in gnaden zu stehen; – was ich dir da geschrieben, bleibt unter uns.«

Es folgt die Erwartung, am 4. Juni bei seinem »liebsten weiberl« zu sein, das dafür sein »liebes schönstes nest recht sauber« herrichten solle, »denn mein bübderl verdient es in der That, es hat sich recht gut aufgeführt und wünscht sich nichts als dein schönstes zu besitzen.«

Es folgt eine für Mozart charakteristische Beschreibung des erwartungsvollen »bübderls«, und der Brief schließt: »Nun adieu – ich küsse dich Millionenmal und bin Ewig

dein getreuester gatte

W. A. Mozart«[309]

Für das Anekdotische: Dies ist der erste Brief, in dem Constanzes zweiter Mann, Georg Nicolaus von Nissen, Streichungen vorgenommen hat. Er hat sowohl die 100 fl, die Mozart Lichnowsky gegeben hat, als auch die ganzen Anspielungen an die Vorfreuden von Mozarts »Bübderl« wegradiert: »Die gestrichenen Zeilen wurden von dem Musikwissenschaftler Ludwig Schiedermair auf photographischem Weg entziffert«[310], und man kann sehr wohl die erstaunte Feststellung von Hildesheimer verstehen: »Warum er der Nachwelt verheimlichen wollte, dass Mozart die 100 fl ›ihm‹, nämlich dem Fürsten Lichnowsky leihen musste, ist nicht einzusehen.«[311]

Dass Mozart gegenüber dem Fürsten eine Schuld hatte, geht schon aus diesem Brief hervor, wenn er schreibt: »ich konnte es … nicht gut abschlagen, du weist warum.«

Rätselhaft aber bleibt, wann der Fürst Mozart Geld geliehen hat. Der Fall scheint aber so zu liegen wie bei Hofdemel: Mozart wird Lichnowsky wohl einen ähnlich lautenden Schuldschein unterschrieben haben, mit Beziehung auf ein »k: k: N: Oe: Merkantil und Wechselgericht«, denn das niederösterreichische Landrecht war das für Adelige zuständige Zivilgericht erster Instanz.[312]

Weil es keine Hinweise irgendwelcher Art über den Zeitpunkt, wo und wann dies geschah, noch über die Voraussetzungen und Bedingungen dazu gibt, so kann aus dem kuriosen Gesamtbetrag der Urteilsverkündung: 1435 Gulden und 32 Kreuzer (»eine Summe von einer etwas seltsamen Genauigkeit in diesem Urteil zu Gunsten des Prinzen«[313]) nur geschlossen werden, dass darin die Zinsen bereits enthalten waren. Aber wie hoch die Leihsumme und wie lange die Dauer der Rückzahlung waren, kann nicht ermittelt werden, nur dass die 100 Gulden, die Lichnowsky von Mozart abverlangte, »vielleicht eine wenig elegante Art war, sich aus Rache zurückzahlen zu lassen.«[314]

Noch kurioser ist aber, dass Mozart bereits am 1. Oktober 1790 eine »Schuld Verschreibung« über ein Darlehen von 1000 Gulden unterzeichnet hatte, mit der er sich gegenüber dem »privilegirten Handelsmann« Heinrich Lackenbacher zu einer Rückzahlung nach zwei Jahren verpflichtet, mit 5%

jährlichen Zinsen. »Zur Sicherheit sowohl des Capitals als auch der Interessen« verpfändete Mozart auch für dieses Darlehen sein »gesammtes Mobiliare«.[315] Hatte er demnach seine Ausstattung zweimal in Pfand gegeben? Oder hatte der Kaufmann den Wechsel an Lichnowsky weiter geriert, so wie Hofdemel den seinen am 2. Juli 1789 an Mathias Anzenberger? Darauf gibt es vorerst keine Antwort.

Unaufgeklärt ist ebenfalls das »Geschäft« in Mozarts letztem Lebensjahr, das ihm so wichtig war, dass er deswegen im Juni und Juli 1791 die hochschwangere Constanze nicht regelmäßig in Baden besuchen konnte, wohin sie am 4. Juni zur erneuten Kur mit Süßmayr und Sohn Carl Thomas abgereist war: Besuche stehen nur zum 8. und 15. Juni sowie zum 9. Juli fest.

Auf Grund des Urteilsspruches vom 12. November 1791 darf man sich zu Recht fragen, ob Mozart nicht während des Sommers verzweifelt versucht hat, die doch sehr brenzlige und immer dramatischer werdende Angelegenheit aus der Welt zu schaffen, ehe es zur Gerichtsaffäre kam. In mehreren Briefen schreibt er »Stanzi Marini« (sein häufigster Kosename für Constanze) über ein »Geschäft« mit einem »N. N.«, dessen Name nicht präzisiert wird, bei dem es sich aber nicht um Lichnowsky selbst handeln kann, sondern nach den Vermutungen Eibls um Joseph Odilo Goldhahn, dessen Unterschrift noch nach Mozarts Hinscheiden in der Sperrs-Relation als »erbettener Zeüg jedoch ohne ein jeden Schaden oder Nachtheil« auftaucht.[316]

In einem Brief Mozarts vom Juni 1791, aus dem Nachlass von Richard Strauss, ist Goldhahns Name von Nissen verschmiert worden. Darin schreibt Mozart: » – iezt ist es 9 uhr Abends und seit 3 Uhr bin ich bey ihm. – Nun glaube ich wird er wort halten. Er versprach mir dich zu besuchen, ich bitte dich ihm auch recht zuzusetzen!«[317] Dazu Eibl: »Wenn der von Nissen unkenntlich gemachte Name tatsächlich ›Goldhahn‹ lautet, dann ist Goldhahn (…) die (…) von Mozart verschlüsselt mit ›N. N.‹ bezeichnete Person.« Allerdings hält N. N. nicht Wort, wie aus den anderen Briefen hervorgeht.

Brief vom 12. Juni: »– ich war Vormittag bei N. N. und er versprach mir Parole d'honneur zwischen 12 und 1 Uhr zu kommen, um alles in Ordnung zu bringen. Ich konnte also deßwegen nicht bei Puchberg speisen, sondern musste warten, – ich wartete – es schlug halb 3 Uhr, – er kam nicht, ich schrieb also ein Billet und schickte das Mensch[318] zu seinem Vater[319], – ich gieng unterdessen zur ungarischen Krone, weil es überall zu spät war – sogar da mußte ich *alleine* essen, weil die Gäste alle schon fort waren – in den Ängsten, die ich Deinetwegen hatte und dem Unwillen des N. N. wegen, kannst Du Dir mein Mittagessen vorstellen, – hätte ich doch nur eine Seele gehabt zu einem kleinen Trost. – Für mich ist es gar nicht gut alleine zu seyn, wenn ich etwas im Kopf habe, – um halb 4 Uhr war ich schon wieder zu Hause – das Mensch war noch nicht zurück – ich wartete – wartete – um halb 7 Uhr kam sie mit einem Billet. – Warten ist gewiß allezeit unangenehm – aber noch viel unangenehmer wenn die Folge davon der Erwartung nicht entspricht – ich las lauter Entschuldigungen, daß er noch nichts bestimmtes hätte erfahren können, und lauter Betheuerungen, daß er mich gewiß nicht vergessen und ganz gewiß Wort halten würde (...) – um 5 Uhr früh war ich wieder auf – zog mich gleich an – gieng zu Montecuculi[320], – diesen traf ich – dann zu N. N. der war aber schon ausgeflogen – mir ist nur leid daß ich *unverrichteter Sache* wegen Dir nicht heute früh schreiben konnte – ich hätte Dir gerne geschrieben! – (...) wenn nur meine Sachen in Ordnung wären! – wer wird anstatt meiner den N. N. stupfen? – wird er nicht gestupft, so wird er kalt – ich war nun alle Morgen bey ihm sonst würde er nicht einmal *das* gethan haben.«[321]

Zweiter Brief vom 5. Juli: » – N. N. ist nun bey mir und sagt ich soll es mit Dir so machen – er hat einen gusto auf Dich und glaubt fest, Du musstest es spühren.«[322] Zur Klarstellung fügt Mozart eine Zeichnung hinzu: Zwei Arme, die nach einer menschlichen Figur greifen.

Brief vom 6. Juli: »(…) eben izt wird Blanchard[323] entweder *Steigen* – oder die Wiener zum 3:ᵗ male fopen! –

die Historie mit Blanchard ist mir heute gar nicht lieb – sie bringt mich um den schlusse meines Geschäftes – N. N. versprach mir bevor er hinausführe zu mir zu kommen – kamm aber nicht – vielleicht kömmt er wenn der Spass vorbey ist – ich warte bis 2 uhr – dann werfe ich ein bischen Essen hinein – und suche ihn aller Orten auf. – das ist ein nicht gar angenehmes leben. (…) Ich danke dir für deinen Rath mich nicht ganz auf N. N. zu verlassen. – aber in dergleichen fällen *muß* man nur mit *einem* zu thun haben – wendet man sich an 2 oder 3 – und das Geschäft geht überall – so erscheint man bey den andern, wo man es dann nicht annehmen kann, als ein Narr, oder unverlässlicher Mann.«[324]

Brief vom 7. Juli: »Du wirst mir schon verzeihen, daß du ietzt immer nur *einen* Brief von mir bekömmst. Die Ursache ist: ich muß einen N. N. gefangen halten, darf ihn nicht echapiren lassen – alle Tage um 7 Uhr früh bin ich schon bei ihm. (…) Nun wünsche ich nichts als daß meine Sachen schon in Ordnungen wären, nur um wieder bey Dir zu seyn, Du kannst nicht glauben wie mir die ganze Zeit her die Zeit lang um Dich war! (…)«.[325]

Brief vom 9. Juli: » (…) Du hast mich durch dein gestriges Schreiben ganz niedergeschlagen, so daß ich fast wieder den Entschluß fasste, unverrichteter Sache hinaus zu fahren[326], und was hätten wir dann davon? – Daß ich gleich wieder herein müsste, oder daß ich anstatt vergnügt, in Aengsten leben müsste, in ein paar Tagen, muß die Geschichte ein Ende nehmen. Z hat es mir zu ernstlich und feyerlich versprochen, dann bin ich gleich bei dir (…).«[327].

Wer »Z« ist, kann nur vermutet werden. Eibl geht von der Annahme aus, dass es sich um den Bankier Raimund Wetzlar von Plankenstein handelt, einen Verehrer des Komponisten, in dessen Haus dieser ab Dezember 1782 wohnte und wo er zuerst Lorenzo da Ponte im Januar 1783 begegnete. Von Plankenstein war auch der Taufpate des 1. Sohnes von Mozart, Raimund Leopold, der 1783 zur Welt kam und nur zwei Monate lebte.[328]

Mitte Juli holt Mozart seinen Sohn Carl und Constanze aus Baden ab, die am 26. ihr sechstes Kind, Franz Xaver Wolfgang, zur Welt bringt. Was es aber mit dem Geschäft auf sich hatte, an das Mozart derart große Erwartungen gestellt hatte, dass er Puchberg 2000 Gulden zusichern konnte[329], ob er eine Lösung fand und welche, bleibt ungeklärt.

Wie sehr ihn die Geldsorgen zu dieser Zeit plagten, geht noch aus anderen Briefen hervor. So aus einem, in dem Mozart dankt für einen verbilligten Verkauf von Musikalien an den Händler Franz Deyerkauf: statt 540 Gulden, nur ein Drittel dieser Summe.[330] Am 4. Juli schickt er Constanze gerade mal 3 Gulden, am 5. deren 25.

In der ganzen trüben »Affäre Lichnowsky« aber ist am allerwenigsten zu verstehen und noch viel weniger zu erklären, wieso ein Maurer gegen einen Ordensbruder einen Prozess vor einem weltlichen Gericht angestrengt hat.

Seit jeher gehört es zu den Pflichten eines Freimaurers, Streitereien jeder Art mit einem Bruder nur innerhalb des Ordens auszutragen und auf diese Weise zu vermeiden, dass sie »nach außen« dringen. Daher heißt es auch zum Abschluss der »Alten Pflichten«, die der Maurer bei seinem Eintritt in die Bruderschaft eidesstattlich verspricht einzuhalten: »Und wenn euch irgendein Bruder Unrecht tut, so sollt ihr euch an eure eigene oder an seine Loge wenden. Erst dann könnt ihr an die Vierteljahresversammlung der Großloge appellieren und endlich gegen deren Entscheidung die Jahresversammlung der Großloge anrufen, wie es der alte löbliche Brauch unserer Vorfahren in jeder Nation war. Führt nur dann einen Prozess, wenn der Fall nicht anders entschieden werden kann. Geduldig sollt ihr dem ehrlichen und freundschaftlichen Rat des Meisters und eurer Genossen folgen, wenn sie es versuchen, euch von einem Rechtsstreit mit Profanen abzuhalten oder euch darum bitten, schwebende Verfahren möglichst schnell abzuschließen, damit ihr euch mit umso größerem Eifer und Erfolg der Aufgabe der Maurerei widmen könnt. Liegen aber doch Brüder und Genossen vor Gericht im Streit, so sollen Meister und Brüder in aller Freundschaft ihre Vermittlung anbieten, die von den streitenden Brüdern dankbar angenommen werden sollte. Wenn das untunlich bleibt, dann sollen sie ihre Prozesse vor Gericht ohne Leidenschaft und Erbitterung – wie es so oft geschieht – führen und nichts sagen oder tun, das brüderlicher Liebe entgegensteht und es verhindert, dass gute Dienste erneut angeboten oder fortgesetzt werden: damit alle den segensreichen Einfluß der Maurerei erkennen können, ihn alle wahren Maurer erkannt haben von Beginn der Welt und erkennen werden bis ans Ende der Zeit.

Amen – so soll es sein!«[331]

Seitens des Fürsten liegt demnach eine der ärgsten Verfehlungen überhaupt gegen die Regeln des Maurerordens vor, doch es gibt nicht den geringsten Hinweis, dass hochgestellte Brüder in die Angelegenheit eingegriffen hätten und versucht hätten, eine außergerichtliche Lösung zu finden.

Dass Lichnowsky Mozart den Prozess machte, kann eigentlich nur dadurch erklärt werden, dass die Auseinandersetzung zwischen den beiden in Leipzig zu einem völligen Bruch geführt hatte und die beiden sich danach spinnefeind waren. Das Ehepaar Massin[332] erwähnt eine Begegnung zwischen beiden kurz vor Jahresende 1789. In einem Brief an Puchberg schreibt Mozart von »Hundschowsky«, den er »auf eine (wegen gewissen Ursachen) etwas unfreundschaftliche Art von uns weg gebracht«[333] hat.

Schenk[334] bestreitet aber, dass es sich bei diesem »Hundschowsky« um den Fürsten Lichnowsky gehandelt hat. Vielmehr führt er den KK Leibchirurgen und Gynäkologen Johann Nepomuk Hunczowsky an, ein Mitglied der »Wahren Eintracht«. Diese Hypothese macht in der Tat weit mehr Sinn, denn Mozart schreibt in Zusammenhang mit der Auseinandersetzung: »… wenn nicht Neujahr wäre, wo ich die Apotheken und Doktores (welche ich nicht mehr brauche), ganz zahlen muss, wenn ich nicht meinem Kredit schaden will; –«[335] Mozarts Verärgerung gegenüber dem Arzt und Ordensbruder soll daher kommen, dass dieser am 16. November 1789 zur Geburt seiner Tochter Anna gerufen worden war und nicht verhindern konnte, dass das Kind noch am selben Tage starb.

Fragen muss man sich aber auch, warum weder die einflussreichen Schwiegereltern des Fürsten, Franz de Paula Joseph Graf Thun-Hohenstein, Mitglied der Loge »Zur Wahren Eintracht« und 1784-85 sogar deputierter Meister, und vor allem seine Gattin, die Gräfin Maria Wilhelmine, in deren gastfreundlichem Haus Mozart ein- und ausging und von der es hieß, sie habe immer versucht, »Vorurteile unter ihren Bekannten aus dem Wege zu räumen und Freundschaften zu stiften und zu befördern«[336], noch Lichnowskys Frau Christine den Fürsten von diesem Prozess gegen Mozart, der immer ihr Wohlwollen und ihren Schutz genossen hatte, abgehalten haben oder abhalten konnten.

Rätselhaft bleibt schließlich, warum es kein Dokument gibt, das irgendeinen Hinweis auf das geschuldete Geld enthält. Es ist sogar nicht einmal davon die Rede im Inventar, das nach Mozarts Tod am 5. Dezember aufgestellt wurde.

Betrachtet man das feste Einkommen Mozarts, so wäre ihm von seinem jährlichen Verdienst erschreckend wenig geblieben. Dieser betrug 800 Gulden, minus 40 Gulden an Steuern. Vom übrig gebliebenen Geld wäre die Hälfte eingezogen worden. Rest: 380 Gulden. Davon aber gingen 330 Gulden als Hauszins ab. Mozart hätte damit nur noch 50

Gulden pro Jahr zum Leben gehabt, weniger als viereinhalb Gulden im Monat!

Zwar hatte ihm die Bestellung von »Clemenza di Tito« ein Honorar von 200 Dukaten und ein Reisegeld von 50 Dukaten eingebracht, das heißt, zusammen immerhin 1125 Gulden, die schienen aber bei seinem Tode schon aufgebraucht. Er konnte auch noch eine beträchtliche Summe für das »Requiem« erwarten, aber so wie das Prozessurteil ausgefallen war, stand Mozart vor der dramatischsten finanziellen Krise seiner Existenz, die schon so viele gekannt hatte, und, schlimmer noch, vor der Verpfändung seiner Habe, die dazu noch ein zweites Mal in Pfand gegeben worden war.

Dass man über all dies nichts erfährt, ist umso rätselhafter, als man sich doch vorstellen kann, welche Wirkung die Verurteilung, – die endgültig gewesen zu sein scheint, wie die Gerichtskosten bestätigten –, auf Mozarts bereits angeschlagenen Gesundheitszustand hatte. Gerade deshalb verwundert jede fehlende schriftliche Reaktion. Hatte etwa jemand die Schuld bezahlt und dadurch die drohende Pfändung abgewendet? Es gab immerhin zu diesem Zeitpunkt bereits bedeutende Einnahmen aus der Produktion der »Zauberflöte«: Im Laufe des alleinigen Monats Oktober war sie 24mal gespielt worden und die Einnahmen beliefen sich auf 8443 Gulden![337] War das Urteil annulliert worden oder hatte Mozarts Tod eine Ausführung des Urteils verhindert? Und warum hat Constanze, die aus dem Hinscheiden ihres Gatten jede Art von Kapital zu schlagen wusste, später nicht wenigstens Moralisches daraus gezogen, indem sie Lichnowsky der Mitverantwortung am tragischen Ende ihres Mannes beschuldigte?

Denn Lichnowsky wusste sehr wohl, wie es um Mozart stand, und dennoch hat er – entgegen allen freimaurerischen Verpflichtungen, denen man sich auch dann nicht entzieht, wenn man die Loge verlässt –, diesen Prozess gegen seinen Ordensbruder angestrengt. Er durfte zudem auch gewusst haben, dass diese Gerichtsaffäre für Mozart nicht nur eine materielle Katastrophe bedeutete: Durch den damit verbundenen Skandal riskierte er auch noch, seine Stellung als »Kammermusikus« zu verlieren an einem Hofe, der mit solchen Skandalen sein Süppchen kochte. Diese Gefahr war umso größer, als Leopold II. und seine Gattin bekanntlich keine Anhänger seiner Musik waren. Man denke nur an das »porcheria tedesca«, das die Kaiserin Maria-Louisa als Werturteil zu »La Clemenza di Tito« abgegeben haben soll.[338]

Lichnowsky und seine Verwandtschaft konnten natürlich nicht wissen, dass Mozart so kurze Zeit nach dem Prozess sterben würde. Aber ihre Reaktionen gegenüber dem jungen Beethoven, nur ein Jahr nach dem unerwarteten Tod Mozarts, die Art, wie die Fürstin Christine diesen verhätschelte und der Fürst ihn unter seine Fittiche nahm, ihm 1800 sogar eine Jahresrente von 600 Gulden einrichtete – das heißt, fast die Hälfte des Geldes, das Mozart ihm schuldete –, führt Landon dazu, sich zu fragen[339], ob Lichnowsky und die Seinen sich nicht doch mitverantwortlich an Mozarts Ende fühlten und daher versuchten, an Beethoven wieder gutzumachen, was sie jenem angetan hatten. Zusätzlich soll auch noch die Frage gestellt werden, ob es ihr schlechtes Gewissen war, das Lichnowskys Schwiegermutter dazu veranlasste, sich zusammen mit van Swieten, Haydn und Puchberg an der Erziehung von Mozarts zwei überlebenden Kindern zu beteiligen?[340]

Ob es je eine Antwort auf diese Fragen geben wird? Wohl nur, wenn die Archive der Lichnowskys, die sich in Südamerika befinden[341], zugänglich werden.

So bleibt uns das ungelöste Rätsel um einen Prozess, der dem, der ihn anstrengte und denen, die ihn nicht verhindert haben, nicht zur Ehre gereicht.

Das »Requiem«

Die Geschichte seines letzten Werkes, der erwähnten Seelenmesse, ist ebenso geheimnisvoll als merkwürdig. Kurz vor der Krönungszeit des Kaisers Leopold, bevor noch Mozart den Auftrag erhielt nach Prag zu reisen, wurde ihm ein Brief ohne Unterschrift von einem unbekannten Bothen übergeben, der nebst mehreren schmeichelhaften Äußerungen die Anfrage enthielt, ob Mozart eine Seelenmesse zu schreiben übernehmen wollte? um welchen Preis und binnen welcher Zeit er sie liefern könnte?

(...) Er schrieb also dem Unbekannten Besteller zurück, er würde das *Requiem* für eine gewisse Belohnung verfertigen; die Zeit der Vollendung könne er nicht genau bestimmen; er wünsche jedoch den Ort zu wissen, wohin er das Werk, wenn es fertig seyn würde, zu übergeben habe. In kurzer Zeit erschien derselbe Bothe wieder, brachte nicht nur die bedungene Belohnung mit, sondern noch das Versprechen, da er in diesem Preise so billig gewesen sey, bey der Absendung des Werkes eine beträchtliche Zugabe zu erhalten. Er solle übrigens nach der Stimmung und Laune seines Geistes schreiben, sich aber gar keine Mühe geben, den Besteller zu erfahren, indem er gewiß vergeblich seyn würde (...).

Eben als Mozart mit seiner Frau in den Reisewagen stieg, stand der Bothe wie ein Geist da, zupfte die Frau an dem Rocke, und fragte: ›Wie wird es nun mit dem *Requiem* aussehen?‹«[342]

So entstand eine Legende, die berühmteste von denen, die das posthume Schicksal des Komponisten bestimmt haben.

Sie sollte einen bedeutenden Einfluss haben, die bis zum Film von Milos Forman: »Amadeus« reichte, in dem der unbekannte Bote zum Symbol des rächenden Vaters wurde. Von hier aus auch entwickelte sich der Mythos des »Requiems« als des letzten Werkes von Mozart, das ihn verfolgte, seitdem der Auftrag dazu an ihn ergangen war, das heißt in etwa ab Mitte Juli 1791.

Es geht hier nicht darum, eine der herausragendsten Partituren Mozarts in Frage zu stellen, geschweige denn durch eine Hinterfragung ihres Ursprungs herabzuwürdigen. Sie gehört zu den ergreifendsten Dokumenten seines Schaffens, auch wenn sie von anderen fertig gestellt wurde.

Es geht vielmehr darum, sich zu fragen, warum eine Legende um ein Werk gerankt wurde, das einer solchen nicht bedurft hätte, um aufs Engste mit den letzten Lebenstagen des Komponisten verbunden zu bleiben und eines der gültigsten Zeugnisse des schöpferischen Genies Mozarts darzustellen.

Wir sind allerdings mit einer Legende konfrontiert, einer Legende, der man alle Charakteristiken der Wahrhaftigkeit verliehen hat. Sogar das Honorar, das Mozart zuteil wurde, wird genauestens angegeben: 400 Dukaten, statt der 200 geforderten.[343]

Schlichtegroll und Niemetschek bemühen sich zu berichten, mit welchem Eifer Mozart sich an die Arbeit machte: »Bey seiner Zurückkunft nach Wien nahm er sogleich seine Seelenmesse vor, und arbeitete mit viel Anstrengung und einem lebhaften Interesse daran: aber seine Unpäßlichkeit nahm sichtbar zu, und stimmte ihn zur düstern Schwermuth. Seine Gattin nahm es mit Betrübniß wahr. Als sie eines Tages mit ihm in den Prater fuhr, um ihm Zerstreuung und Aufmunterung zu verschaffen, und sie da beyde einsamm saßen, fing Mozart an vom Tode zu sprechen, und behauptete, dass er das *Requiem* für sich setze: so besagt ein erstes Zeugnis.[344]

»Einmal probten er selbst, Süssmayer und Frau Mozart zusammen einen Teil des ›Requiem‹, aber gewisse Abschnitte erschütterten ihn so sehr, dass er die Tränen nicht zurückhalten konnte und er unfähig war, weiterzufahren«: so heißt es in einem anderen Zeugnis.[345]

»Kurz nach Beendigung desselben, ließ er es durch seine Freunde in seinem Hause aufführen. Innigst gerührt und heftig erschüttert entließ er diese, legte sich in einem fieberhaften Zustande zu Bete und des andern Morgens um 10 Uhr war er nicht mehr«: so lautet ein weiteres Zeugnis.[346]

»Selbst am Vorabend seines Todes ließ er sich die Partitur des *Requiem* noch zum Bette hinbringen und sang (es war zwey Uhr Nachmittags) selbst noch die Altstimme; Schack, der Hausfreund sang, wie er es denn immer pflegte, die Sopranpartie, Hofer, Mozart's Schwager[347], den Tenor, Gerl, später Bassist beym Mannheimertheater, den Bass. Sie waren bey den ersten Takten des Lacrimosa, als Mozart heftig zu weinen anfing, die Partitur bey Seite legte, und elf Stunden später um ein Uhr Nachts, verschied (5ten Dec.1791, wie bekannt)«: so besagt ein viertes Zeugnis.[348]

»(…) sein Leztes war noch wie Er mit dem Munde die Paucken in seinem Requem aus Trücken wolte, dass höre ich noch iez …«: so versichert ein fünftes Zeugnis.[349]

Diese Aussagen haben das Verdienst zu verdeutlichen, dass nach Mozarts Hinscheiden systematisch versucht wurde, eine Legende um seine Totenmesse zu bilden.

Ihr zufolge ist dieses Werk Mozarts Abschied von der Erde gewesen. Gebeugt über eine musikalische Schöpfung, die sich mit dem dichterischen Ausdruck dessen beschäftigte, was das Tiefste der christlichen, insbesondere der katholischen Überzeugung zu Tod und Jenseits ausmacht, hätte Mozart sein kurzes Erdenleben ausgehaucht.

In welchem Zustande befand sich das Requiem, als Mozart starb?

Der folgende Überblick zeigt, was Mozart davon komponiert hatte und wer die einzelnen Teile fertig stellte.

Vokalteil		Orchestralteil
1. Introitus		
Requiem aeternam	abgeschlossen (Mozart)	abgeschlossen (Mozart)
2. Kyrie		
Kyrie eleison	abgeschlossen (Mozart)	skizziert (Mozart) abgeschlossen (Freystädtler) und Süßmayr / Trp. Pauken)
3. Sequenz		
a) Dies Irae	abgeschlossen (Mozart)	skizziert (Mozart) abgeschlossen (Eybler)
b) Tuba mirum	abgeschlossen (Mozart)	skizziert (Mozart) abgeschlossen (Eybler)
c) Rex tremendae	abgeschlossen (Mozart) andere Skizze (Mozart 5 Takte)	skizziert (Mozart) abgeschlossen (Eybler)
d) Recordare	abgeschlossen (Mozart)	skizziert (Mozart) abgeschlossen (Eybler)
e) Confutatis	abgeschlossen (Mozart)	skizziert (Mozart) abgeschlossen (Eybler)
f) Lacrymosa	skizziert (Mozart 8 Takte) abgeschlossen (Süßmayr)	skizziert (Mozart) abgeschlossen (Süßmayr)

g) Amen	skizziert (Mozart 16 Fugen-Takte)	skizziert (Mozart) nicht verwendet
4. Offertorium		
a) Domine Jesu	abgeschlossen (Mozart)	skizziert (Mozart) abgeschlossen (Süßmayr)
b) Hostias	abgeschlossen (Mozart)	skizziert (Mozart) abgeschlossen (Süßmayr)
c) Quam olim Abrahae	abgeschlossen (Mozart)	skizziert (Mozart) abgeschlossen (Süßmayr)
5. Sanctus	komponiert Süßmayr	komponiert Süßmayr
6. Benedictus	Melodie: Mozart![350]	komponiert Süßmayr
7. Agnus Dei	komponiert Süßmayr	komponiert Süßmayr
8. Communio		
a. Lux Aeterna	komponiert Süßmayr auf Introitus (Mozart)	komponiert Süßmayr
b. Cum sanctis tuis	komponiert Süßmayr auf Kyrie (Mozart)	komponiert Süßmayr

Um dem Besteller des Werkes eine vollständige Partitur abliefern zu können, wandte sich Constanze Mozart nach dem Tode ihres Gatten an Schüler und Freunde des Komponisten, die die nötige Kompetenz haben konnten, das »Requiem« zu vollenden.

Sie beauftragte damit zuerst Joseph Eybler, den Mozart sehr schätzte und dem er 1790 schriftlich bescheinigt hatte, er sehe in ihm einen »würdigen Schüler seines Meisters Albrechtsberger«, einen »gründlichen Komponisten sowohl im Kammer- als auch im Kirchenstyl gleich geschickten, in der Sing-Kunst ganz erfahrenen auch vollkommenen Orgel und Clavierspieller.«[351]

Eybler erhielt das Manuskript am 21. Dezember 1791, weil Constanze, wie sie schreibt, »eben (ich weiß nicht warum) böse auf Süßmayer war …«[352] Er machte sich an die Arbeit, gab die Partitur aber unvollendet zurück.

Constanze übergab sie danach Süßmayr, der den einfallsreichen und Mozarts Duktus entsprechenden Beitrag von Eybler völlig ignorierte und seine eigene Fassung erstellte, sofern die Partiturteile nicht von Wolfgang selbst abgeschlossen worden waren. Süßmayr konnte sich im Übrigen auf zusätzliche Skizzenblätter (»Zettelchen«) von Mozart stützen, die es tatsächlich gegeben hat, wie Constanze Abbé Maximilian von Stadler versichert hatte.[353] Für die »Kyrie«-Fuge erhielt er Unterstützung durch Franz Jakob Freystädtler, den Mozart liebevoll »Gaulimauli«[354] nannte und dem er den vierstimmigen Kanon: »Lieber Freistädtler« KV 509a zugeeignet hatte.

Süßmayr, dessen Handschrift der von Mozart erstaunlich ähnelte, fälschte sogar Amadés Unterschrift auf dem Autograph der Partitur, die er auf 1792 vordatierte. Bis 1971, dem Zeitpunkt, da man dieser Fälschung auf die Schliche kam, nahm man an, dass Mozart selbst dachte, sein Werk erst 1792 abzuschließen.[355]

Es ist hier nicht der Ort, die Qualität der verschiedenen Beiträge zur Fertigstellung des Werkes zu beurteilen, sondern die Frage zu ergründen, warum so viele Menschen, insbesondere aber Constanze Mozart, sich so intensiv darum bemüht haben, dass das »Requiem« abgeschlossen wurde.

Dafür gab es zuerst einmal finanzielle Gründe.

Mozart hinterließ nach den Aussagen Constanzes bei seinem Tode Schulden für etwa 3000 Gulden, einmal ganz abgesehen vom Urteilsspruch des Niederösterreichischen Landesgerichts. Nur mit einem vollendeten »Requiem« konnte sie hoffen, die vom Auftraggeber in Aussicht gestellte Summe zu erhalten, andernfalls musste sie befürchten, ihm sogar das schon erhaltene Geld zurückgeben zu müssen. Gleichzeitig ließ sie jedoch Kopien der Partitur durch Süßmayr herstellen und verkaufte solche an den Preußenkönig Friedrich Wilhelm II., an den Verlag Breitkopf & Härtel und an Interessenten in Prag, Dresden, Leipzig. »Wieviel Kopien letztlich hergestellt wurden, bleibt das Geheimnis von Constanze und Süßmayr, der für die Produktion zuständig war. Es scheint jedenfalls so, als wären Abschriften am Fließband hergestellt worden, ob nun in der Rauhensteingasse 970, der Wohnung Constanzes, oder der Singergasse 954, Süßmayrs Domizil.«[356]

So dienten die letzten Musiknoten Mozarts in einer brillanten Mystifizierung dazu, die finanzielle Lage seiner Witwe und der beiden Söhne (sieben, resp. ein halbes Jahr alt) zu sanieren.

Es gab aber auch politische, strategische und ideologische Gründe dafür.

Die Freimaurerei war in Österreich auf einem Tiefpunkt angekommen und gesellschaftlich verpönt. Leopold II. zögerte, seine Zustimmung zu einer neuen Strukturierung der Logen zu geben und den Titel eines »Großmeisters« anzunehmen, der ihm von Freimaurern angetragen wurde. Die Feinde des Ordens führten ihrerseits das vermeintliche »jakobinische Komplott« an, um ein Verbot durchzusetzen.

Knapp drei Monate nach Mozart, am 1. März 1792, starb der Kaiser. Gerüchte in Wien besagten, er sei von den Freimaurern vergiftet worden. Franz II., der ihm auf den Thron folgte, nutzte diese Gerüchte, insbesondere aber die Ereignisse in Frankreich und seine Misserfolge im Krieg mit den welschen Revolutionären aus, um sofort ein unerbittlicher Gegner der Königlichen Kunst zu werden.

In einem solchen Klima konnte die Tatsache, dass die »Kleine Maurerische Kantate« KV 623, die letzte vollendete Komposition Mozarts gewesen sei, seinem neu aufblühenden Prestige und der Ehre seiner Umgebung nur schädlich sein. Dass dann aber das »Kettenlied«, das die Kantate abschließt, auf einen neuen Text, die Nationalhymne Österreichs nach dem Zweiten Weltkrieg wurde[357], darf als eine Revanche der Geschichte angesehen werden.

1791 aber musste ein anderes Werk Mozarts letzten Lebenstage beschäftigt haben und seinen »Schwanengesang« darstellen.

Mozarts Zugehörigkeit zur Maurerei war bekannt, und im letzten Jahr seines Lebens gab er sich großteils mit Kompositionen ab, die maurerischen Charakter hatten oder seine Solidarität mit notorischen Ordensbrüdern wie Anton von Stadler bekundeten, während seine »Zauberflöte« für jeden eine offenkundige Hymne auf die Ideale der Freimaurerei darstellte.

Nun aber starb Mozart zu einem Zeitpunkt, als die »Maurerei zu einem Thema wurde, das tabu war«.[358] Es war daher dringend erfordert im Interesse seines Prestiges, seiner Erben und seiner katholischen Umgebung, dass sein christliches Image wiederhergestellt wurde. Was gab es dafür Kostbareres als dieses »Requiem«, das bewies, dass er im Stande der Gnade hingeschieden war? »Die Polizei, die Zensur und der Klerus in Wien konnten vorbehaltlos dem erbaulichen Ende eines großen Genies zustimmen.«[359]

So betreibt man Hagiographie.

Wie verhält es sich in Wahrheit mit dieser Totenmesse und ihrem Auftragsgeber?

Die Mystifizierung war seit langem bekannt. Sie war es schon Ende des XVIII. Jahrhunderts. So schrieb der Verleger André seinem Schwiegersohn, er halte »die über die Entstehung des Requiem ausgesprengte Anecdote für eine von Mozarts Wittwe ersonnenes Märchen…«[360] Und Abbé Maximilian Stadler erklärt: »Daß Graf Walsegg das Requiem bey Moz. Bestellt habe, wußte ich gleich nach Mozart's Tode. Auch des Bestellers Absicht und alles, was man für ein Geheimnis ausgiebt, ist mir von jeher bekannt.«[361]

Das macht klar, dass der Auftraggeber des »Requiems« ebenfalls seit Ende des 18. Jahrhunderts bekannt war. Umso unerklärlicher ist daher, wieso die Legende vom anonymen Hintermann sich bis auf den heutigen Tag halten konnte. Es handelte sich um den Grafen Franz Walsegg zu Stuppach, einen Eigenbrötler, der fast nie sein Schloss am Semmering östlich von Gloggitz in Niederösterreich verließ. Doch sogar Papst Pius VI. war im März 1782 bei ihm zu Gast, als er unterwegs nach Wien war, um mit Joseph II. Kirchenfragen zu diskutieren.

Der Graf, der sein Geld aus einem Gipswerk zog, war Musikliebhaber, Cellist, Flötist und konnte es sich leisten, ein Quartett und ein kleines Orchester zu halten und zu leiten. Er kaufte Werke auf, kopierte sie und gab sie als die seinen aus. Er veranstaltete sogar Wettbewerbe, während denen er noch unbekannte Partituren aufführte, und seine Zuhörer mussten erraten, wer sie verfasst hatte. Walsegg als ihren Schöpfer anzugeben, war eine Schmeichelei, der alle Beteiligten selbstverständlich nachkamen.[362]

Nun aber war seine Gattin, Anna von Flammberg, überraschend am 14. Februar 1791, im Alter von nur 21 Jahren, gestorben. Für die erste Jahrmesse wollte Walsegg in der Kapelle seines Schlosses ein »Requiem« aufführen, das er als eigene Komposition ausgeben würde, und das Werk sollte Mozart schreiben.

Warum wandte sich Walsegg an Mozart? Er musste gewusst haben, dass Mozart chronisch Geld benötigte. Durch wen konnte er dies erfahren haben? Die Antwort ist einfach und einleuchtend, und doch hat sie bisher kaum Beachtung gefunden: Durch Michael Puchberg, der Mozart immer wieder kleinere und größere Summen geliehen hat. Dieser wohnte nämlich in Walseggs Wiener Haus, und als Mozart 1789 seine Reise nach Prag und Norddeutschland in Begleitung von Fürst Lichnowsky unternahm, lebten Constanze und Sohn Carl bekanntlich auf Einladung Puchbergs in dieser Wohnung. Dorthin waren auch Mozarts Briefe von der Reise adressiert, wie aus zwei Dokumenten hervorgeht: »à Madame Constance de Mozart / née de Weber / auf dem hohen Markt / im Walseckischen Hause / bei Hrn v Puchberg«,[363] und »À / Madame / Madame Constance de Mozart / née de Weber / à / Vienne. / auf dem hohen Markt / im walseckischen hause / bey H: von Puchberg«.[364]

Man weiß zudem, dass Walsegg-Stuppach ebenfalls Freimaurer war.[365]

Man darf sich daher zu Recht fragen, ob der Auftrag zum »Requiem« nicht doch mehr war als ein Täuschungsversuch des Grafen und ob er nicht auch eine brüderliche Geste gegenüber dem von Geldnöten geplagten Mozart darstellte. Diese Frage ist umso sinnvoller, als Mozart auch den berühmten Überbringer der Bestellung des Werkes gekannt hat: Es handelte sich um Franz Anton Leitgeb, Verwalter bei Walsegg und Mitglied seines Orchesters.

Franz Grillparzer, der ihn ebenfalls kannte, weil Leitgebs Frau, Anna Maria Margarethe Rizzi, 1790 eine Schwägerin seiner eigenen Tante geworden war[366], hat ihn so beschrieben: »Ein langer, hagerer, grau gekleideter Mann mit ernstem Gesichtsausdruck, eine auffallende Erscheinung, ganz geeignet, einen befremdlichen Eindruck zu machen«[367]:

Kein Wunder, dass so die Bezeichnung »der graue Bote« entstehen konnte!

Es besteht zudem ein Vertrag über die Modalitäten dieser Transaktion beim Wiener Advokaten Dr. Johann Nepomuk Sortschan[368], dem Geschäftsträger des Grafen von Walsegg zu Stuppach[369]: »da gab es nichts von einer anonymen Bestellung. Eine hübsche Summe als Abfindung und eine ungewöhnliche Klausel: Der Komponist musste das Manuskript von eigener Hand abliefern, ohne davon eine Kopie gemacht zu haben.«[370]

Wenn dem so war, und man muss davon ausgehen, dass dem so war, warum nahm Mozart den Auftrag überhaupt an? Zweifellos wegen der argen Geldnöte, in denen er sich gerade zu diesem Zeitpunkt wieder befand: Man denke nur an die »Geschichte N.N.« und die »Affäre Lichnowsky«, die zeitgleich mit der Bestellung abliefen!

Ich glaube zudem, dass Mozart es seinerseits auch als brüderliche Geste tat. Es war nicht zum ersten Male, dass er Werke weiterverschenkte, so u.a. an Gottfried von Jacquin. Dies wäre ein zusätzlicher Grund dafür, dass er die Totenmesse, die schon weit fortgeschritten war, nicht in sein »Verzeichnüß« eintrug: Er wusste, dass Walsegg sie als von ihm selbst komponiert ausgeben würde, was dieser denn auch nach Erhalt der von Süßmayr fertig gestellten Partitur getan hat. Das Werk wurde in der Tat als »Requiem composto del Conte« am 14. Dezember 1793 in der Zisterzienser Stiftpfarrkirche zu Wiener Neustadt[371] und am 14. Februar 1794, »am Sterbetag der Fr. Gräfin (…) in der Patronatskirche des Hrn. Grafen zu Maria-Schutz am Semmering aufgeführt«[372], obschon es bereits als Mozarts letztes Werk erklungen war.

Trotz all seiner Arbeit nahm Mozart den Auftrag zu diesem Werk umso spontaner an, als er davon überzeugt war, es zum vereinbarten Termin, also vor Ende Januar 1792, abschließen zu können. Wir wissen, mit welcher Schnelligkeit er komponieren konnte. Seine Werke des Jahres 1791 sind dafür der beste Beweis:

Klavierkonzert Nr. 27 KV 595, »Sehnsucht nach dem Frühling« KV 596, »Im Frühlingsanfang« KV 597, »Das Kinderspiel« KV 598, Sechs Menuette KV 599, Sechs Deutsche Tänze KV 600, Vier Menuette KV 601, Vier deutsche Tänze KV 602, Zwei Kontretänze KV 603, Zwei Menuette KV 604, Drei deutsche Tänze KV 605, Sechs Ländlerische Tänze KV 606, »Il Trionfo delle Donne«, Kontretanz KV 607, Orgelstück für eine Uhr KV 608, Fünf Kontretänze KV 609, »Les Filles Malicieuses«, Kontretanz KV 610, »Die Leyerer«, deutscher Tanz KV 611, Arie für Bass »Per questa bella mano« KV 612, Acht Variationen für Klavier über eine Arie von Schack: »Ein Weib ist das herrlichste Ding« KV 613, Streichquintett Nr.7 KV 614, Chor »Viviamo felici« KV 615, Andante für eine Walze in eine kleine Orgel KV 616, Adagio und Rondo für Glasharmonika, Flöte, Oboe, Viola und Violoncello KV 617, Kantate »Dir Seele des Weltalls« KV 429, Motette »Ave Verum« KV 618, Kantate »Die ihr des unermeßlichen Weltalls« KV 619, Zwei Opern: »Die Zauberflöte« KV 620 und »La Clemenza di Tito« KV 621, Arie für Bass »Io ti lascio« KV 621a, Klarinettenkonzert KV 622, Kantate »Lob der Freundschaft« KV 623, dazu Zwei Quintettsätze KV 613a und b, Fragment für eine Walze in eine kleine Orgel KV 615a, Fantasie für Harmonika, Flöte, Oboe, Violine, Violoncello KV 616a, Adagio für Harmonika KV 356, Ouvertürenfragment KV 620a, Kontrapunktische Studie für Streichquartett KV 620b, Konzertsatz G-Dur für Bassetthorn KV 621b.

Sieht man diese außerordentliche Produktion, so stellt sich die Frage, warum das »Requiem« unvollendet geblieben ist, umso eindringlicher. Mozart sei also nicht imstande gewesen, es fertig zu stellen?

Die Antwort muss lauten: Mozart hätte es gewiss vollenden können[373], umso mehr als er, trotz gesundheitlicher

Probleme, »in einem für ihn ziemlich normalen Rhythmus das eigentliche ›Requiem‹ und das ›Kyrie‹ Ende Juli, Anfang August«[374] fertiggestellt hatte. Auch das »Offertorium« war in den großen Linien niedergeschrieben.

Das Manuskript offenbart keine Veränderung der Handschrift des Komponisten, die immer gleich leicht, gleich exakt bleibt und keine Striche aufweist, außer einem Takt im »Kyrie«, aber dies nur, weil Mozart einen musikalischen Gedanken weitergeführt hat, anstatt ihn, wie zu Anfang geplant, abzuschließen. Die fertigen Teile verraten übrigens unbestreitbar maurerischen Einfluss. Es ist kein Zufall, dass Mozart in der Instrumentierung des »Introitus« den Bassetthörnern und dem Fagott große Bedeutung zukommen lässt, und dass das »Requiem«-Thema in der Orchesterbegleitung des Chorals auftaucht, den die zwei Geharnischten vor der Feuer- und Wasserprobe von Tamino und Pamina[375] anstimmen.

Um seine Partitur abzuschließen, verblieb dem Komponisten die Zeit, die sich von der Erstaufführung der »Zauberflöte«, Ende September, bis zu seiner endgültigen Bettlägerigkeit am 20. November erstreckte: fünfzig Tage demnach, um den Rest der Sequenz zu schreiben, »Sanctus«, »Benedictus«, »Agnus Dei«, sowie »Communio mit Lux aeterna«, die seinem Plan gemäß, die Einleitung wiederholen sollten[376], demnach de facto geschrieben waren, sowie die Instrumentierung festzulegen, deren Gesamtkonzept aber bereits bestand, wie »Introitus« und »Kyrie« klar machen.

Seit dem Sommer hatte Mozart noch Teile der Sequenz und des Offertoriums skizziert. Er hatte sich die musikalischen Mittel gegeben, den Gedanken des Jüngsten Gerichtes, des »Tags des Zornes«, zu deuten und ihnen die hoffnungsvolle Beruhigung des »voca me cum benedictis« entgegenzusetzen; er hatte noch die Möglichkeit gefunden, das »Domine Jesu« und »die relativ archaische Grundhaltung der Fuge und des folgenden Motetts«[377] festzulegen, aber in der Sequenz hatte er nach den ersten acht Takten des »Lacrymosa« einen abrupten Sprung zum Offertorium hin gemacht und war nicht wieder zum »Dies Irae« zurückgekehrt: Die geistige Welt des Katholizismus und ihre Todes- und Jenseitsvisionen waren nicht mehr die seinen!

Daher sei erlaubt zu behaupten, dass Mozart das »Requiem« ganz einfach nicht vollenden *wollte.*

In der Tat: Statt sich auf diese Partitur zu konzentrieren, schrieb er das Klarinettenkonzert KV 622 für seinen Maurerbruder Anton Stadler, und als sein Gesundheitszustand sich etwas besserte, war er »fähig eine kleine Kantate, die von *einer Gesellschaft für ein Fest* bestellt wurde, zu verfertigen.«[378] Es war dies die Kantate »Das Lob der Freundschaft« KV 623, die Mozart am 15. November 1791 abschloss und die zum letzten Werk wurde, das er in sein »Verzeichnüß« eintrug. Sie war für die mutige Eröffnung eines neuen Tempels seiner Loge »Zur gekrönten Hoffnung« bestimmt, von dem man nicht weiß, wo er eingerichtet worden war.

Statt sich zu bemühen, musikalisch dem ewigen Licht (»Lux aeterna«), auf das die gläubigen Katholiken im Jenseits hoffen, Ausdruck zu verleihen, hinterließ uns Mozart in seiner Freimaurerkantate den ergreifenden musikalischen Ausdruck seiner Überzeugung, dass das maurerische Licht eines Tages auf dieser Erde leuchten würde in der endlich gefundenen Brüderlichkeit aller Menschen.

Krankheit und Tod

Drei Tage, nachdem Wolfgang selbst die Kantate »Das Lob der Freundschaft« bei der neuen Tempeleinweihung geleitet hatte, wurde er bettlägerig.

Am 19. war er noch einige Stunden mit seinem Diener Josef Deiner, genannt »Primus«, in der Schenke gewesen, die unter dem Namen »Zur silbernen Schlange« in die Geschichte eingegangen ist, in Wahrheit aber »Zur goldenen Schlange« hieß. Deiner erzählt in einem Bericht, der 1856 erschien, also nicht von seiner Hand stammen kann (er war am 29. Mai 1825 verstorben[379]), dass er anderntags, am Morgen des 20. um sieben Uhr zu Mozarts Wohnung auf Nummer 970 in der Rauhensteingasse, dem so genannten »kleinen Kaiserhaus«, gekommen sei. Die Magd habe ihm geöffnet und ihm mitgeteilt, dass man während der Nacht den Arzt habe rufen müssen. Mozart lag in einem Bett mit weißen Linnen in einer Ecke des Zimmers. Als er Deiner sprechen hörte, öffnete er die Augen und sagte mit kaum vernehmlicher Stimme: »Josef, heute ist nichts, wir haben heute mit Ärzten und Apotheken zu tun.«[380]

Mozarts Hausarzt, Dr. Thomas Franz Closset, hatte sofort den alarmierenden Zustand seines Patienten erkannt und begann, ihn mit den Kenntnissen seiner Zeit zu pflegen. Weil der sich aber ständig verschlimmerte, holte er Rat ein bei Dr. Mathias Edler von Sallaba, der, wie er selbst, zu den »Repräsentanten der damals fortschrittlichsten medizinischen Schule in Europa«[381] zählte.

Der Kampf gegen den Tod aber war verloren. Mozart starb, nach der Diagnose von Sallaba, an »hitzigem Frieselfieber«. Diese Ursache wurde auch im Totenprotokoll festgehalten.

Man muss davon ausgehen, dass Mozart während seiner Todeskrankheit sehr gelitten hat, aber fast bis zu seinem Ende bei vollem Bewusstsein war. Das geht auch aus dem Zeugnis seiner Schwägerin Sophie hervor. Sie berichtet von einem »Nacht Leibel, welche Er Vorwärts anzihen könte weil er sich vermög gschwulst nicht trehen könnte«, sowie von einem »Watirten Schlaf Rock (…) dass wen Er auf stehete er gut Versorgt sein mögte. und so Besuchten wir jhn fleisig er zeigte auch eine Herzliche freude an dem Schlafrok zu haben. ich ging alle Täge in die Stadt ihn zu besuchen.«[382]

Es ist aber undenkbar, dass Mozart während dieser Zeit noch an der Totenmesse hat arbeiten können, weil seine Krankheit »mit Geschwulst am Händen und Füßen und einer beynahe gänzlichen Unbeweglichkeit derselben«[383] begonnen hatte.

Mozart konnte also nur noch über das Werk mit seinen Anverwandten und Freunden gesprochen haben, auch wenn, wie dies oft der Fall ist, kurz vor seinem Tod eine leichte Besserung seines Zustands eintrat. Sie war aber nur von kurzer Dauer, denn am 4., als Sophie Wolfgang besuchen wollte, kam ihr Constanze entgegen und sagte: »Got Lob Liebe Sophie dass du da bist, heute Nacht ist er so schlecht geweßen, dass ich schon dachte er erlebt diesen Tag nicht mehr, bleibe doch nur heute bey mir den wen er heute wieder so wird so Stirbt er auch diese Nacht, gehe doch einwenig zu jhm, waß er macht.« Sophie Weber fährt fort: »ich suchte mich zu faßen, u ging an sein bette, wo Er mir gleich zu rüffte, ach gut Liebe Sophie dass Sie da sind, Sie müßen heute Nacht da bleiben, Sie müßen mich Sterben sehen, ich suchte mich stark zu machen, u jhm es aus zu reden allein er erwiederte mir auf alles, ich habe ia schon den Todten scheschmack (=Geschmack) auf der Zunge, und wer wird den meiner Liebsten Constance beystehen wen Sie nicht hier blieben (…).«[384]

Was wohl der Wahrheit entsprechen kann: »da war der Sissmaier bey M: am Bette dan Lag auf der Deke das Bekannte Requem und M: Explicirte jhm wie seine Meinung seie dass er es Nach seinem Todte Vollenden sollte.«[385]

Wenn man auch diesem Bericht von Sophie Weber Glauben schenkt, der zweifellos die erste und sicherste Quelle über die Krankheit und den Tod ihres Schwagers darstellt, muss man doch die Anekdote in Zweifel ziehen, nach der Mozart am Vorabend seines Todes noch die Alt-Partie des Werkes gesungen hat, eine Anekdote, die in kaum einer Mozart-Biographie fehlt. Wenn überhaupt, hat eine solche Probe nur zu einem sehr frühen Zeitpunkt der Krankheit stattfinden können.

Natürlich stellt die Aussage Sophies, dass Mozart im Todeskampf mit seinen Lippen die Pauken des »Dies Irae« ausgedrückt habe, eine Verklärung seiner Agonie dar. Mozart rang um Atem: Die so gedeutete Impression von Mozarts Schwägerin »resultiert aus charakteristischen krampfhaften Atembewegungen im urämischen Koma«.[386]

Fest steht, dass Mozart ohne Sterbesakramente verschied[387] und keiner jener »Geistligen Unmenschen« – nach Sophies Worten[388] – erschien, als er noch lebte. Diese war von ihrer Schwester gebeten worden, »um Gottes willen zu den geistlichen bey St. Peter zu gehen, und Geistlichen zu bitten, Er möge komen so wie Von Ungefehr«.[389]

Warum, »wie von ungefähr«? – Damit Mozart nicht nein sagen konnte.

Und warum der Widerstand der Geistlichen, denn Sophie schreibt: »Selbe weigerten sich lange und ich hätte Viele Mihe«[390]? – »Wegen nichts anderem (…) als Mozarts Zugehörigkeit zur Freimaurerei.«[391] Dieser Meinung möchte ich mich anschließen.

Am Abend des 4. Dezembers rief man Dr. Closset noch ans Krankenbett. Man fand ihn im Theater, »allein Er muste dass Ende der Pieße abwarten dan kam Er und Verordnete jhm noch Kalte Umschlage über seinen glühenden Kopfe welche jhn auch so erschitterten, dass Er nicht mehr zu sich Kam bis er nicht Verschieden (…).«[392]

In einem Bericht von Sophie an die Novello[393] erzählt diese, dass Wolfgang gestorben sei, nachdem sie selbst auf Anraten Dr. Clossets Mozart eine feuchte Serviette auf die Stirn des Kranken gelegt hatte. Diesen überfiel sofort ein leichtes Zittern. Wenig später soll er in ihren Armen gestorben sein. Zu jenem Zeitpunkt seien die einzigen Anwesenden Constanze, der Arzt und Sophie selbst gewesen.

Auf Angaben von Constanze hin hat Nissen festgehalten, dass Mozart »sich plötzlich erbrochen hat. Es schoss in hohem Bogen aus ihm. Es war kastanienbraun, und er war tot.«[394]

Nur zwei Stunden vor seinem Hinscheiden war er in eine tiefe Bewusstlosigkeit gefallen, die von einem schnellen Koma abgelöst wurde und ihn von seinen Schmerzen befreite.

So darf man davon ausgehen, dass die medizinischen Hinweise von Dr. Davies, einem der Ärzte, die die besten Auslegungen zu Mozarts Tod geliefert haben, auf authentische Art sein Ende zusammenfassen:

»Ungefähr zwei Stunden, bevor er starb, fiel er in Krämpfe und Koma. Dann, eine Stunde später, versuchte er sich aufzusetzen, öffnete weit die Augen und fiel zurück, den Kopf zur Wand gedreht, die Wangen waren aufgeblasen. Diese Symptome sprechen für eine Paralyse durch eine Koppelung von Seh- und Gesichtsnervenlähmung, was auf eine massive Gehirnblutung schließen lässt …«[395]

In einem undatierten Memorandum schreibt später Carl Thomas, Wolfgangs Sohn, dass die Umstände seines Todes seiner Meinung nach besonders bemerkenswert gewesen seien, vor allem die Tatsache, dass einige Tage zuvor eine allgemeine Schwellung auftrat, die so bedeutend war, dass sie dem Kranken jede Bewegung untersagte, sowie ein Gestank, der eine innere Verwesung ankündigte und sofort nach seinem Tode so stark wurde, dass er eine Autopsie unmöglich machte.[396]

Mozarts Krankheit und Tod erregte die öffentliche Aufmerksamkeit. Die Menschen blieben vor den Fenstern seiner Wohnung stehen und schwenkten das Taschentuch,[397] aber nur die »Wiener Zeitung« schrieb am 7. Dezember über seinen Tod: »In der Nacht vom 4. zum 5. d. M. verstarb allhier der KK Hofkammerkompositor Wolfgang Mozart. Von seiner Kindheit an durch das seltenste musikalische Talent schon in ganz Europa bekannt, hatte er durch die glückliche Entwickelung seiner ausgezeichneten Naturgaben und durch die beharrlichste Verwendung die Stufe der größten Meister erstiegen; davon zeugen seine allgemein beliebten und bewunderten Werke, und diese geben das Maß des unersetzlichen Verlustes, den die edle Tonkunst durch seinen Tod erleidet.«[398]

Dieser Tod im Alter von weniger als 36 Jahren entsprach zwar der durchschnittlichen Lebenserwartung jener Zeit, führte dennoch sehr rasch dazu, dass in einer Stadt wie Wien, die berüchtigt ist für ihren »Schmäh«, die Kunst des Gerüchts, der üblen Nachrede, der Intrige und der Kabale, viel darüber spekuliert und sehr schnell auf einen unnatürlichen Tod geschlossen wurde.

So hieß es denn auch bald, Mozart sei vergiftet worden. Das Gerüchte wurde von Constanze selbst gefördert, der wichtigsten Informationsquelle für die ersten Biographen wie Niemetschek, dessen »Leben des KK Kapellmeisters Wolfgang Gottlieb Mozart« 1797 erschien. Mozart wird darin zitiert, wie er mit Constanze vom Tode und von seinem »Requiem« spricht, überzeugt, dass er es »für sich setze.«[399] »Thränen standen dem empfindsamen Manne in den Augen:

›Ich fühle mich zu sehr, sagte er weiter, mit mir dauert es nicht mehr lange: gewiß, man hat mir Gift gegeben! Ich kann mich von diesem Gedanken nicht los winden.‹« Fast gleichlautende Aussagen finden wir bei Nissen.[400]

Hier aber sind bereits schwere Bedenken anzumelden. Wie kann ein Schöpfer, der weiß, dass er langsam vergiftet wird, noch eine Musik schreiben, die so voll intensiver Schönheit, innerer Gelöstheit und Heiterkeit ist, wie wir sie im »Ave Verum«, in der »Zauberflöte«, dem Klarinettenkonzert und der »Kleinen Freimaurerkantate« finden? Schlichtweg undenkbar!

Bei Vincent und Mary Novello geht dann die Rede von der Art des Giftes »acqua tofana«[401], ein zu jener Zeit sehr populäres italienisches Gift, ein nicht »allzu auffälliges Gebräu aus weißgrauem Arsen, silberweißem Antimon und Bleioxid«[402], mit dem man anscheinend den Zeitpunkt des Todes genau vorherbestimmen konnte, – so wie Mozart den Verdacht geäußert haben soll. Auch sprechen die Novello die Mutmaßung aus, dass Antonio Salieri, als sein größter Rivale, schuldig an seinem Tod sei: »Seine Feindschaft begann mit Mozarts Komposition von ›Cosi fan tutte‹. Er hatte die Oper selbst begonnen, aber aufgegeben, da er sie für unwürdig hielt, in Musik gesetzt zu werden. Der Sohn (i.e. Mozarts Sohn Carl Thomas) stellt es in Abrede, dass er (i.e. Salieri) Mozart vergiftet habe, obschon der Vater es glaubte und Salieri es in seinen letzten Tagen gestand.«[403]

War Salieri also Mozarts Mörder?

Mozart glaubte gewiss nicht ohne Grund, dass Salieri in ihm seinen ärgsten Konkurrenten sah und seit seiner Ankunft in Wien gegen ihn intrigierte. Er äußerte diese Vermutung in Briefen an den Vater (31. 8. 1782, 7. 5. 1783 und 2. 7. 1783) und an Puchberg (12. 1789: »Donnerstag aber lade ich Sie (aber Sie allein) um 10 Uhr Vormittags zu mir ein, zu einer kleinen Opern-Probe; – nur Sie und Haydn lade ich dazu. – Mündlich werde ich Ihnen Cabalen von Salieri erzählen, die aber alle schon Wasser geworden sind – adjeu.«[404] In dem letzten Brief, der uns von Mozart erhalten ist (14. 10. 1791), schreibt er allerdings seiner Frau begeistert, wie warmherzig Salieri und seine Geliebte, die Sängerin Cavalieri, die »Zauberflöte« aufgenommen hatten.

Erwähnt sei zudem, dass Salieri[405] implizit Mozart seine Anerkennung zollte, als er zur Krönung Leopolds II. in Prag geistliche Musik von ihm im Veitsdom dirigierte.

Am 8. September, anlässlich der Inthronisierung der Erzherzogin Maria Anna als Äbtissin des Adeligen Damenstiftes von Prag, hatte Salieri ebenfalls von Mozart die Missa Brevis in C-Dur KV 258, die so genannte »Spaur-Messe«, zur Aufführung gebracht.[406]

Zu Ende seines Lebens habe sich Salieri im Wahnzustand des Mordes an Mozart bezichtigt, hieß es. Dieses Gerücht wurde als Behauptung in Wien verkauft. Ein Echo davon findet man sogar in den Konversationsheften Beethovens, aus der Feder von Anton Schindler, und auch Schubert, ein Schüler Salieris, schien darüber betroffen gewesen zu sein.[407] Ignaz Moscheles, ein anderer von Salieris Schülern, wies allerdings das Gerede als »absurdes Gerücht«[408] energisch zurück.

Es war aber stark genug, noch Puschkin zu seiner kleinen Tragödie »Mozart und Salieri« zu veranlassen, in der Salieri Mozart aus Eifersucht vergiftet. Dieses Werk bildete die Grundlage zur gleichnamigen Oper in zwei Akten von Rimskij-Korsakow, aber auch zu »Amadeus« von Peter Shaffer, dem Theaterstück, das am Ursprung des Films von Milos Forman steht, diesem Welterfolg, der uns einen so irritierenden Mozart beschied und einen Salieri, der eifersüchtiger und mörderischer denn je ist.

War Franz Hofdemel Mozarts Mörder?

Mozart hatte Hofdemel kennen gelernt, als dieser seine Aufnahme in die Freimaurerei beantragt hatte. Im April 1789, lieh Hofdemel Mozart 100 Gulden. Dieser Wechsel ist uns erhalten geblieben: »Wienn den 2:ten Aprill 789 / 100 fl: Wiener Courant per Caßa. / A dato 4 Monathe zahle ich Endesgesetzter die Summa von 100 fl:, Sage Ein / Hundert gulden an Hr: von Hofdemel oder dessen Ordre; valuta habe ich baar empfangen; leiste zur verfallzeit richtige Zahlung, und unterwerfe mich einem / k: k: N: Oe: Merkantil und Wechselgericht. / Sola an mich. / Wolfgang Amadè Mozart / kapellmeister in wirklichen k: k: Diensten.«[409]

Bekannt ist auch, dass Mozart Hofdemels Frau Magdalena Klavierunterricht gab.

Am 6. Dezember 1791, einen Tag nach Mozarts Tod, griff Hofdemel seine schwangere Gattin mit einem Rasiermesser an, verletzte sie schwer und beging anschließend Selbstmord. Die Affäre wurde erst später in der »Wiener Zeitung« bekannt gemacht, und das Blatt gab den 10. Dezember als Datum von Hofdemels Tod an. In Wahrheit war dies der Tag, an dem der Unglückliche an unbekanntem Orte begraben wurde.

Nach Wiener Gerüchten hätte Mozart Magdalena Hofdemel nicht nur Klavierunterricht gegeben, und ihr Kind, das am 10. Mai 1792 in Brünn zur Welt kam und die Vornamen Johann Nepomuk Alexander Franz erhielt, hätte Mozart zum Vater gehabt, dessen erster Vorname eben Johannes lautete.

Dies würde erklären, warum Mozart keine Auslandsaufträge mehr annahm und nichts gegen die Kuraufenthalte von Constanze in Baden einzuwenden hatte, auch wenn diese mit Süßmayr erfolgten, der anscheinend nicht nur rein freundschaftliche Beziehungen zum Hause und besonders zu Frau Mozart unterhielt. Der »lebende Beweis« dafür sei

Constanzes letzter Sohn, Franz Xaver Wolfgang, geboren am 26. Juli 1791. In der Tat trägt dieser den doppelten Vornamen von Süßmayr und einen der Vornamen Mozarts. Rechnet man den Zeitpunkt der Zeugung des Kindes zurück, so kommt man zur Schlussfolgerung, dass es Wolfgang nicht zum Vater hat, da dieser erst gegen den 10. November 1790 von seiner letzten großen Auslandsreise, die er zur Königskrönung Leopolds II. in Frankfurt am 23. September zusammen mit seinem Freund und Schwager Franz de Paula Hofer begonnen hatte, nach Wien zurückkehrte.[410] Einspruch: »›Technisch‹ gesehen konnte Mozart durchaus der Vater sein, er war rechtzeitig zurückgekehrt…«.[411] Unbeantwortet bleiben aber folgende Fragen: Wenn das Kind eine Frühgeburt war? Wenn Süßmayr seinem eigenen Geschlecht zugetan war, wie es jetzt heißt? Wenn er von Mozart als »Aufpasser«[412] eingesetzt worden war, um Constanze auf ihren Badekuren zu begleiten?

Ein zusätzlicher »Beweis« für eine Liaison zwischen Mozart und Magdalena wird durch die anfängliche Weigerung Beethovens geliefert, vor Frau Hofdemel zu spielen, da Beethoven sie verantwortlich für Mozarts Tod machte[413]: Magdalena Hofdemels Verhältnis zu Mozart hätte ihren Mann dazu geführt, diesen aus Eifersucht zu vergiften, und sein Tod hätte die furchtbare Kettenreaktion ausgelöst.[414]

So wie Puschkin in Salieri den Mörder Mozarts gesehen hat, so greift Rolf Hochhuth in seinem Theaterstück »Nachtmusik«, einem »Requiem für drei Personen in zwei Bildern«[415] diese Geschichte als Begründung für Mozarts Tod auf. Hochhuth zufolge leidet Hofdemel unter dem sexuellen Glück seiner Frau mit Mozart, deren Geliebte sie ist, was sie auch zugibt. Er leidet darunter umso mehr, als er sich dem Meister unterlegen fühlt, vor allem als Liebhaber. Mit dem langsam wirkenden Aqua Tofana hat er den Tod seines Rivalen herbeigeführt, was ihm seine Frau jetzt vorwirft. Außer sich vor Raserei, versucht Hofdemel deshalb, Magdalena umzubringen. Die Nachbarn greifen ein, und er begeht Selbstmord. Magdalena, die überlebt, bittet bei Kaiser Leopold II. um Gnade für ihren Gatten: Er soll trotz Selbstmordes ein christliches Begräbnis erhalten und nicht in einer Kuhhaut eingenäht auf den Schindanger geworfen werden. Zum Dank für dessen Einwilligung überreicht sie dem Monarchen eine Abschrift des »Requiems«.

Hochhuth gelingt es zwar geschickt, den Zusammenhang von Erotik und Kreativität herzustellen und zu verarbeiten, aber der Wahrheit kommen wir mit seinem Schauspiel nicht näher als mit Puschkins Salieri-Stück.[416]

War Süßmayr Mozarts Mörder und Constanze seine Komplizin?

Eine andere These besagt, Süßmayr, als Constanzes Geliebter, habe Mozart das Gift gegeben. Er, Salieri und Walsegg zu Stuppach hätten sich gegen Mozart verschworen. Nachdem Constanze ihr letztes Kind zur Welt gebracht hatte, sei sie in die Verschwörung eingeweiht worden und habe der Vergiftung zugestimmt. Süßmayr und Constanze hassten Mozart ebenso sehr wie Salieri, der ein glühender Verteidiger der italienischen Oper war und dessen Bestrebungen sich Mozart mit seiner deutschen Oper, der »Zauberflöte«, widersetzt hatte.[417]

Dies würde schließlich auch die nachträgliche Wut Constanze auf Süßmayr erklären, der, nachdem er Mozarts »Requiem« vollendet hatte, das Weite suchte und Schüler Salieris wurde: Er wollte mit der ganzen Sache nichts mehr zu tun haben.

Nur eine Bemerkung hierzu: Wenn Constanze Mitwisserin war, war sie denn tatsächlich so dumm, auch noch selbst von Mozarts Vergiftungsverdacht, dazu noch vor Zeugen – den Novellos – zu sprechen?

Waren die Freimaurer Mozarts Mörder?

Als er seinen Logenbruder vergiftete, habe Franz Hofdemel auf Anordnung der Freimaurer gehandelt, heißt es. Diese hätten den Komponisten gehasst, weil er ihre Geheimnisse verraten hatte: Mit den ersten Klängen der »Zauberflöte« werden nämlich die maurerischen Klopfzeichen verdeutlicht, und das Werk endet mit einer Hymne auf die großen symbolischen Grundsätze der Freimaurerei: »Es siegte die *Stärke* / Und krönet zum Lohn / Die *Schönheit* und *Weisheit* mit ewiger Kron'!«

Hierzu sei nur eine weitere Frage erlaubt: Warum wurde denn Schikaneder nicht auch ermordet, der ebenfalls Freimaurer war und verantwortlich zeichnet für das Libretto und die Produktion, das heißt, für die Gestaltung und Verwirklichung der Oper ebenso verantwortlich war wie Mozart selbst?

War Gottfried van Swieten der Mörder Mozarts?

Sein Vater, Gerard van Swieten, Leibarzt der Kaiserin Maria Theresia, war der erste gewesen, der in Wien Quecksilberbehandlungen gegen Geschlechtskrankheiten verordnet hatte. Gottfried van Swieten habe versucht, bei Mozart eine Syphilis zu kurieren, wurde sich aber bewusst, dass die verabreichten Dosen auf Dauer tödlich seien. Also gab er Mozart den »Gnadenstoß« und ließ den Körper verschwinden. Diese Version erhielt ihre Glaubwürdigkeit durch die medizinische Tatsache, dass eine Quecksilbervergiftung nicht von einem Nierenversagen zu unterscheiden war: die Symptome waren die gleichen.

Die These wurde noch 1963 von Dieter Kerner angeführt. Er stellte fest, dass Mozarts Schrift auf dem 18. Blatt der »Maurerkantate« KV 623 kleiner wird (»Micrographie«). Für ihn lässt dies zweifelsfrei auf Giftmord schließen.[418] Kerners

Argumente wurden 1989 von Wolfgang Ritter wieder aufgegriffen und weiterentwickelt.

Andernorts sprechen so genannte Forscher von einem Fememord, von einem »Gift- und Kulttod«, angestiftet durch die Geheimbünde, denen Mozart angehört hatte. Van Swieten hätte den Auftrag erhalten, den Mord auszuführen und die Leiche verschwinden zu lassen. Sie sei deswegen auch nicht auf dem St. Marxer Friedhof, sondern an unbekanntem Ort nach esoterischem Ritual begraben worden.[419] Das »Foucaultsche Pendel« schlägt aus!

Doch Ironie beiseite: Diese These geht zurück auf die scheußlichen Behauptungen von Mathilde von Ludendorff, der zweiten Frau des Hitler-Kumpanen Erich von Ludendorff, die 1936, ein Jahr nach der Verkündung der Rassengesetze in Deutschland, geschrieben hatte: »Mozart wurde wie Luther, Lessing, Schiller und gar manche andere Gemordete zum Retter des Volkes vor der Pest der Geheimorden, die sich ein Recht anmaßen, zu morden, wenn ihre verbrecherischen Gesetze, die den Tempel Salomons, das heißt die Judenherrschaft errichten sollen, ihnen das erlauben!«[420] Hier begegnen wir ihr wieder, der Verschwörung von Juden und Freimaurern. Ludendorff ist ein berüchtigter Name[421]: Zwar kehrte Erich Ludendorff 1928 der NSDAP den Rücken, behielt aber genügend Einfluss, um Alfred Rosenberg, den in Nürnberg gehenkten Autor des »Mythos des 20. Jahrhunderts«, dazu zu bewegen, das Fundament für die nationalsozialistische Verfolgung des Ordens zu legen: Nach der »Machtergreifung« wurden die Logen 1935 verboten und ihr Besitz konfisziert. Prominentestes Freimaurer-Opfer wurde der ermordete Publizist und Friedensnobelpreisträger Carl von Ossietzky.

Seit Jahren haben sich Mediziner und Wissenschaftler mit den Symptomen und Ursachen von Mozarts Tod nach nur fünfzehn Tagen Bettlägerigkeit auseinandergesetzt. Es gibt heute mehrere Thesen über sein rasches Hinscheiden, von denen die bedeutsamsten von den Ärzten Carl Bär, Aloys Greither, Peter J. Davies, Hans Bankl und neulich von Mary Weather und Faith T. Fitzgerald stammen. Sie fußen im Besonderen auf den Krankheiten, die Mozart seit seiner Kindheit zu schaffen gemacht hatten.

Die Ergebnisse führen einerseits in die Richtung rheumatische Entzündung. Schon als Kind litt Mozart an Gelenkrheumatismus, der Ursache für seinen schlechten Herzzustand. 1784 befielen ihn andrerseits heftige Nierenkoliken. Sie waren, laut Dr. Davies, durch »eine Streptokokkeninfektion« bedingt, die erschwert wurde durch die Entwicklung eines »Schönlein-Henoch-Syndroms«, einer Gefäßkrankheit, die sich über die kleinen Blutgefäße auf die Nieren, den Magen-Darm-Trakt, die Gelenke und die Haut auswirkte, wobei es zu Hautausschlag und einer Nierenerkrankung kommt.[422]

Aufgrund einer Epidemie, die im November 1791 in Wien ausgebrochen war, nimmt Dr. Davies an, dass Mozart sich eine weitere Streptokokkeninfektion zuzog, als er am 17. 11. der Logenfeier einer Tempeleinweihung beiwohnte.

So war die Diagnose von Dr. Closset die richtige, die damaligen Behandlungsweisen aber konnten den Zustand des Kranken nur verschlimmern. Diese bestanden aus »Brechweinstein, schweißtreibenden Mitteln, salzigen Getränken, Aderlass«.

In der Regel wurden bei einem Aderlass etwa zehn Unzen Blut entnommen, das sind 0,35 Liter. Die Ärzte verordneten bei Mozart mindestens sieben Aderlässe: Ein enormer Blutverlust von insgesamt etwas mehr als zwei Liter wurde einem kranken Organismus zugemutet, »insbesondere wenn man bedenkt, dass bei einem rheumatischen Fieber praktisch auch immer das Herz als Zentralorgan des Blutkreislaufes durch eine Begleitentzündung geschädigt wird«.[423] Die Aderlässe können dazu das Nierenversagen verschärft und so zum Tod beigetragen haben. Wegen der mangelnden Sterilisierung der Instrumente kam wahrscheinlich auch noch eine Blutvergiftung hinzu.[424]

Alle rezenten medizinischen Forschungen, ob sie sich nun eher auf eine rheumatische oder eine urämische Enderkrankung festlegen, widerlegen die Thesen einer Vergiftung Mozarts. Dennoch tauchen sie immer wieder auf, so als ob es nur ein derartiges Lebensende für diesen genialen Menschen geben könnte.

So sorgte 2001 ein Mediziner namens Jan V. Hirschmann vom »Puget Sound Veterans Affairs Medical Center« in Seattle (USA) für neues Aufsehen, als er behauptete, Mozart habe sich an einem verseuchten Schweinekotelett vergiftet. Alle beschriebenen Symptome seiner Erkrankung stimmten mit denen überein, die von seinerzeit weit verbreiteten Fadenwürmern hervorgerufen werden. Er, Dr. Hirschmann, sei durch einen Brief Mozarts darauf gestoßen. Dieser habe 44 Tage vor seinem Tod Constanze mitgeteilt, er genieße gerade Schweinekoteletts: »Was für eine Köstlichkeit. Ich esse auf Deine Gesundheit.«[425] Dabei liebte er, laut Dr. Hirschmann, besonders Koteletts, die nicht ganz durchgebraten waren.[426] Trichinen seien allerdings damals weit verbreitet gewesen, der Fadenwurm (Trichinella spiralis) aber erst einige Jahre nach dem Tode Mozarts entdeckt worden. Zu den Komplikationen, die mit der Trichinose verbunden waren, gehörten Lungen- und Herzversagen durch den Befall der Herz- und Atemmuskulatur. Solche Symptome seien beim Tod Mozarts beschrieben worden, und während heutzutage dank moderner Wurmkuren Todesfälle durch Trichinen selten sind, seien zu Mozarts Zeiten offenbar viele Menschen den Parasiten zum Opfer gefallen. So die Erläuterungen von Dr. Hirschmann. [427]

Wir finden in der Tat im Brief Amadés an Constanze vom 8. Oktober 1791, das heißt 58 Tage und nicht 44 Tage[428] vor seinem Tod, folgende Zeilen: »was sehe ich? – was rieche ich? – – Don Primus ist es mit den Carbonadeln! – che gusto! – izt esse ich deine Gesundheit – eben schlägt es 11 uhr;«.[429]

Eine der ersten, die Hirschmanns Theorie kritisierte, war die kalifornische Medizin-Professorin Faith T. Fitzgerald: »Es gab bereits 150 verschiedene Theorien und nun gibt es noch eine mehr«, meinte sie. Ihr zufolge starb Mozart an rheumatischem Fieber. Der Leipziger Arzt und Toxikologe Reinhard Ludewig, Gründer des Instituts für Klinische Pharmakologie der Universität Leipzig und Verfasser eines internationalen Standardwerkes zu Vergiftungen, schrieb: »Von den unendlich vielen Spekulationen um Mozarts Tod ist das eine der lächerlichsten (...) Das, was Hirschmann behauptet, kann er mit dem Material, das er anführt, nicht belegen.« Ludewig hält auch die weiteren Vergiftungsgerüchte für das, was sie sind: für Gerüchte. Das mit Salieri sei »längst abgegessen, ein alter Hut«, und Quecksilber verursache eine Zitterschrift: »Mozart aber hat bis kurz vor seinem Tod gestochen klar geschrieben.«[430]

Eigentlich müssten die vielen wirren Spekulationen in sich zusammenfallen. Man darf dennoch davon ausgehen, dass sie weiterhin ein zähes Leben haben werden, wie es zahlreiche Veröffentlichungen seit den 80er Jahren zeigen, so die von Carr, in der Salieri davonkommt, nicht aber Hofdemel, der auch bei Hochhuth der Schuldige ist, oder die von Ritter, in der Hofdemel rein gewaschen wird, nicht aber Salieri, Walsegg, Süßmayr und Constanze.

Alle schuldig, lautet schließlich die These des Filmes von Slavo Luther: »Vergeßt Mozart« von 1985: die Freimaurer, Deiner, van Swieten, Hofdemel, Constanze. Mozart selbst ist wegen seiner zahlreichen Liaisonen ebenfalls zum Teil verantwortlich für sein schlimmes Ende, so dass man sich sogar fragen muss, ob er sich nicht wegen einer venerischen Krankheit selbst umbringen wollte. Zu diesem Ergebnis kommt im Film der Polizeiminister Graf Pergen. In Wirklichkeit aber war dieser im März 1791, neun Monate vor Mozarts Tod, zurückgetreten …[431]

So wie dieser Film sind nun einmal Legenden: Geschichten, in denen die Tatsachen der Fantasie weichen müssen. In Mozarts Fall genügen die Fakten und die simple Wahrheit anscheinend nicht.

Begräbnis und unbekanntes Grab

Im XIX. Jahrhundert hatte ein Stich von P. R. Vigneron mit dem Titel »Armenbegräbnis«, der einen Leichenwagen nur von einem Hund begleitet darstellte, Beethoven derart berührt, dass er ihn in seinem Zimmer zu Ehren Mozarts an die Mauer heftete.

Eine andere Legende, die des Armenbegräbnisses, war geboren. Die Wirklichkeit aber war völlig anders.

Nach Wolfgangs Tod erlitt seine Frau einen Hysterieanfall.

Sie versuchte, zu dem Toten ins Bett zu kriechen, in der Hoffnung, von der gleichen Krankheit angesteckt zu werden und ihm ins Grab folgen zu können, was aber, schon wegen des Gestankes, von dem ihr Sohn berichtet hat, zu bezweifeln ist.

Als erster wird Johann Georg Albrechtsberger, dem nach Mozarts ausdrücklichem Wunsch zuerst die Todesnachricht überbracht werden sollte, dem Toten die letzte Ehre erwiesen haben. Dieser blieb bis zur Einsegnung in einem offenen Sarg in der Wohnung aufgebahrt: »Mad. Mozart öfnete mir selbst die Thüre der Wohnung, u: führte mich in ein Kabinet linker Hand, wo ich den entseelten Meister aufgebahrt, in einem Sarge liegend, mit einem schwarzen Habite angethan welcher m. Kapuzze das blonde Haupt bis zur Stirn einhüllt, die Hände über die brust gefaltet, erblickte!«[432]

Dr. Joseph Müller, alias Graf Deym von Strzitez, nahm die Totenmaske ab. Constanze sollte sie später brechen.

Mozart starb, ohne finanzielle Rücklagen gemacht zu haben. Er hinterließ sechzig Gulden an Bargeld und, wie bereits gesagt, annähernd 3000 Gulden an Schulden.[433] Diese hohe Summe ist nicht zu erklären, wenn man nur Constanzes Nachlassinventar in Betracht zieht. Hier ist die Rede von 918 fl 16 kr.[434]

Man weiß aber, dass Mozart Puchberg noch über 1000 Gulden schuldete und dazu noch Fürst Lichnowsky 1435 fl 32 x. Diesen Angaben zufolge wäre dann die von Constanze vorgegebene Schuldensumme sogar noch weit überschritten. Durch das Inventar wird gleichzeitig deutlich, dass Mozart seinerseits trotz aller Probleme seine Freunde, und vor allem seine Ordensbrüder, finanziell unterstützte. So sind 800 Gulden an ausgeliehenen und zum Teil auch nicht mehr einbringlichen Summen vermerkt.[435]

Gottfried van Swieten, der sofort herbeigeeilt war, als er die Todesnachricht erhalten hatte, schlug vor, ein Begräbnis dritter Klasse mit dem kleinen Kondukt zu bestellen, nicht um Geld einzusparen, sondern weil ein solches Begräbnis ganz einfach dem sozialen Stande des Komponisten entsprach. Die Ausgaben beliefen sich auf 8 Gulden 56 Kreuzer (4 fl 36 x Pfarrgeld für Trauerkondukt und Einsegnung; 4 fl 20 x Kirchengeld, davon 30 Kreuzer für den Totengräber und 1 Gulden für die Grabstätte), plus 3 Gulden für einen eigenen Leichenwagen, der den Sarg vom Totenhaus zum Stephansdom führte. Total: 11 Gulden 56 Kreuzer. Das Begräbnis kostete demnach ein Fünftel des Geldes, über das die Familie verfügte.

Man hat vielerorts van Swieten für diesen Ratschlag kritisiert und die Gelegenheit benutzt zu behaupten, die Freimaurer hätten nichts für Mozart getan.[436]

In Wahrheit entsprach das Begräbnis »genau der damals in Wien geltenden Bestattungsordnung«.[437] Diese war hervorgegangen aus den Bestimmungen von Joseph II. vom 13. August 1784 und 27. Januar 1785 über die Regeln, die bei Begräbnissen einzuhalten waren und die mehrere bedeutsame Verordnungen enthielten: Friedhöfe mussten außerhalb der Stadtmauern angelegt werden, die Grabstellen sollten mehrere Leichen aufnehmen können, grundsätzlich vier Erwachsene und zwei Kinder. Die Leichen sollten »ganz blos, ohne Kleidungsstücke«[438] in Leichentücher eingenäht werden.

Gegen diese Bestimmung gab es sofort heftigen Widerstand, so dass sie 1791 nur noch für die Armenbegräbnisse ihre Gültigkeit behielt. Die waren unentgeltlich und erfolgten in Massengräbern.

Eine andere Bestimmung, die eng mit der Angst verbunden war, auch Scheintote zu begraben, verlangte, dass man zweimal vierundzwanzig Stunden warten musste, bevor die Leichen in die Erde gelegt wurden.[439]

Es wäre einfach unmöglich gewesen, Mozart ein Begräbnis erster Klasse zu gewähren; diese waren grundsätzlich dem Adel und dem hohen Klerus vorbehalten und kosteten zu jenem Zeitpunkt zwischen 120 und 340 Gulden: eine horrende Summe.[440] Doch die Österreicher haben seit eh und je auf eine »schöne Leich« gehalten.

Der Unterschied zwischen einem Begräbnis zweiter Klasse und dem Begräbnis, das Mozart – wie 85 Prozent der Bürger! – erhielt, lag in Details, aber auch schon hier stand der Preisunterschied zwischen den beiden Begräbnisklassen in keinem Verhältnis zum Mehrangebot. Ein Begräbnis zweiter Klasse kostete 37 Gulden. Dafür gab es sechs Sargträger und Messdiener (Begleitknaben) statt vier, drei Geistliche statt einem, mehr Leuchten, sowie Musik.[441]

Mozart hatte einen Sarg, wenigstens bis zur Beerdigung. Es ist allerdings wahrscheinlich, dass die »Todtentruhe« weiterverwendet wurde, wie in Formans Film »Amadeus« gezeigt wird, nur dass der Sarg sich unten und nicht an einem der beiden Ende öffnete. Nachdem die Leiche vom Totenhause zum Dome in einem mit zwei Pferden bespannten Leichenwagen überführt worden war, fand die Einsegnung am 6. Dezember in der über dem Abgang zu den seit 1783 nicht mehr benützten Katakomben errichteten Kruzifixkapelle statt. Ihr folgte die Totenfeier, die gleichzeitig der

Abschied der Familie und Freunde vom Verstorbenen war. Sie geschah schnell, da aus den Katakomben ein unerträglicher Geruch hochstieg. Danach wurde die Leiche in der Totenkammer, die sich »in der einspringenden Ecke zwischen Frauenchor und Nordturm«[442] befand und in die man nur von außen gelangte, »beigesetzt«, das heißt präzise: verwahrt bis zur Überführung auf den Friedhof.

Wie viele Familienmitglieder und Freunde beim letzten Abschied zugegen waren, bleibt ungewiss. Man geht davon aus, dass es wenige waren, vielleicht sogar noch weniger, als die hier angegeben sind und sich auf verschiedene Dokumente stützen: Mozarts zwei Schwager Lange und Hofer, eventuell auch Sophie Weber, die sich in den Wochen vor seinem Tod rührend um den Todkranken gekümmert hatte, Magdalena Hofdemel[443], Joseph Deiner, die Komponisten Albrechtsberger, Eybler, Freystädtler, Otto Hatwig[444], Salieri, Süßmayr, sowie Emanuel Schikaneder, dessen Bruder Urban, der Tenor und Komponist Schack, Freund des Hauses, einige Mitglieder von Schikaneders Theatertruppe und schließlich van Swieten und einige ungenannte Freimaurer. Constanze war nicht dabei, aber dies war bei ihrem zerrütteten Nervenzustand verständlich.

Nach der josephinischen Begräbnisordnung war es verboten, vor sechs Uhr im Winter, resp. neun Uhr im Sommer, also vor Einbruch der Dunkelheit, die Leichen einzusammeln und auf die Friedhöfe zu bringen. Mozarts Leiche wurde demnach zur Nachtzeit aus der Totenkammer im Stephansdom geholt und auf den Friedhof vor der St. Marxer Linie geführt, der erst 1787 eingerichtet worden war und etwa fünf Kilometer vom Stephansdom, dreieinhalb Kilometer (4803 Schritte[445]) vom Stubentor, entfernt liegt. Keiner folgte dem Leichenwagen, denn man hatte ja bereits Abschied genommen. Es war auch nicht der Brauch.

Für die Beerdigung selbst gibt es keine genaue Zeitangabe. Man geht davon aus, dass sie am andern Morgen, dem 7. Dezember, durch den Totengräber und seine Gehilfen vorgenommen wurde, ohne Präsenz eines Geistlichen oder von Familienangehörigen. Mozarts Leiche wurde in ein »allgemeines einfaches Grab«[446] gelegt, also nicht in ein Massengrab. Er erhielt keinen Grabstein, was nicht ungewöhnlich war, aber angemessen gewesen wäre.

Für den 6. Dezember notierte Graf Zinzendorf in sein Tagebuch: »temps doux et brouillard fréquent (mildes Wetter mit häufigem Nebel), und eine Temperatur zwischen +2,6 und +3, mit einem ›vent d'est faible‹ (schwachen Ostwind)«[447], während die Wiener Sternwarte »windstill« und eine Temperatur von 5° Réaumur, etwa 4° Celsius, zu diesem Tag gemeldet hat.[448]

Am 7. aber war das Wetter abscheulich.[449] Die Legende vom einsamen Begräbnis bei Sturm und Schnee konnte ihren Ursprung nehmen.

Keine Erklärung gibt es allerdings dafür, warum Constanze sich erst 1808 dazu aufraffte, zum Friedhof zu gehen, demnach etwa siebzehn Jahre nach dem Tode ihres Gatten. Dort erfuhr sie dann, dass der damalige Totengräber, Joseph Rothmeyer, verstorben war, und die Gräber, gemäß der Tradition, umgegraben worden waren, was hieß, dass die verbliebenen Gebeine herausgenommen worden und für neue Tote Platz gemacht worden war. Die Reste wurden zusammengebracht und mit Erde überschüttet. Nur die Reihen, in denen 1791 die Gräber ausgehoben worden waren, konnten zu diesem Zeitpunkt noch angegeben werden: »nämlich die dritte und vierte, wenn man von dem Monumentalkreuze, welches mitten auf der Höhe des Gottesackers aufgerichtet ist, herankommt.«[450]

Haben die Freimaurer, wie vorwurfsvoll gesagt wird, nichts für Mozart getan?

Gewiss doch! Es war van Swieten, der am 5. Dezember Constanze beriet, obwohl er am gleichen Tag ein Handbillet des Kaisers erhalten hatte, durch das ihm mitgeteilt wurde, dass er aus allen öffentlichen Ämtern entlassen worden sei, weil man ihn als notorischen Illuminaten verdächtigte, an einer maurerischen Verschwörung beteiligt zu sein.[451]

Van Swieten und Puchberg kümmerten sich auch um Mozarts Söhne, ebenso Haydn. Puchberg stornierte sogar die 1000 Gulden, die Mozart ihm noch schuldete und fuhr fort, Constanze Geld vorzustrecken, bis diese reich genug war, ihre Schulden zu bezahlen.

Schon am 10. Dezember 1791 (also nur fünf Tage nach Mozarts Tod) gab es ein Seelenamt »Für den (titl.) Herrn Wolfgangus Amadäus Mozart« in der Wiener Hofpfarrkirche St. Michael, »… wobey das Requiem welches er in seiner letzten Krankheit komponirt hatte, exequirt wurde«[452]: Es kam demnach zur Aufführung des Fragmentes, – »Requiem« und »Kyrie« –, das Mozart noch hatte fertig stellen können. Dieses Ereignis wurde von Emanuel Schikaneder und Joseph von Bauernfeld vorbereitet: »Den 10ten Dezember haben die braven und erkenntlichen Direktoren des Wiener Theaters für den großen Tonkünstler Mozart in der Pfarre bey St. Michael feierliche Exequien halten lassen, und man hört, daß Baron v. S(wieten) die Erziehung und Versorgung eines seiner Kinder übernommen …«[453] Die Kosten für »Geläute, Priester, Ornat, Antependium und Leuchterträger« dieser Exequien (2. Klasse) beliefen sich auf 12 Gulden 9 Kreuzer.[454]

Ebenfalls im Dezember hielten die Maurer eine Trauerfeier in der Loge ab. In seiner Rede unterstrich der Dichter und Librettist Friedrich Hensler Mozarts Verdienste:

»Dem ewigen Baumeister der Welt gefiel es, eines unserer

geliebtesten, unserer verdienstvollsten Glieder aus unserer Bruderkette zu reissen. Wer kannte ihn nicht? Wer schätzte ihn nicht, Wer liebte ihn nicht, unseren würdigen Bruder Mozart? Kaum sind einige Wochen vorüber und er stand noch hier in unserer Mitte, verherrlichte noch durch seine zauberischen Töne die Einweihung unseres Maurertempels. – Wer von uns, meine Brüder, hätte ihm damals den Faden seines Lebens so kurz zugemessen? Wer von uns hätte gedacht, daß wir nach drei Wochen um ihn trauern würden? (...)

Mozarts früher Tod bleibt für die Kunst ein unersetzlicher Verlust – seine Talente, die er schon im frühesten Knabenalter äußerte, machten ihn schon dazumal zum seltensten Phänomen seines Zeitalters – halb Europa schätzte ihn – die Großen nannten ihn ihren Liebling und wir nannten ihn – Bruder.

So sehr es aber die Billigkeit erfordert, seine Fähigkeiten für die Kunst in unser Gedächtnis zurückzurufen, ebensowenig müssen wir vergessen ein gerechtes Opfer seinem vortrefflichen Herzen zu bringen. Er war ein eifriger Anhänger unseres Ordens – Liebe für seine Brüder, Verträglichkeit, Einstimmung zur guten Sache – Wohlthätigkeit – wahres, inniges Gefühl des Vergnügens, wenn er einem seiner Brüder durch seine Talente Nutzen bringen konnte, waren Hauptzüge seines Charakters – er war Gatte – Vater – Freund seiner Freunde – Bruder seiner Brüder – nur Schätze fehlten ihm, um nach seinem Herzen Hunderte glücklich zu machen.«

Nach einigen Hinweisen auf die Trauerzeremonie, die zugleich eine Meisteraufnahme war, folgt ein Gedicht auf den Verstorbenen:

»Auf! traurt um ihn – nach ächter Maurersitte.
den uns das Loos zum Bruder gab:
Zu früh sank er aus unsers Zirkels Mitte
Hinab, von uns ins düstre Grab.

Er war im Leben gut – und mild – und bieder.
Ein Maurer nach Verstand und Sinn;
Der Tonkunst Liebling! – denn er schuf uns wieder
Zu höheren Empfindungen.

Getrennt ist nun das Band! ihn soll begleiten
Der Maurersegen froh und kühn –
Denn unsre Bruderliebe soll ihn leiten
Auch in das Land der Harmonien:

Die wir im stillen folgten seinen Schritten,
Zu suchen, die das Schicksal schlug.
Wo er so oft in armer Witwen Hütten
Die ungezählte Gabe trug;

Wo er sein Glück auf Waisen-Segen baute,
Das Kleid der nackten Armuth gab.
Und Gottes Lohn darur sich anvertraute,
Der ihn begleitet bis ins Grab.

Der, eingewiegt durch Sirenenlieder,
Der Schmeicheley – sich konnte freun.
Des frohen Blickes seiner armen Brüder,
Und nicht vergasse, Mensch zu seyn.

So schlafe sanft in deiner stillen Stätte,
Die dich zu deiner Ruhe führt.
Bis einst durch drey Mahl drey zur Bruderkette,
Dich Adoniram rufen wird.

Wo wir in sanftern Melodienchören,
Vereint durchs ew'ge Meisterwort –
Das heilig – heilig – heilig werden hören,
Jehova ists! der Maurer Gott!!!«[455]

Diese Rede wurde 1792 durch Ignaz Alberti zugunsten der Familie des Verstorbenen herausgegeben. Im Januar des gleichen Jahres veröffentlichte die »Wiener Zeitung« einen Aufruf zur Subskription der maurerischen Kantate KV 623 zum Preis von 15 Gulden. Die Zeitung sprach von einem »Schwanengesang«. Zu Recht. Der Erlös kam auch hier Constanze und ihren Kindern zu.

Auf Anregung von Mozarts Logenbruder, Baron Karl Philipp Wilhelm von Jacobi, Botschafter Friedrich Wilhelms II. von Preußen, kaufte dieser am 7. Februar 1792 Partituren von Mozart, darunter eine Abschrift des »Requiems«, die von Constanze als Original ausgegeben wurde, – eine mehr! –, für die runde Summe von 800 Dukaten (3600 Gulden).[456]

Am 8. September 1792 führte Mozarts Loge die Kantate KV 623 auf einen eigens verfassten Text von Gieseke zu Ehren des neuen Kaisers und zugunsten der Familie Mozart auf. Ebenfalls 1792 rief die Loge zu einer Spendensammlung auf. Am 2. Januar 1793 veranstaltete van Swieten eine Darbietung des »Requiems«, die Constanze 1500 Gulden einbrachte. Auch nach dem Verbot der Freimaurerei riefen die Brüder noch in einem Rundschreiben vom 5. Juni 1796 zu einer Geldsammlung für Constanze auf: »Die Maurer zeigten sich treu im Gedenken an Mozart und großzügig gegenüber seiner Witwe.«[457] Sie haben die ihnen durch ihr Engagement auferlegte maurerische Pflicht gegenüber der Frau und den beiden Kindern ihres toten Ordensbruders Mozart voll wahrgenommen und erfüllt.

Schon 1797 war Constanze imstande, den Duschek in Prag 3500 Gulden zu leihen.

So sehen die Tatsachen über das Lebensende Mozarts aus. Sie sind dokumentarisch belegt und nachprüfbar. Nur muss man sich auch mit den Dokumenten abgeben und die nötigen Überprüfungen anstellen, was in allzu vielen Fällen auch weiterhin nicht geschieht. Das führt zum Bilde was man sich auch heute noch ganz gerne von Mozart macht. Es besteht aus unzähligen Mythen und Legenden, Irrtümern und Spekulationen.

Epilog

Die Problemstellung »Mozart und die Freimaurerei« kann, wie die meisten Ermittlungen zu Mozart, wohl kaum erschöpfend behandelt werden. Schon die Art der Annäherung an das Thema hängt von dem Blickwinkel ab, von dem aus man die Maurerei betrachtet. Eine symbolische Annährung wird grundverschieden sein von einer analytisch-kritischen.

Man kann Mozarts Zugehörigkeit zur Königlichen Kunst nicht hoch genug einschätzen, auch wenn dies vielfach unerwünscht bleibt. Es ist nun aber ganz einfach wichtig, ja unerlässlich, dass deutlich gemacht wird, warum Mozart mit Herz und Verstand ein freier Maurer war, der das Engagement, das er mit seiner Aufnahme eingegangen war, tatsächlich gelebt hat.

Ich möchte wahrlich nicht behaupten, ich hätte dies erschöpfend getan, doch bescheiden sagen, wie viel mir daran lag, das zusammenzufügen, was an Informationen zum Thema heute bekannt ist, die bestehenden Informationen zu vergleichen, untereinander in Beziehung zu bringen und aus maurerischer Sicht zu beleuchten, damit Mozarts Lebenshaltung, die in den sieben letzten Jahren seines irdischen Daseins durch die Freimaurerei stark beeinflusst, ja bestimmt wurde, auch für den Profanen einsichtig wird. Während anderthalb Jahrhunderten wurde Mozarts Zugehörigkeit zum Orden ignoriert, banalisiert, verschleiert, verharmlost, verschwiegen.

Während dieser Zeit aber wollten andere ihn für sich einnehmen, ihn nach ihrem Muster formen, ihn zu ihren Zwecken benutzen. Es ist ihnen nicht gelungen.

Mozart nur als Maurer zu sehen, wäre nun aber ebenso töricht wie es unehrlich ist, seine Zugehörigkeit zur Königlichen Kunst nicht in Betracht zu ziehen. Mozart war vom Grunde seines Herzens und seines Verstandes aus Freimaurer, und das ehrt die Maurerei.

Mozart war aber vor allem ein Mensch, mit seinen kleinen Schwächen und seiner großen Kraft. Deshalb ist er uns so nahe. Was bedeuten dann noch die Inkonsequenzen, die man in seinem Leben, und einige Widersprüche, die man in seinem Werk, insbesondere in seiner maurerischen Oper, ausfindig gemacht hat?

Nichts! Bei Mozart ist alles Menschlichkeit, ist alles Musik, ist alles Liebe.

Anmerkungen

1 Naudon: *La Franc-Maçonnerie*, Paris, 1988, SS. 18ff.
2 Alec Mellor: *Dictionnaire de la Franc-Maçonnerie et des Francs-Maçons*, Paris, 1979.
3 Heinrich Boos: *Geschichte der Freimaurerei*, Wiesbaden, S. 180.
4 Aus einem alten französischen Regelbuch der Freimaurerei. Alle Übersetzungen aus dem Französischen und Englischen ins Deutsche sind, wenn nicht anders vermerkt, vom Autor.
5 Lennhoff e.a.: *Internationales Freimaurerlexikon*. Stichwort »Desaguliers«. Spalte 337.
6 cf. Boos, S. 181.
7 cf. *Dix-huitième Siècle, La Franc-Maçonnerie*, Jahresrevue Nr. 19, Paris, 1987, SS. 43ff. – H. Reinalter: *Freimaurer und Geheimbünde im 18. Jahrhundert*, SS. 39ff. – Bernard E. Jones: *Freemasons' Guide and Compendium*, London, 1988, SS. 175ff.
8 José A. Ferrer Benimelli: »Les Condamnations Papales«, in: *Dix-huitième Siècle*, SS. 12ff.
9 ibid. SS. 7ff. – cf. auch Holtorf, S. 171.
10 Zu diesem Komplex: http://www.freimaurerei.ch/logen/ilv/ILV_nf/info/kirche/02_kath.htm.
11 http://kath.net/detail.php?id = 2214 (Katholischer Nachrichtendienst, 04.09.2002).
12 http://www.masonica.de/seiten/info_w/Kirche.html.
13 ibid.
14 Helmut Reinalter: »La Maçonnerie en Autriche«, in: *Dix-huitième Siècle*, SS. 43ff.
15 Jean-Pierre Bayard: *La Spiritualité de la Franc-Maçonnerie*, SS. 79ff. – Jean Palou: *La Franc-Maçonnerie*, S. 174.
16 cf. Reinalter, SS. 43ff.
17 Naudon: *Geschichte der Freimaurerei*, S. 108.
18 http://www.geocities.com/Athens/Olympus/6581/magchild.html.
19 Die Logen der Lombardei und aus Transsylvanien werden von H. C. Robbins Landon weder in der französischen noch in der englischen Fassung von *1791*, S. 62, resp. S. 56, erwähnt, sondern nur in: *Mozart and the Masons*, S. 8. Landon irrt, was die Gesamtzahl der Logen betrifft.

[20] cf. Harald Strebel: *Der Freimaurer Wolfgang Amadé Mozart*, S. 200.

[21] Nicht aufgeführt ist im Verzeichnis des HHStA. die Brüsseler Loge: »L'heureuse Rencontre« (cf. *Mozart … von der Wohlthätigkeit*, Bruxelles, 1991, S. 25), sowie die Loge »La Parfaite Union«, 1770 in Luxemburg gegründet. Die Verträge von Utrecht und Rastatt von 1713–14 hatten das Herzogtum als Teil der ehemaligen spanischen Niederlande den österreichischen Habsburgern zugeteilt. Diese Loge wurde 1776 von der »Großen Englischen Provinzialloge der Österreichischen Länder« anerkannt, 1786 aber von Joseph II aufgelöst. (Romain Durlet, in: Tageblatt, Lux., 31. 5. 1988, S. 5). Eine erste Erwähnung der Freimaurerei in Luxemburg geschah erstaunlicherweise bereits 1729. Dreißig Jahre später taucht eine erste Militärloge auf. (cf. Bayard, S. 398, sowie die Forschungsergebnisse vom Th. A. Pescatore, Luxembourg, 1992).

[22] cf. *Bruder Wolfgang Amadeus Mozart*, SS. 12.

[23] VA (= Vertrauliche Akte) 76/472–489.

[24] ibid. SS. 11ff.

[25] »Magister Pianco publishes the system of degrees of the New and Gold Rosicrucians, *Der Rosenkreuzer in seiner Blösse*. It is said that it was from this publication that Mackenzie got his idea of the system of the ancient German Rosicrucians that he claimed to be in contact with, and, being in Vienna, he probably was. Magister Pianco was the pseudonym of Johann Heinrich, Baron Ecker und Eckhoffen. Waite says the book was entitled *The Rosicrucian Unveiled*. Just prior to this, Count Hans Heinrich Ecker und Eckhoffen is said to have been expelled from the Rosicrucian Order. In the same year he is said to have founded the Asiatic Brethren«. cf. http://www.antiqillum.com/TLSix-006.htm –
cf.: http://www.tarot.nu/gd/alchemy.htm.

[26] »(…) sie wissen, das Benda unter den lutherischen kapellmeistern immer mein liebling war (…)«. *Briefe und Aufzeichnungen (Abk.: B.A.)*, Bd. II, SS. 505/6 (an den Vater).

[27] Nettl: *Musik und Freimaurer*, S. 66 – cf. auch Strebel, SS. 81 ff.

[28] Zum Fragekomplex »Illuminaten« gegen »Hermeneuten«, cf. insbesondere Irmen: *Mozart Mitglied geheimer Gesellschaften*, SS. 169ff.

[29] *Bruder Wolfgang Amadeus Mozart*, S. 15.

[30] cf. Strebel, S. 70.

[31] Irmen, S. 178.

[32] VA 89/289–290.

[33] ibid.

[34] id. S. 199.

[35] cf. VA 63/3-6, 7–10 und 78/55.

[36] Notat eingetragen ins *Stammbuch* von Kronauer am »9.1.5787« (Österreichische Nationalbibliothek).

[37] Landon: *Masons*, S.36. Dieses Buch leistet einen entscheidenden Beitrag zur Forschung um Mozart und die Freimaurerei. Der Autor hat nicht nur die Loge, die auf einem anonymen Gemälde im Historischen Museum der Stadt Wien dargestellt ist, als die berühmte »Zur (neu)gekrönten Hoffnung« identifiziert, aber auch die meisten Logenbrüder, die darauf abgebildet sind, darunter auch Mozart.

[38] Heinz Schuler in: *Mitteilung der Internationalen Stiftung Mozarteum*, 36. Jhg. Heft 1–4, S. 10.

[39] *Bruder Wolfgang Amadeus Mozart,* S. 15.

[40] in: *Grande Encyclopédie Larousse,* S. 6733.

[41] ibid.

[42] Wie es in der Kantate *Die Maurerfreude*, KV.471 von Mozart heißt. Die Perspektive ändert jedoch, wenn »Ält'sten« als Substantiv betrachtet wird (cf. Irmen, S. 155). In diesem Falle bezieht man sich auf den Vater von Joseph II.

[43] Kabinett-Archiv-Protokolle (=KAP) 35, 198.

[44] ibid. SS. 264–265.

[45] Helmut Reinalter, S. 53.

[46] Wie Landon gehen wir davon aus, dass es zahlreiche »Versuche gab, Leopold II. zu bewegen, den Orden zu reformieren – aber nicht, ihn abzuschaffen«. (*1791*, SS. 134ff.).

[47] Helmut Reinalter, S. 56.

[48] cf. *Freimaurer um Joseph II.*, Katalog des Museums von Rosenau, 1980, SS. 48ff.

[49] cf. *Zaubertöne*, S. 444.

[50] cf. Alexander Giese: *Die Freimaurer*, Wien, 1991, S. 108ff.

[51] Jacques Chailley: *La Flûte enchantée, opéra maçonnique*, Paris, 1974, SS. 62ff.

[52] Broschüre der Loge Mozart & Voltaire, Genève, 1976.

[53] http://www.masonica.de/seiten/spezielles/S5–3.html.

[54] ibid.

55 Für weitere Details, cf. Ludwig Hammermayer: »La Crise de la Franc-Maçonnerie et le Convent de Wilhelmsbad (1782)« in: *Dix-huitième Siècle*, SS. 73ff.

56 Jean et Brigitte Massin: *Wolfgang Amadeus Mozart*, S. 1185.

57 ibid., S. 1186.

58 http://www.masonica.de/seiten/spezielles/S5–10.html.

59 Massin, S. 1187.

60 cf. Massin, S. 1150.

61 cf. ibid., SS. 1149/50.

62 http://www.geheime-gesellschaften.de/Illuminatenorden.htm. Eingerichtet von Hermann Schüttler. Siehe dazu auch: http://www.geheime-gesellschaften.de/VergleichIlluminaten-StrikteObservanz.html: »Zwei freimaurerische Geheimgesellschaften des 18. Jahrhunderts im Vergleich: Strikte Observanz und Illuminatenorden« desselben Autors.

63 Reinalter, S. 52.

64 cf. Georg Forster: *Werke*, Bd. XII, Berlin, 1973, S. 564.

65 cf. Boos, SS. 263ff.

66 Naudon, SS. 111ff.

67 http://www.wisdomworld.org/setting/germain.html.

68 Boos, S. 281.

69 Massin, SS. 1146/47 und 1188/89.

70 Mellor, S. 121. »Allumeuses« etwa mit »Anmacherinnen« zu übersetzen.

71 Bayard, S. 268.

72 Francesca Vigni, in: *Dix-huitième Siècle*, SS. 212ff.

73 Logenverzeichnis der »Neugekrönten Hoffnung« (1786) unter »Ehren-Mitglieder und Besuchende Brüder«.

74 Erich Schenk: *Mozart*, S. 388. – cf. Music and Letters. Vol. I, February 2002. Oxford University Press.

75 Unrühmlich ist Borns Verhalten im so genannten »Autodafé« gegen Logenbruder Franz Krattner, den er öffentlich bloßstellte, cf. Braunbehrens, SS. 266 ff., und Irmen, SS. 188 ff. Innenminister Saurau aber bedauert, dass Born Pranger und Haft »durch den Tod entkommen sei«, cf. Hans J. Fröhlich: *Schubert*. Rowohlt, S. 43.

76 *Briefe*, Ed. Henschel, SS. 227ff.

77 Strebel, SS. 197–200.

78 Zum gesamten Fragekomplex »Esterházy«, cf. Landon: *1791*, SS. 114ff., *Mozart and the Masons*, SS. 29 ff., *Dictionnaire Mozart*, SS. 58/59.

[79] Efmertová, M.: »Czech Technical Education, Educational Reform of Franz Joseph Gerstner and his Relationship with The Paris l'Ecole polytechnique.« In: ICON. London, 1998, vol. 3, S. 202–223.

[80] Schuler, S. 26 – cf. VA 69/29, VA 89/162.

[81] Fröhlich, S. 247.

[82] Haydn in einem Brief an Michael Puchberg, geschrieben in London im Januar 1792: »… ich hatte der Armen (i.e. Constanze) vor 3 Wochen selbst geschrieben, mit dem Inhalt, daß, wenn ihr Herzens-Sohn die gehörigen Jahre haben wird, ich demselben unentgeltlich die Komposition mit allen meinen Kräften lehren will, um die Stelle des Vaters einigermassen zu ersetzen.« (*Dokumente*, S. 181). Bei dem »Herzens-Sohn« handelt es sich um den damals 7-jährigen Carl Thomas Mozart.

[83] cf. Francis Carr: *Mozart und Constanze*, Stuttgart, 1986, ein Buch, das mit Vorsicht zu genießen ist, auf dem aber Hochhuths *Nachtmusik* (ab S. 142) und »Mozart und das Ehepaar Hofdemel« in *Täter und Denker* von Hochhuth (ab S. 268) beruhen.

[84] cf. Schuler, S. 8.

[85] O. E. Deutsch/J. H. Eibl: *Mozart. Dokumente seines Lebens*, S. 147 (in Zukunft als *Dokumente* bezeichnet). Darauf schrieb dieser am gleichen Tage in Mozarts Stammbuch: »Tibi qui possis / Blandus auritas fidibus canoris / Ducere quercus / In amicitiae tesseram / Josephus Franciscus à Jacquin / Viennae die 24 Aprili 1787« (Dir, der Du / mit Saitenspiel schmeichelnd / lauschende Eichen bewegen kannst / im Zeichen der Freundschaft / Joseph Franz von Jacquin, / Wien, den 24. April 1787).

[86] *Dokumente*, S. 145. Viele Mozart-Biographen und -Kommentatoren beziehen diese Aussage auf Mozart selbst.

[87] cf. *Stammbuch* Kronauer, S. 41, und die diesbezüglichen Kommentare von Irmen, SS. 212ff.

[88] Eintragung im *Stammbuch* von Kronauer.

[89] Malcolm Boyd in: *Dictionnaire*, S. 40. – *Briefe*, Insel, S. 157.

[90] Chailley, S.18, irrt sich, was den Namen der Loge betrifft. Er spricht von »Karl zu den drei Schlüsse«. In Wirklichkeit handelt es sich um die Loge »Karl zu den drei Schlüsseln«. Die französische Übersetzung von Paul Nettl: *Mozart*, Paris, 1962, S. 157: »Charles aux trois Coupes«, ist ebenfalls falsch. Sie käme vom Logennamen: »Karl zu den drei Schüsseln«.

[91] VA 69/65.

[92] Der »Fürchterliche Bruder» hatte die Aufgabe, den »Suchenden«

vor seiner Aufnahme in den Orden zu befragen. cf. Einweihungsritual im Anhang.

93 cf. *Freimaurer um Joseph II.*, SS. 39–40.

94 Nach Autexier, in: *Dictionnaire*, S. 167, hätte Mozart an seiner Aufnahme teilgenommen.

95 »... ich habe 14 Tage eine Liste herumgeschickt, und da steht der einzige Name *Swieten*!«, in einem Brief an Puchberg, 12. Juli 1789, cf. u.a. *B.A.*, IV, S. 92, und *Zaubertöne*, S. 444.

96 Landon: *1791*, S. 43.

97 VA 41/269–273. – cf. Landon: *Mozart. L'âge d'or de la musique à Vienne, 1781–1791*, Annexe 5, S. 258.

98 Sie würde heute etwa 18 315 € ausmachen.

99 VA 89/27. Diese Summe entspricht heute 425 € Monatsmiete – Braunbehrens, SS. 243ff., verwechselt mit verschiedenen Arbeiten der Loge »Zur wahren Eintracht« im Tempel der Bauhütten »Zum hl. Joseph« und »Zu den drei Adlern« am Bauernmarkt, im Hause von Baron Moser genannt »Zum silbernen Hut«, cf. *Freimaurerei um Joseph II.*, S. 24.

100 *Dokumente*, S. 128.

101 Siehe Anhang.

102 *Grande Encyclopédie Larousse*, S. 5162.

103 Anmerkungen: Die Zeichnung eines Rechtecks ▭ (»carré long«, langes Quadrat) symbolisiert die Loge. Zwei Rechtecke ▭▭ oder ▭ ▭ stehen als Zeichen für mehrere Bauhütten. W. i. O. bedeutet »Wien im Orient«. Die maurerische Zeitrechnung beginnt mit 5000 (i.e. 1000 + 4000 Jahre, symbolische Zeit, die seit der Schöpfung vergangen ist), cf. Jules Boucher: *La Symbolique Maçonnique*, SS. 71ff.

104 Massin, S. 428.

105 VA 68. Zitiert bei Schuler, S. 11.

106 Strebel, S. 28.

107 ibid.

108 *Dokumente*, S. 128.

109 Massin, S. 429.

110 *Dokumente*, SS. 128/129. – Mozarts Beförderung zum Gesellen wird im Detail von Irmen (SS. 121 ff.) beschrieben. Strebel (S. 84) geht davon aus, dass der »Hauskomponist« der »Wahren Eintracht», Johann Holzer, bei dieser Gelegenheit das von ihm vertonte Lied »Die Gesellenreise« begleitete, dessen Text Mozart kurz danach ebenfalls vertonte.

111 ibid.

112 cf. Irmen, S. 133.

113 cf. Strebel, S. 36.

114 Landon: *Masons*, S.10. Aber schon 1932 (!) hatte Paul Nettl: *Mozart und die königliche Kunst*, SS. 21 ff., hervorgehoben, dass Mozart nicht bei Haydns Rezeption zugegen war, so auch Walter Deppisch 1956 in: *Ein Mozart-Brevier*, S. 12. Kaum jemand hat davon Kenntnis genommen!

115 *B.A.* III, S. 373.

116 Jules Boucher, S. 170, Ragon zitierend. In der »Wiener Zeitung« und der »Wiener Realzeitung« war am 17. und 18. September 1785 folgende Anzeige zur Veröffentlichung der Quartette zu lesen: »*In der Kunsthandlung Artaria Comp. … sind zu haben: Vom Herrn Kapellmeister W.A. Mozart 6 ganz neue Quartetten für 2 Violinen, Viola und Violoncell, Opus X, gestochen, pr. 6 fl. 30 kr. – Mozarts Werke bedürfen keines Lobes, einiges anzuführen würde also gänzlich überflüssig seyn; nur kann man versichern, daß solches ein Meisterstück sey. Man kann sich dessen umso mehr versichern, da der Verfasser dieses Werk seinem Freund, Joseph Haydn, fürstl. Esterhaz. Kapellm. zueignete, der es mit allem dem Beyfalle beehrte, dessen nur ein Mann von großen Genie würdig ist. In Ansehung dessen haben auch die Verleger keine Kosten gesparret, um dies Werk mit aller Schönheit und Deutlichkeit des Stiches sowohl als Papier und Druck in die Hände des Liebhabers und Kenners zu liefern, in der Zuversicht, daß der darauf gelegte Preis, indem diese Quartetten 150 Seiten ausmachen, welche nicht unter 12 fl. geschrieben werden könnten, nicht zu hoch seyn dürften. Da Hr. Kunsthändler Torricella in den letzteren Zeitungen auch 6 Quartetten vom Mozart um billigen Preis, ohne dabei anzumerken, ob solche geschrieben oder gestochen, alt oder neu, ankündigte, so hält es Hr. Mozart für seine Pflicht, ein schätzbares Publikum hiemit zu benachrichtigen, daß gedachte 6 Quartetten keineswegs neu, sondern ein altes Werk sey, welches er bereits vor 15 Jahren geschrieben hat, damit Liebhaber, die seine neuen erwarteten, nicht die unrechten erhalten.« (cf. http://www.musiktext.de/texte/moz_qua 421_txt.htm).*

117 *Dokumente*, S. 131.

118 cf. *Bruder Wolfgang Amadeus Mozart*, S. 74. – »und zwar genau nach dem Ritual und von denselben Dignitären wie sein Sohn Wolfgang.« (Irmen, S. 131).

119 cf. *Bruder Wolfgang Amadeus Mozart*, S. 74. – cf. VA 90/90v. Nach diesem Ereignis-Protokoll der Loge »Zur Wahren Eintracht« nahm auch Michael Puchberg, den Mozart drei Jahre später so oft um Geld anbetteln sollte, als »Besuchender Bruder« von der Loge »Zum Palmbaum« an Leopold Mozarts Beförderung zum Gesellen teil.

120 U. K. O. = Unser Königlicher Orden.

121 Wahrscheinlich im »Freimaurer Casino« (Café Jünger, Praterstraße). – cf. *Bruder Wolfgang Amadeus Mozart*, S. 18.

122 Autexier: *Mozart*, S. 55.

123 Nettl: *Mozart*, S. 156.

124 Roger Cotte: *La Musique Maçonnique et ses Musiciens*, SS. 91ff. – Cotte: *Musique et Symbolisme*, SS. 174ff.

125 Autexier: *Oeuvres*, SS. 45ff. – id.: *Mozart*, S. 56 und S. 108. Autexier macht diese Angaben, ohne sich auf Cotte oder Nettl zu berufen, worüber Cotte sich bitter beklagt (*Musique et Symbolisme*, S. 175).

126 VA 89/261 f. – cf. Autexier: *Mozart*, S. 108. *Mozart et Liszt Sub Rosa*, S. 32. – Irmen, SS. 158ff.. Während dieser Zeremonie wurden zwei weitere Gesellen zu Meistern erhoben: Thomas Graf Bassegli, Mitglied der Loge »Zur Freundschaft« in Basel, und ein Mitglied der Loge »Zur Wahren Eintracht« selbst, namens Czepelack.

127 VA 69/38.

128 Nettl: *Mozart*, S. 156, meinte, sie seien zur Meister-Erhebung von Leopold Mozart bestimmt gewesen. Autexier, der ebenfalls von diesen Gesängen spricht, ohne auf Nettl hinzuweisen, bringt sie in Verbindung mit der Erhebung in den 3. Grad von Carl König (*Dictionnaire*, S. 166). Dies wird von Irmen, SS. 159ff. bestätigt.

129 Einen Hinweis dazu gibt es in der *Neuen Mozart Ausgabe III*, 8 S. 78: »Vom einem Br der [Loge]/In Musik gesetzt von Br M…t«.

130 Dokumente, S. 134.

131 ibid. – cf. VA 70/175.

132 VA 70/97-98, vgl. auch VA 15/123 – ibid., S. 135, Einladung der Loge: »7^{tens} Phantasien von dem w: Br: Mozard«.

133 Massin, S. 1005. Handelt es sich um die gleichen Werke, auf die sich Nettl und Autexier (cf. supra) beziehen und die von den Massin nur für eine andere Zeremonie bestimmt scheinen, oder handelt es sich um andere verloren gegangene Partituren?

134 VA 72/114–129. Mitgliederliste in der Handschrift Geblers. Nach

dieser Liste zählt die »Neugekrönte Hoffnung« 116 »ordentliche Mitglieder«, 55 »Ehrenmitglieder und blos besuchende Brüder«, 102 »abwesende Brüder«, 2 »dienende Brüder« und 24 Brüder «in Privatdiensten«. Diese Zusammenstellung allein macht schon die Katastrophe der Logenfusion deutlich. Nur etwas mehr als die Hälfte der Brüder üben noch ihre Arbeit aus, und es gibt bereits acht »abwesende Brüder« mehr als zwei Monate zuvor!

135 siehe im Anhang die Texte der maurerischen Gesänge.

136 Brief an Gottfried Jacquin vom 14. Januar 1787.

137 *Dokumente*, S. 145. Mozart gibt sich als mit den Asiatischen Brüdern verbunden zu erkennen (cf. Irmen, SS. 212/13). Ob er deshalb nicht Borns Loge »Zur Wahrheit« im Dezember 1785 gewählt hat?

138 Haas, Robert: *W. A. Mozart*, S. 152.

139 Autexier: *Mozart,* S. 69. Der Autor widerspricht sich selbst, denn in: *Oeuvres*, S. 40, schreibt er, dass seit dem Weggang Borns (… zu dessen Loge der Komponist überhaupt nicht mehr gehörte!), »Mozart nicht mehr an Logensitzungen teilgenommen habe«. – Irmen, S. 183, behauptet dies auch, unterscheidet aber zwischen Logenbesuch und Eintragung in die Register der Loge. Eine Unterscheidung, die nichts besagt: Man ist entweder »anwesend« oder aber »abwesend«; dazwischen liegt kein Spielraum.

140 6 »anwesende Brüder« weniger, 15 offiziell gemeldete »abwesende Brüder« mehr!

141 Noch 31 »anwesende Brüder« weniger. Auch wenn sich die Lage danach zu stabilisieren scheint, bleibt sie dramatisch.

142 i.e. 2035 €

143 cf. u. a. *Zaubertöne*, S. 399.

144 cf. VA 72, VA 114: So beweisen allein schon die Listen der »Vertraulichen Akte«, dass Mozart bis zu seinem Lebensende an Maurerischen Arbeiten teilgenommen und seine Maurerpflichten erfüllt hat.

145 Nettl in: *Zauberflöte*, ed. Csampai/Holland, Hamburg, 1982, S. 186.

146 Landon: *Masons*, S. 57. Landon bestreitet, dass Schikaneder der Autor des Textes sei (ibid. S. 56). Er nennt Gieseke und hat dafür zwei Argumente: Bei der Veröffentlichung der Kantate gibt die Loge an, dass der Text von einem ihrer Mitglieder stamme. Schikaneder aber gehörte ihr nie an (*Masons*, S. 56). Andererseits schrieb Gieseke einen neuen Text für die Aufführung der Kantate,

am 8. September 1792, in Mozarts ehemaliger Loge. (*1791*, S. 70), der er in der Tat angehört hat. 1790 wird er als »anwesender Bruder« mit der Bezeichnung »Schauspieler« unter Nr. 26 aufgezählt.

[147] Strebel, S. 218.

[148] Bayard, S. 128.

[149] Bayard, S. 144.

[150] ibid., S. 196.

[151] Zum Thema Freimaurermusik, cf. *Musik in Geschichte und Gesellschaft*, Autexier: *Oeuvres*, SS. 41ff., und ganz besonders das magistrale Buch von Roger Cotte: *La Musique Maçonnique*.

[152] Roger Cotte, SS. 92ff. – Autexier: *Oeuvres*, S. 107 – Hans Engel, in: *The Mozart Companion*, SS. 153ff., aber schon 1932 hatte Nettl auf den Ursprung des Cantus Firmus hingewiesen in *Mozart und die königliche Kunst*, S. 80.

[153] Autexier: »La Musique maçonnique«, in: *Dix-huitième siècle*, SS. 97ff.

[154] http://www.internetloge.de/zaujpg/zaudia33.htm.

[155] cf. dazu Irmen, S. 93 und S. 236.

[156] Roger Cotte, S. 31.

[157] Katalog: *Die Klangwelt Mozarts*, Wien 1991, S. 23.

[158] Autexier: *Oeuvres*, S. 44.

[159] Strebel, S. 83: »Das Instrumentarium der ›Wahren Eintracht‹ bestand zu diesem Zeitpunkt (i.e. 1782) lediglich aus einem für 10 Gulden erstandenen Clavichord.«

[160] »4tens Ein Konzert auf dem Pianoforte gespielt von dem w: Br: Mozard« (Schriftliche Einladung der Loge »Zur Gekrönten Hoffnung« an die Wiener Schwesterlogen, 9. 12. 1785, in: Dokumente, S. 135)

[161] Autexier, in: *Dix-huitième siècle*, S. 104. Erwähnen wir, dass Cotte und Massin den Gebrauch der Orgel in den Wiener Logen bestreiten. Sie irren sich. Borns Loge »Zur wahren Eintracht« besaß eine, die im Inventar aufgeführt wird (VA 79/134). Wyzewa/Saint-Foix in: *Wolfgang Amadeus Mozart*, Vol. II, S. 368), irren sich auch, wenn sie vom Gebrauch des Harmoniums in den Logen sprechen: das Instrument wurde erst Anfang des 19. Jahrhunderts erfunden.

[162] Strebel, S. 84.

[163] Roger Cotte, S. 36.

[164] Roger Cotte: *Musique et Symbolisme*, S. 217.

[165] Massin, S. 429.

[166] Alfred Einstein: *Mozart*, S. 89.

167 Autexier: *Oeuvres*, SS. 42 und 96.
168 Einstein, S. 335.
169 Aloys Greither: *Mozart*, S. 109.
170 cf. Autexier: *Oeuvres*, S. 42.
171 Stricker: *Mozart et ses opéras*, S. 317. Durch seine Behauptung will Stricker leider nur die »absurde Polemik« (Autexier: *Oeuvres*, S. 53) um den freimaurerischen Inhalt der *Zauberflöte* wieder aufleben lassen. Um aber glaubwürdig zu sein, hätte Stricker nachprüfen müssen, ob die Angaben, die er als Fakten hinstellt, auch Fakten sind.
172 Wyzewa/Saint-Foix, Vol. II, S. 825.
173 Einstein, S. 336.
174 Cotte: *La Musique Maçonnique*, S. 91.
175 Massin, S. 1006.
176 Autexier in: *Dictionnaire Mozart*, S. 167.
177 Einstein, S. 336. – Massin, S. 1004.
178 Von daher oder von anderswo allerdings den Schluss zu ziehen, dass der Lehrling das Licht der Erkenntnis nicht bei seiner Aufnahme, sondern erst im 2. Grade sieht, wie Autexier behauptet (*Oeuvres*, SS. 52 und 95), ist Unsinn.
179 Einstein, S. 335.
180 Autexier: *Mozart*, S. 108, *Oeuvres*, SS. 48ff. – Erich Valentin: *Mozart Lexikon*, S. 126.
181 Landon: *Masons*, SS. 18ff.
182 Autexier in: *Dictionnaire*, S. 167.
183 cf. Rudolf Klein in: *Bruder Wolfgang Amadeus Mozart*, SS. 18ff.
184 Cotte: *Musique Maçonnique*, S. 93.
185 Autexier: *Mozart*, S. 108. Eine Aufnahme der Chorfassung erschien auf CD bei Harmonia Mundi France (HM 901393) mit der Chapelle Royale, dem Collegium Vocale und dem Orchestre des Champs Elysées unter Philippe Herreweghe; sie ist mit der C-Moll-Messe gekoppelt.
186 Irmen, SS. 163 ff., bestreitet, dass eine Chorfassung, wie sie Autexier (Breitkopf & Härtel, Nr.5148) veröffentlicht hat, von Mozart komponiert wurde. Die Originalfassung sei rein orchestral gewesen und auch so am 12. 8. und am 17. 11. 1785 aufgeführt worden. Auch die Zusatzfassung der NMA IV, 11, mit zwei Hörnern und zwei Bassetthörnern stamme nicht aus Mozarts Feder.
187 Autexier: *Mozart*, S. 58.
188 Strebel, S. 97.

[189] cf. Boos, S. 186, und die Texte der maurerischen Gesänge im Anhang.

[190] cf. Mellor, S. 136.

[191] ibid.

[192] Brief von Wolfgang an seinen Vater vom 4. April 1787.

[193] Wolfgang Hildesheimer: *Mozart*, S. 189. Es ist enttäuschend, ja ärgerlich festzustellen, dass ein so intelligenter Autor aber auch rein gar nichts von Mozarts maurerischem Engagement und von der Freimaurerei im Allgemeinen verstanden hat, zu der er nur Klischees und veraltete Vorurteile anführt.

[194] Wyzewa/Saint-Foix, Vol. II, S. 352.

[195] Carl de Nys, Vorwort zu *Vie de Mozart*, Saint-Etienne, 1976, S. V.

[196] Wyzewa/Saint-Foix, Vol. II, S. 389: »Die melodische Linie der Chöre bleibt sehr einfach und kann sofort von den Maureranhängern mit- und nachgesungen werden.«

[197] *B.A.* III, S. 490. – cf. Irmen, S. 182, *Chronik*, S. 89.

[198] Eine ausführliche Liste freimaurerischer Musiker stellt Strebel SS. 83ff. auf.

[199] … wenn man Irmen Glauben schenkt (cf. Irmen, S. 155: »Die Wiener Freimaurer hielten Kaiser Franz I., den Gatten Maria Theresias und Vater Josephs II., als ihren hohen Protektor und Ordensbruder in Erinnerung.«)

[200] Wyzewa/Saint-Foix, Vol. II, S. 371.

[201] Jean-Victor Hocquard: *La Flûte enchantée*, S. 204.

[202] Dr. William B. Ober: Kommentar zur Schallplattenaufnahme der *Kompletten Freimaurermusik*, FSM 33006/7.

[203] Massin, S. 1133.

[204] Wyzewa/Saint-Foix, Vol. II, S. 736.

[205] Lessing: »Ernst und Falk«, in: *Freimaurerisches Lesebuch*, S. 147.

[206] in: *Dictionnaire*, S. 447. – cf. biographische Hinweise zu Schikaneder.

[207] Hocquard: *La Pensée de Mozart*, Paris, 1958, S. 645.

[208] *Dictionnaire*, S. 496.

[209] Massin, S. 1169.

[210] Massin, SS. 986-87.

[211] ibid., S. 987.

[212] Alec Hyatt King: *La Musique de chambre de Mozart*, S. 42.

[213] Wiederholen wir, dass es irrig ist zu behaupten, wie Autexier dies tut, dass das Licht der Erkenntnis nicht vom Lehrling, sondern erst

vom Gesellen erlebt wird: die Offenbarung des Lichtes ist Seinsgrundlage der Maurerinitiation im ersten Grade.

214 Einstein, S. 255.

215 Massin, S. 1034.

216 Autexier: *Oeuvres*, S. 57.

217 Michel Parouty in: *Guide de la Musique symphonique*, S. 520.

218 Hocquard: *Mozart*, Solfèges, S. 153ff.

219 Massin, S. 1061/62.

220 *Don Giovanni*, atto I, scena XX.

221 Catarina Cavalieri alias Franziska Helena Appolonia Kavalier (1755–1801) .

222 Textzitate nach der Slevogt-Edition, Insel, 1990.

223 »... eine infantile Fabel von erbärmlicher Logik« (Hildesheimer: *Wer war Mozart?*, S. 61), »... ein stupides Textbuch von Schikaneder« (*L'Initiation à la Musique*, S. 263).

224 cf. Csampai, ed.: *Die Zauberflöte*, SS. 115ff., wo die Texte abgedruckt sind.

225 In einem E-Mail vom 21. 01. 2003 an den Autor dieses Buches.

226 Martin Pearlman, Dirigent der Ersteinspielung von *Der Stein der Weisen*, im Begleitheft, S. 19.

227 id., S. 16.

228 Strebel, S. 168.

229 Peter Branscombe: *W. A. Mozart. Die Zauberflöte*, S. 142.

230 Schenk, S. 371, spricht von ihm als einem Logenbruder Mozarts, ebenso Deutsch: *Das Freihaus auf der Wieden 1787–1801*, S. 12, Komorzynski: *Emanuel Schikaneder*, S. 85, *Dokumente*, S. 167. Dies wird aber von Irmen, S. 176, mit guten Argumenten bestritten.

231 (1789?), cf. *Dokumente*, S. 167.

232 Mozart: *Briefe, IV*. S. 137, *Briefe*, Insel, S. 158.

233 Massin, S. 860. Erwähnen wir in diesem Zusammenhang, dass das Hohelied geistiger Toleranz *Nathan der Weise* des Freimaurers Lessing im selben Jahr wie *Zaïde* erschien.

234 Vorwort zu *Der Spiegel von Arkadien*, cf. Strebel, S. 166.

235 Kritische Ausgabe des Textbuches (Buch/Jahrmärker) bei Hainholz, Göttingen 2002.

236 Martin Pearlman: »Ihr volkstümlicher Charakter, mehrstrophiger Stil und ihre Tonart erinnern alle an Papagenos Arie ...«. Beiheft der CD-Integrale, S. 18.

237 cf. Chailley, S. 41. – Nettl: *Mozart und die königliche Kunst,* S. 104.

238 cf. dazu Nettl, SS. 104ff.

239 cf. u.a. Nettl, SS. 102ff.

240 cf. Strebel, S. 168, Elisabeth Grossegger (S. 62) zitierend.

241 ÖNB 847.682A. – cf. Strebel, S. 26.

242 Ich erhielt Kenntnis hiervon durch die französische Schauspielerin und Regisseurin France Darry.

243 Goldonis Komödie wurde von Ermanno Wolf-Ferrari (1876–1948) auf ein Libretto von Luigi Sugana vertont und unter dem Titel »Die neugierigen Frauen« am 27. November 1903 im Residenztheater München uraufgeführt. Deutsche Fassung: Hermann Peibler.

244 http://www.grandeoriente.it/riviste/Hiram/2000/01Innamorati.htm.

245 »Nach zwey Stunden wurde alles zu Staub und Asche verbrannt, und gleich darauf erhielt der Br K-g den Befehl, binnen 24 Stunden Venedig und in drey Tagen das ganze Gebiet der Republik zu verlassen.« in: *Journal für Freymaurer* 1785, 2. Quartalbd. S. 253.

246 Helmut Reinalter, in: *Zaubertöne*, S. 443.

247 cf. Egon Komorzynski: *Emanuel Schikaneder*, S. 99.

248 Schikaneder hatte in Kaiser Leopold II. einen mächtigen Förderer gefunden. Sein Name genügte, um nach dem Bankrott von Bauernfeld, der aber weiterhin mit Schikaneder »Directeur« des Hauses blieb, den Ruf des Theaters aufrechtzuerhalten.

249 cf. hierzu Braunbehrens, S. 402.

250 »His name was Joseph Leutgeb, born Oct.8th 1732, died Feb.27th, 1811. Nobody knows why the name Ignaz appeared. There is no evidence about it. And Mozart did not write ›fool‹ or ›ass‹ at critical points in the concertos. That is not true, as can be seen in my Mozart facsimile book. Mozart had used such terms only at the title of his 2nd concerto. There are some inscriptions on the D-major second Allegro (Rondeau) K.514, but a lot of self irony can be read from that.

Einstein & others stated that Mozart's concerto no. 3 had not been composed for Leutgeb either, as because of its high musical demand. But all of them seemingly have never seen the autograph, where Leutgebs name appears twice, written by Mozart himself. Or did they talk about the no. 4 concerto in our numbering, which originally was numbered as Third Concerto by the first publisher Johann André in Offenbach? But this concerto is mentioned in Mozart's own list as ›ein Waldhornkonzert fuer den Leitgeb‹

(A horn Concert for Leitgeb). Leitgeb was another (Salzburg) spelling of Leutgeb, if one knows the dialect of my home country well. So what about Leutgeb? And the Quintet K.407 always has been called the ›Leitgebische‹«.

»Leutgeb was the only true friend of Mozart. He was some kind of an ›adopted‹ uncle to him, so he could do some rude jokes with him also. These kinds of jokes are only possible between people, who have a very strong & intimate relation to each other. Who was with Mozart in his sad last months, weeks & days & hours: Leutgeb. By whom did Mozart receive all his knowledge about the horn? By a great virtuoso & a great even perhaps naive musician: Leutgeb.« Prof. Hans Pizka, cf. http://www.pizka.de/Mozart.html.

251 Es geht auch hier um den Hornisten Leitgeb. cf. dazu Braunbehrens, s.S. 402/3: »Ich schreibe diesen Brief in dem kleinen Zimmer im Garten bei Leitgeb, wo ich letzte Nacht ausgezeichnet geschlafen habe, und ich hoffe, dass meine liebe Frau eine so gute Nacht wie ich hatte, ich werde die kommende Nacht auch dort verbringen, denn ich habe Leonore Urlaub gegeben, und ich wäre allein zu Hause, was nicht angenehm ist.« (Übersetzung)

252 *B. A.* IV, S. 144.

253 ibid., S. 144.

254 ibid., S. 145.

255 ibid., S. 147.

256 ibid., S. 148.

257 ibid., S. 150.

258 Man kann sich nur wundern, dass Constanze bereits einen Monat nach der Geburt ihres Sohnes eine so beschwerliche Reise unternahm und zugleich geradezu leichtfertig den Neugeborenen einer Amme überließ.

259 Alfred Meißner, zitiert von Strebel, S. 216.

260 Komorzynski, S. 85.

261 1786 hatte Schikaneder sich von seiner Frau Eleonore getrennt, die ihm wegen seiner vielen Seitensprünge den Laufpass gegeben und den Schauspieler Johann Friedel als Geliebten genommen hatte. Als Friedel im März 1789 starb, überließ er seiner Mätresse die Mietrechte zu seinem Theater. Frau Schikaneder schloss Frieden mit ihrem Mann und machte ihn zum Geschäftspartner und Theaterleiter des Unternehmens.

262 Dieses hatte mehr als 1000 Plätze! cf: http://www.falter.at/print/F2002_22_2.php.

263 Anm.: »Schikaneder der Ältere« bezieht sich auf Emanuels Bruder Urban. Die Bezeichnungen Priester, Dame, Sklave stehen jeweils in der Mitte nach Erste(r), Zweite(r), Dritte(r). Deshalb haben wir die erste und letzte Bezeichnung in Klammern eingefügt. Bei »Ein altes Weib« handelt es sich um die verkleidete Papagena, die sich ja erst sehr spät als solche zu erkennen gibt.

264 Komorzynski, S. 109.

265 Massin: »Genèse de l'œuvre«, in: *La Flûte enchantée*, Avant-Scène, S. 7.

266 Komorzynski, S. 109.

267 Sophie Weber heiratete 1807 Jakob Haibel, Komponist, 1789 Mitglied der Theatertruppe Schikaneders, ab 1806 Domkapellmeister des Bischofs von Bosnien in Dakovo.

268 Ab der dritten Aufführung dirigierte Henneberg die Oper, ebenfalls vom Cembalo aus.

269 i.e. Constanzes Mutter.

270 Streichungen durch Nissen: etwa eine Drittel-Zeile und eine Zeile, cf. *B.A.*, IV, S. 160.

271 Lechleitner ist unbekannt geblieben; der andere Name: … wurde von Nissen gestrichen.

272 Letzteres ist eine Anspielung auf Sarastros Worte im Terzett Nr. 19 der *Zauberflöte*.

273 Catarina Cavalieri (cf. supra).

274 i.e. Ouvertüre.

275 Man kann sich die leuchtenden Kinderaugen des Siebenjährigen vorstellen …

276 Massin, S. 564.

277 Dieser Satz muss auch in Verbindung gebracht werden mit einem anderen Vers des letzten von Mozart vollendeten Werkes, der *Kleinen Freimaurer-Kantate*, *KV.623*: »Verbannt sei auf immer Neid, Habsucht und Verleumdung / Aus unsrer Maurerbrust.«

278 Zur detaillierten Deutung des Frontispizes von Alberti, cf.: http://www.internetloge.de/zaujpg/zaudia08.htm.

279 Nettl in: *Die Zauberflöte*, ed. Csampai/Holland, S. 185.

280 Irmen, S. 175, ist im Irrtum, wenn er schreibt, dass Mozarts Loge Joseph Graf Pergen, den Sohn des Polizeiministers am 14. 12. 1785 aufgenommen hätte oder vielleicht aufnehmen musste. Bei dem Erwähnten handelt es sich um den Sohn des Grafen Johann Baptist Carl von Pergen (1717–1777). cf. auch Schuler, S. 38.

281 i.e. Revolution.

282 Übersetzung ins Deutsche vom Autor, dem eine Kopie des Schreibens durch einen Wiener Maurerfreund zugestellt wurde. – cf. auch Irmen, SS. 270ff.

283 VA 41.

284 Müsste heißen: 1785-86!

285 Braunbehrens, S. 269.

286 Brief vom 27. November 1799, *B. A.*, IV, SS. 299–300. – cf. *Zaubertöne*, S. 296. Der von Constanze genannte »Jemand« war Anton Stadler, cf. *B. A.*, VI. S. 509.

287 Brief vom 21. Juli 1800, *B. A.*, IV, SS. 360–361. Hier offenbart Constanze selbst den Namen von Mozarts Partner, mit dem er über die »Geselschaft die er errichten wollte« nachdachte, cf. Brief vom 27. 11. 1799. – cf. auch Braunbehrens, S. 269.

288 cf. Chailley, S. 152.

289 *Zaubertöne*, S. 324ff.

290 Braunbehrens, S. 273.

291 cf.: Chailley, S. 188 ff., ein Leitwerk für alles, was die maurerische Bedeutung der *Zauberflöte* betrifft.

292 Wir vollziehen so auch die Trennung zur Welt der Vorgängeroper: *Der Stein der Weisen*, die darüber nicht hinauskommt.

293 Mitteilungen der Internationalen Stiftung Mozarteum, Juli 1991 – cf. *Zaubertöne*, S. 399.

294 *Mozart connu et inconnu*, SS. 288 ff. und *Mozart. 12 novembre 1791*.

295 Camerale Protokoll 1791, f°s 1586v°–1587r°.

296 cf. Landon: *Mozart et les francs-maçons*, S. 8, cf. *Zaubertöne*, S. 399.

297 VA 70/39 – cf. auch Irmen, S. 93.

298 Schuler, S. 30.

299 VA 69/31–33.

300 Brief an Constanze vom »Charfreytage den 10. April 789.« in *B. A.* IV. S. 79–80.

301 Aus dem »Krönungsjournal für Prag«, zitiert in *Dokumente*, S. 177.

302 *B. A.* IV. SS. 82–83.

303 »Er spielte da eine Stunde lang schön und kunstreich«, berichtet Friedrich Rochlitz. cf. Schenk, SS. 528–529.

304 Ernst Friedlaender: »Mozarts Beziehungen zu Berlin«, In: *Mitteilungen für die Mozartgemeinde in Berlin*, Heft 4, 1897, S. 118.

305 *Zaubertöne*, S. 400.

306 Braunbehrens S. 135, Michael Kelly zitierend.

307 *Mozart connu et inconnu*, S. 297.

308 Friederike von Preußen. Das Konzert fand am 26. statt, ohne nennenswerte materielle Ergebnisse für Mozart.

309 *B. A.* IV. SS. 88–90.

310 Anmerkung in der von Hildesheimer kommentierten Ausgabe der *Briefe, Insel*, S. 146.

311 ibid.

312 cf. Werner Ogris: *Mozart im Familien- und Erbrecht seiner Zeit*, S. 134.

313 *Mozart connu et inconnu*, S. 289.

314 Massin, S. 500.

315 cf. *Chronik eines Lebens*, S. 106. – *B.A.*, IV. SS. 114–115.

316 Die Sperrs-Relation wurde juristisch auch Verlassenschaftsabhandlung genannt. Sie gab Auskunft über persönliche Umstände und die Hinterlassenschaft des Verstorbenen, cf. Ogris, S. 110, *Zaubertöne*, S. 528.

317 *B.A.*, IV, S. 139.

318 i.e. das Dienstmädchen, bei dem es sich wohl um die Leonore handelt, die Mozart in seinem Brief vom 6. Juni erwähnt.

319 Das stellt klar, dass »N. N.« nicht Karl Lichnowsky ist, da dessen Vater, Johann Karl, 1788 gestorben war.

320 Mitglied der ersten Loge »Zur gekrönten Hoffnung«.

321 *B.A*, IV, S. 138.

322 ibid. S. 147.

323 Francis Blanchard gelang es nach zwei vergeblichen Versuchen, in seiner Montgolfière am 6. Juli 1791 im Prater aufzusteigen und glücklich in einem Wiener Vorort (Groß-Enzersdorf) zu landen.

324 *B.A*, IV, S. 148.

325 ibid. VI. SS. 414–415.

326 d.h., Constanze in Baden zu besuchen.

327 *B. A.* IV. SS. 151–152.

328 cf.: *B.A.* VI. S. 420. Mozart erwähnt Wetzlar auch in seinen beiden Briefen vom 5. Juli: »Ich muß zum Wetzlar eilen sonst treffe ich ihn nicht mehr an. – «, cf.: *B.A.* IV. SS. 146 und 147.

329 ibid. S. 140.

330 Nach Bauer/Deutsch (*B. A.* IV. S. 140) an Plankenstein. Eibl aber korrigiert und sieht in Puchberg »mit Sicherheit« den Adressaten, weil Mozart sich für die am 25. Juni erbettelten und von Puchberg zugeschickten 25 Gulden bedankt, und weil Franz Deyerkauf, ein Freund Puchbergs und Freimaurer, im Brief erwähnt wird. Dieser

Kunst- und Musikalien-Händler errichtete als erster am 15. 5. 1792 in seinem Garten ein Denkmal zu Ehren Mozarts. cf. *B. A.* VI. S. 415.

[331] *Mozart. Mensch, Musiker, Freimaurer*, S. 70. – cf. August Horneffer: *Freimaurerisches Lesebuch*, SS. 9–10.

[332] Massin, S. 511.

[333] Jean und Brigitte Massin zufolge, soll Mozart ihn nur noch so genannt haben. cf. ibid. – cf. *B.A.* IV. S. 100, VI. S. 389.

[334] Schenk, S. 539.

[335] ibid.

[336] Zitiert bei Braunbehrens, S. 167.

[337] Thierry Beauvert: *La flûte enchantée*, S. 16. Insgesamt gab es im alten Theater auf der Wieden bis zum 6. Mai 1801 223 Aufführungen. (cf. »La Flûte enchantée«. Avant-Scène, 1, S. 114.)

[338] cf. Braunbehrens, S. 410: »(…) zeigt sich auch bey Hof wider Mozarts Composition eine vorgefaste Abneigung (…)« Zitiert nach Tomislav Volek.

[339] Landon: *Mozart connu et inconnu*, S. 302.

[340] cf. Braunbehrens, S. 450.

[341] cf. Landon: *Mozart connu et inconnu*, S. 301.

[342] Franz Xaver Niemetschek: *Leben des KK Kapellmeisters Wolfgang Gottlieb Mozart,* S. 233, deutscher Original-Text und französische Übertragung.

[343] Friedrich von Schlichtegroll: *Nekrolog auf das Jahr 1791*. II. Teil, Gotha, 1793, deutscher Original-Text und französische Übertragung in supra, S. 327. Schlichtegroll war »Gronovius« bei den Illuminaten, cf. http://www.geheime-gesellschaften.de/Schlichtegroll.htm.

[344] Niemetschek, SS. 231/233.

[345] *A Mozart Pilgrimage. Being the Travel Diaries of Vincent and Mary Novello in the year 1829*, transcribed and composed by Nerina Medici di Marignano, edited by Rosemary Hughes, London, 1955.

[346] »Mozart. (Nekrol.1791, II, 82.)« in: *Vie*, op. cit. S. 329.

[347] Der Gatte von Mozarts Schwägerin Josepha geb. Weber, Sängerin der »Königin der Nacht«.

[348] Nachruf für Benedikt Schack in: Allgemeine Musikalische Zeitung, Leipzig, 25.Juli 1827, zitiert in: Hartmut Gagelmann: *Mozart hat nie gelebt …* S. 66.

[349] Sophie Haibel-Weber, in: O.E. Deutsch: *Dokument*, SS. 449ff.

[350] Das »Benedictus«-Thema, das in seiner Inspiration über Süßmayrs

kompositorische Begabung weit hinausreicht, wurde in einem Skizzenheft Mozarts wieder gefunden, das seiner Klavierschülerin Barbara Ployer, der Tochter des Salzburger Hofagenten in Wien, Franz Kajetan Ployer gehört hatte. Mozart widmete ihr seine Klavierkonzerte in Es-Dur KV 449 und in G-Dur KV 453. – cf.: http://www.spectrumsingers.org/archives/1998-99/may99_notes.html.

351 cf. *Zaubertöne*, S. 523. – Reproduktion des Dokumentes in: »Rheinischer Merkur«, 20. Dezember 1991, S. 18.

352 Brief Constanzes an Abbé Maximilian Stadler vom 31. 5. 1827, zitiert von Landon in: Begleitheft zur *Requiem*-Aufnahme, Nimbus Records NI 5241, 1990.

353 cf. Heinz Gärtner: *Mozarts Requiem und die Geschäfte der Constanze M.*, S. 38. »Kein Zweifel also, es musste richtungsweisende Skizzen Mozarts zum Requiem gegeben haben.« (Gärtner, ibid.).

354 »Gaulimauli«, wortwörtlich »Pferdemaul«. In seinem Brief vom 14. 1. 1778 an Gottfried van Swieten schreibt Mozart, dass seine Gefährten auf der Reise nach Prag Spitznamen verliehen hatten: Punkititi = Mozart, Schabla Pumsa = Constanze, Rozka Pumpa = Hofer, Notschibikitschibi = Stadler, Hikkiti Horky = Jacquin. Man muss dies auch als eine ironische Anspielung auf die Namensänderungen bei den Illuminaten sehen: Weishaupt = Spartacus, Knigge = Philon, Goethe = Abaris, Nicolai = Lucien, Herder = Damasus Pontifex, Born = Furius Camillus, Gemmingen = Antonius, Sonnenfels = Fabius, Cobenzl = Numa Pompilius Romanus … cf. u.a. Massin, S. 458. Erwähnen wir auch, dass die Familie Mozart eine Geheimsprache in ihrem Briefverkehr benutzte, bei der sie die Vokale a-e-i-o-u mit den Konsonanten m-l-f-s-h austauschte.

355 Landon: *1791*, S. 233: »Es ist der Graphologe Herbert Peter, der die Unterschriftenfälschung durch Süßmayr herausgefunden hat.« – cf. ibid., S. 163.

356 Gärtner, S. 63.

357 In diesem Zusammenhang ist es unerheblich, ob es Mozart selbst komponiert hat oder sein Logenbruder Johann Holzer, wie Alexander Weinmann (cf. GEO spezial: Österreich, 1991) angibt.

358 Georges Favier in Einführung zu: *Vie*, S. 111.

359 Massin, S. 1163.

360 Gärtner, S. 54 – cf. Landon: *1791*, S. 156.

361 Zitiert von Gärtner, S. 25.

362 Franz Zoglauer: »Das Schloss des vermummten Herrn«, in: PARNASS: Mozart, Linz, 1990, SS. 86ff.

[363] *B. A.* IV. S. 82 (Brief vom 16. 4. 1789).

[364] *B. A.* IV. S. 82 (Brief vom 23. 5. 1789) – cf. auch Gagelmann, S. 108 und *Dictionnaire*, S. 70.

[365] David Humphreys: *Dictionnaire*, S. 431. – cf. auch Peter Gay: *Mozart*, S. 136.

[366] cf. *Zaubertöne*, SS. 520–521.

[367] cf. *Zaubertöne*, SS. 518–519.

[368] *Mozart Lexikon*, S. 212 – *Zaubertöne*, S. 521.

[369] http://www.physik.uni-regensburg.de/unichor/uc.html und: http://www.physik.uni-regensburg.de/unichor/uc-Aktuelle.html.

[370] Carl de Nys: *La musique religieuse de Mozart*, S. 114, die Nachforschungen von Otto Schneider zitierend. – cf. auch Gärtner, op. cit.

[370] Gärtner, SS. 67–68.

[370] ibid. S. 75.

[373] Autexier bleibt aber den Beweis für seine Behauptung schuldig, Mozart hätte Walsegg ein *komplettes* (er selbst unterstreicht!) Requiem lange vor seinem Tode abgeliefert! (*Mozart*, S. 127; *Oeuvres*, S. 112).

[374] Massin, S. 1164.

[375] cf. Massin, SS. 1144 und 1166.

[376] … »um dem Werk mehr Einförmigkeit zu geben.« (Süßmayr, zitiert von Gärtner, S. 57).

[377] Massin, S. 1167.

[378] Niemetschek: *Vie*, S. 232. Wir unterstreichen: Sieben Jahre nach Mozarts Tod wagte man nicht einmal mehr, die Freimaurerei beim Namen zu nennen!

[379] *Zaubertöne,* S. 546, Anm. 4.

[380] Gagelmann, SS. 20ff.

[381] Otto Biba in: *Mozart*, Bundespressedienst, Wien, 1990, S. 26.

[382] Sophie Haibel-Weber an Nissen, am 7. 4. 1825, cf. u. a. *Dictionnaire*, S.174 und Braunbehrens, S. 426.

[383] Georg Nikolaus Nissen: *Biographie W. A. Mozarts*, 1972 (Nachdruck), S. 572.

[384] Sophie Haibel-Weber, cf. supra.

[385] cf. Braunbehrens, S. 427ff.

[386] Schenk, S. 578.

[387] Jean Victor Hocquard: *Mozart*, S. 608. Die Sterbesakramente (»moribundorum sacramentis«) bestehen aus Generalbeichte, Kommunion und Letzter Ölung. Als endlich ein Priester kam,

lebte Mozart nicht mehr. Er konnte dem Toten also nur noch die rituelle Ölung verabreichen. Ohne diese Sakramente und die damit verbundene Buße und Absolution den Tod zu finden, aber bedeutete für gläubige Menschen, viel höhere Qualen im Fegfeuer für die nicht vergebenen Sünden erleiden zu müssen. Daher Sophies Ausdruck vom »Geistlichen Unmenschen«, der absichtlich »zu spät« gekommen war.

388 *Dokumente*, S. 187.

389 ibid.

390 ibid.

391 Massin, S. 573, Schenk, S. 577.

392 Sophie Haibel-Weber, cf. Landon, S. 166, Braunbehrens, S. 428.

393 SS. 44, sq. 220.

394 cf. Landon, S. 167.

395 Landon: *1791*, SS.178–179 – Gagelmann, SS. 72–74.

396 cf. Landon, S. 158. Mit der fehlenden Autopsie begründet Rolf Hochhuth in *Nachtmusik* die Vergiftung Mozarts durch Hofdemel: »Magdalena (i.e. Hofdemel zu ihrem Mann): Und deshalb sagt Sophie, haben auch seine Ärzte abgesprochen: keine Obduktion, kein Krankenblatt. / Er wusste: *Du* bist sein Mörder! Kein anderer – *keiner* hatte sonst ein Motiv.« – »Oder dass vielleicht die zwei Ärzte das gesehen haben – und deshalb für immer schwiegen, außerhalb des Sterbehauses«. in: Hochhuth: *Täter und Denker*, S. 274.

397 cf. Landon, S. 166, Nissen zitierend.

398 cf. u.a. Braunbehrens, S. 429.

399 Niemetschek, S. 232.

400 Georg Nikolaus Nissen: *Biographie W. A. Mozarts nach Originalbriefen*, SS. 563ff.

401 »acqua« ist falsch geschrieben; richtig muss es: »aqua« heißen.

402 Klaus Umbach, zitiert von Hochhuth in: *Täter und Denker*, S. 271.

403 Novello, SS. 124–128.

404 *Briefe* IV, S. 100.

405 Chailley: »… vielleicht auch er Freimaurer: sein Werkverzeichnis enthält jedenfalls verschiedene maurerische Musiken …«, S. 330.

406 Landon: *1791*, SS. 113 und 119. Nach der Rekonstruktion des Musikprogramms der Krönungsfeierlichkeiten durch Martin Haselböck (NOVALIS, CD 150 087–2) sollen dabei von Mozart die *Missa Aulica* C-Dur, KV 337 und der *Hymnus* »Splendente te, Deus«, KV Anh.121, aufgeführt worden sein.

[407] Fröhlich, S. 289ff.
[408] Gagelmann, SS. 35–43. – Braunbehrens, S. 431.
[409] *Zaubertöne*, S. 399. – cf. *B. A.* IV, S. 78.
[410] Eibl: *Chronik eines Lebens*, S. 108.
[411] Gärtner, S. 44.
[412] ibid.
[413] »... auch sei es erst später durch vieles Zureden gelungen, ihn dazu zu bringen, dass die Frau ihn besuchen durfte, wo er dann auch phantasiert habe.« (Otto Jahn: *Gesammelte Aufsätze über Musik*. zitiert bei Hochhuth, SS. 142–143).
[414] cf. Carr, SS. 205ff.
[415] Rolf Hochhuth: *Nachtmusik & Das Recht auf Arbeit, 2000.*
[416] In einem zusätzlichen Aufsatz: »Mozart und das Ehepaar Hofdemel« (in: *Täter und Denker*, Rowohlt) »entfaltet Hochhuth das Problem mit der bekannten und oft verspotteten Umständlichkeit« (Ulrich Fischer) und verlässt sich ganz und ausschließlich auf Francis Carr als Quelle.
[417] cf. Wolfgang Ritter: *Wurde Mozart ermordet?*, SS. 77ff.
[418] cf. Dieter Kerner: *Krankheiten großer Meister*, Bd.1, Stuttgart, 1963, S. 46.
[419] cf. Dalchow, Duda, Kerner: *Mozarts Tod. 1791–1971*, S. 50ff.
[420] cf. Mathilde Ludendorff: *Mozarts Leben und gewaltsamer Tod,* zitiert von Michael Winter, in: *Mozart*, VITA 1, Hamburg, 1990, SS.78ff.
[421] Braunbehrens, S. 433: »eine der furchtbarsten Rassenfanatikerinnen«. Noch im Spruchkammerverfahren von 1949 äußerte sie antisemitische Überzeugungen und wurde am 5. 1. 1950 als »Hauptschuldige« eingestuft.
[422] Dr. Davies, zitiert von Landon in: *1791*, S. 176 – cf. Gagelmann, S. 70ff.
[423] Hans Bankl, in: *Zaubertöne*, SS. 538ff., und PARNASS 6, SS. 91ff.
[424] cf. Gay: »And so when Mozart's physicians and their colleagues prescribed their deadly remedies, they more often exacerbated an illness than alleviated it. Mozart was only one of their most distinguished victims«, S. 139.
[425] cf. »Die Presse«, 13.–14. Juni 2001. 44 Tage vor Mozarts Tod, das wäre am 22. Oktober 1791 gewesen; nun aber stammt der letzte Brief aus seiner Feder vom 14. Oktober!
[426] Woher »weiß« Dr. Hirschmann, dass Mozart Koteletts liebte, die

nicht durchgebraten waren? Man vermeidet, im Gegenteil, dass die Karbonade am Knochen blutig bleibt.

427 Jan V. Hirschmann: »What Killed Mozart?«, Vol. 161 No. 11, June 11, 2001. *Archives of Internal Medicine*, SS. 1381–1393.

428 Nennt man so etwas wissenschaftliche Seriosität? Der Tod durch Fadenwürmer trat u. U. schon innerhalb der ersten 24–48 Stunden ein, wohl kaum aber noch nach 58 Tagen.

429 *B. A.*, IV, S. 158. »Marions Kochbuch« notiert: »Karbonade wird auch Kotelett, Karree oder Schoßstück genannt. Es wird aus der Rippe vom Schwein oder Kalb geschnitten und ist ca. 2 cm dick, genau wie die entsprechende Rippe«. Bei Mozarts »Carbonadeln« musste es sich demnach nicht unbedingt um Schweinefleisch gehandelt haben, auch wenn die Wahrscheinlichkeit groß war, gerade in Österreich, wo zumeist Jungschweine dazu verwendet wurden. Diese Information verdanke ich Herrn Dr. Josef Azizi.

430 cf. Bas Kast (»Tagesspiegel«, 18. Juni 2001). http://www2.tagesspiegel.de/archiv/2001/06/17/ak-we–445135.html.

431 Landon: *1791*, S. 134.

432 Bericht von Mozarts Schüler Ludwig Gall, zitiert in *Zaubertöne*, S. 542.

433 Landon: *1791*, S. 182.

434 Detaillierte Aufstellung von Soll und Haben bei Braunbehrens, SS. 448–449.

435 *Dokumente*, S.494, davon 500 an Anton Stadler »ohne obligo«, cf. Braunbehrens, S. 449.

436 Annette Kolb: *Mozart*, Frankfurt, 1985, S. 180: »Sie ihrerseits taten nichts für ihn, weder als er in Not geriet, noch als er starb, nichts, um ihn würdig zu bestatten.« – cf. auch SS. 308ff.

437 Biba, S. 26.

438 *Zaubertöne*, S. 207, Braunbehrens, S. 438.

439 cf. Braunbehrens, SS. 436 ff., eine unschätzbare Dokumentation, cf. auch Gagelmann, SS. 24ff.

440 cf. Walther Brauneis in: *Zaubertöne*, S. 547 und Braunbehrens, SS. 440ff.

441 Diese Hinweise verdanke ich Frau Dr. Waltraud Herzog, Mitautorin des Filmes: *Mozart. Ein Kopf mit vielen Gesichtern* – cf. auch *Zaubertöne*, S. 534.

442 *Zaubertöne*, S. 542.

443 Laut Hochhuth. Belege für ihre Anwesenheit gibt es allerdings nicht!

[444] Gelegenheitskomponist, Fagottist, Violinist und Leiter eines Privatorchesters, in dem der junge Franz Schubert die Violine spielte. Hatwig sollte in Schuberts Leben eine nicht unbedeutende Rolle spielen. Gieseke seinerseits schrieb sich als erster in Hatwigs Stammbuch ein.

[445] *Zaubertöne*, S. 544.

[446] Ein allgemeines Grab war eines, auf dem kein Eigentumsrecht bestand, das deswegen nach zehn Jahren umgegraben werden konnte.

[447] Auf Französisch notiert. cf. *Dokumente*, Addenda u. Corrigenda, S. 73 – cf. Chailley, S. 79 (dies schon 1968!).

[448] *Zaubertöne*, S. 528.

[449] Braunbehrens, S. 441, Gagelmann, S. 21.

[450] G. A. von Griesinger, zitiert in *Zaubertöne*, S. 546.

[451] Landon: *Mozart,* S. 229.

[452] Auszug aller europäischen Zeitungen, unter der Sparte »Wiener Nachrichten« vom 13. Dezember 1791, cf. http://www.bachakademie.de/sak98/sak20.htm#top.

[453] ibid.

[454] *Zaubertöne*, S. 529.

[455] Österreichische Nationalbibliothek Wien.

[456] Landon: *1791*, S. 184.

[457] ibid., S. 71.

[458] Die Rechtschreibung entspricht der des Originaldokumentes.

[459] *Mozart. Mensch, Musiker, Freimaurer*, S. 52 ff., cf. ibid. SS. 50 ff.

[460] Strebel, S. 179.

[461] *Zaubertöne*, S. 295.

[462] Strebel, S. 172.

[463] ibid.

[464] Braunbehrens, S. 154. Das Kapitel: »Mozarts Einnahmen« liefert einen ausgezeichneten Überblick zum Thema.

[465] *Mozart. Mensch, Musiker, Freimaurer*, SS. 50–52.

Anhang

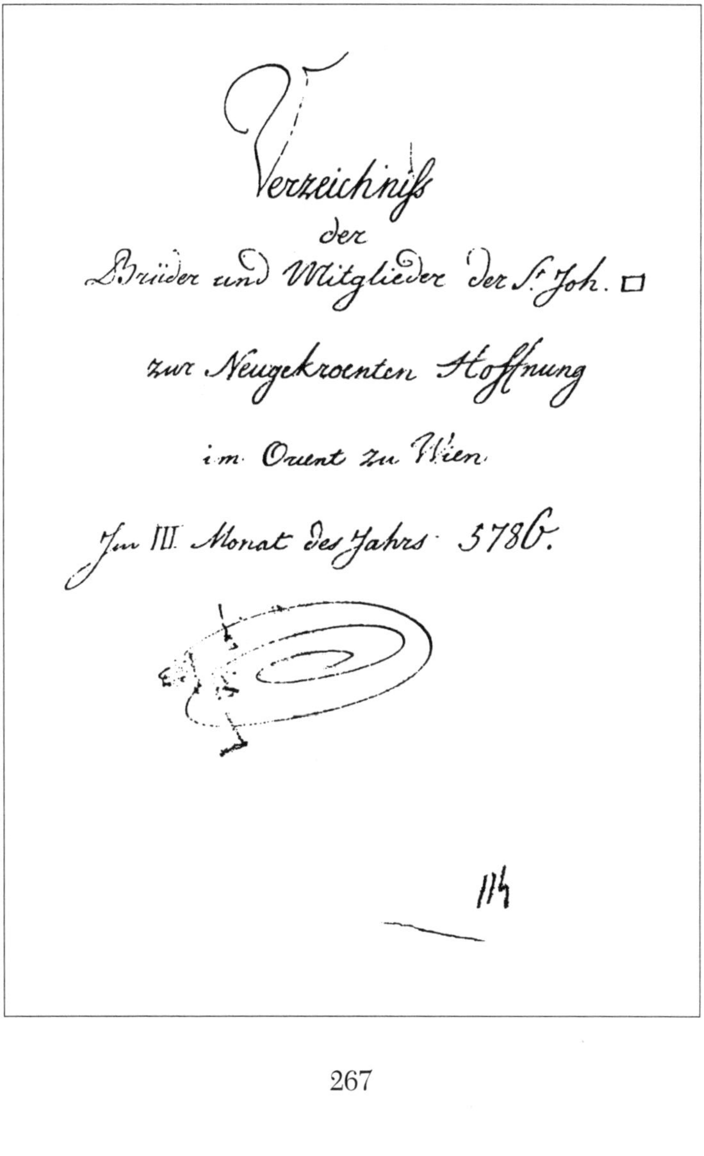
Verzeichniß
der
Brüder und Mitglieder der St. Joh. □
zur Neugekroenten Hoffnung
im Orient zu Wien.
Im III. Monat des Jahrs 5786.

114

Texte zu den Maurer-Musiken

O heiliges Band KV 148/125h
1. Lobgesang auf die feierliche Johannisloge
Ludwig Friedrich Lenz (1717–1780)
Lied für Tenor und Klavier

O heiliges Band der Freundschaft treuer Brüder,
Dem höchsten Glück und Edens Wonne gleich,
Dem Glauben freund, doch nimmermehr zuwider
Der Welt, bekannt und doch geheimnisreich.

Auf, Maurer! singt; laßt heut den Erdkreis hören,
es sei der Tag, dem dieses Lied geweiht,
ein herrlicher, ein großer Tag der Ehren,
ein hohes Fest der Treu' und Einigkeit
.
Sie macht uns groß; sie bringt uns hoch zu Ehren,
dass unser Preis vom Nord zum Südpol blüht,
und Phöbus' Aug' auf beiden Hemisphären
nichts Herrlicher's als unsre Logen sieht.

Ist's Eitelkeit? sagt, oder ist es gründlich,
das stille Glück, dem sich die Maurer weih'n?
Kann ein Gesetz, das töricht oder sündlich,
so fest besteh'n, von solcher Dauer sein?

Nein! Denn ist's wahr, dass Gott selbst in uns allen
den edlen Trieb, sich zu gesellen nährt,
so muss gewiß ihm ein Gesetz gefallen,
das Freundschaft heißt und Menschen lieben lehrt.

2. Dir, Seele des Weltalls KV 429
Lorenz Leopold Haschka (1749–1827)
Kantate für Tenor, Männerchor, Orchester (2 Violinen, Bratsche, Kontrabass, Flöte, 2 Oboen, Klarinette, Fagott, 2 Hörner) und Orgel

---

Chor
Dir, Seele des Weltalls, o Sonne, sei heut'
Das erste der festlichen Lieder geweiht!
O Mächtige! ohne dich lebten wir nicht;
Von dir nur kommt Fruchtbarkeit, Wärme und Licht!
O Sonne! O Mächtige!

Arie/Tenor
Dir danken wir die Freude,
Daß wir im Frühlingskleide
Die Erde wieder seh'n,
Daß laue Zephiretten
Aus süßen Blumenketten
Uns Duft entgegenweh'n,

Dir danken wir,
Daß alle Schätze spendet
Und jeden Reiz verschwendet
Die gütige Natur,
Daß jede Lust erwachet
Und alles hüpft und lachet
Auf segensvoller Flur.
(…)
Dir Seele des Weltalls, o Sonne,
Ist heut' in Ehrfurcht die festliche Hymne geweiht.
O Gütige, ohne dich liebten wir nicht,
Von dir kommt Zuversicht, Liebe und Licht.
O Sonne, Gütige, o Seele des Weltalls,
Dir ist heut' in Ehrfurcht die festliche Hymne geweiht,
Dir sei's heut' bezeugt:
Von dir nur kommt Fruchtbarkeit, Wärme, Licht.
Dir Seele des Weltalls …
Von dir kommt Zuversicht, von dir nur kommt Fruchtbarkeit,
Nur kommt Heiterkeit, Liebe und Licht.

3. Die ihr einem neuen Grade KV 468
Lied zur Gesellenreise
Franz Joseph Ratschky (1757–1810)
Für Tenor und Klavier

Die ihr einem neuen Grade
Der Erkenntnis nun euch naht,
Wandert fest auf eurem Pfade,
Wißt, es ist der Weisheit Pfad.
Nur der unverdroß'ne Mann
Mag dem Quell des Lichts sich nah'n.

Nehmt o Pilger zum Geleite
Eurer Brüder Segen mit!
Vorsicht sei euch stets zur Seite;
Wißgier leite euren Schritt!
Prüft und werdet nie dem Wahn
Träger Blindheit untertan!

Rauh ist zwar des Lebens Reise,
Aber süß ist auch der Preis,
Der des Wandrers harrt, der weise
Seine Fahrt zu nützen weiß.
Glücklich, wer einst sagen kann:
Es ist Licht auf meiner Bahn!

4. Zur Eröffnung der Meisterloge
*Gottlieb von Leon (1757–1830)**

Des Todes Werk, der Fäulnis Grauen,
Kann nur ein Meister ruhig schauen
Ihn schröcket die Verwesung nicht;
Er sieht mitten in dem Modern
Des beßren Lebens Flamme lodern
Und hoffet auf der Wahrheit Licht.

In dunkle Schatten eingehüllet
Von Schmerz und reinem Sinn erfüllet
Umringen wir dein heilig Grab
O Adoniram! Großer Meister
Send' einen deiner weisen Geister
In diesen Brüderchor herab.

---

*) Die Musik von Mozart ging verloren

Damit sie dein Werk ganz erkennen,
Nicht deine Schüler nur sich nennen,
Und Gabaons durch Taten sind.
O selig, wer an Geist und Stärke
Dir gleicht, und deiner großen Werke
Unendlich reichen Lohn gewinnt.

Mit dieser Hoffnung gehn wir wieder
An unsre Arbeit, teure Brüder!
Die Arbeit, die den Meister freut;
Und heben so mit frohem Mute
Aus des Verderbens trüben Blute
Den Bruder, zum Lichte eingeweiht.

5. Zum Schluss der Meisterarbeit
Gottlieb von Leon (1757–1830)*

Vollbracht ist die Arbeit der Meister
Der Tote ist wieder erwacht;
Wir haben dem Vater der Geister
Ein würdiges Opfer gebracht.

In Bildern, doch nur noch verborgen,
In Zeichen und Worte versteckt;
Noch rötete sich nicht der Morgen,
der uns das Leben erweckt.

Erst wenn die Posaune zum Sehen
Des Lichtes im Osten uns ruft,
Wenn Körper aus Stäubchen entstehen
Und Menschen aus Gräbern und Gruft:

Dann fällt von dem Auge die Binde,
Dann ist die Versicherung wahr:
»Den Ich in dem Meisterschmuck finde
Dem wird auch das Meisterwort klar«.

*) Die Musik von Mozart ging verloren

Bis hin zu der seligen Stunde,
Laßt Brüder, uns täglich erneun
Die Zeugen vom ewigen Bunde,
Dem wir uns durch drei mal drei weihn.

Und Wohltun und Liebe vertreiben
Und Segen erflehen herab.
Nur wen solche Zeugen begleiten,
Der gehet als Meister ins Grab.

6. Sehen, wie dem starren Forscherauge KV 471
Kantate: Die Maurerfreude
Franz Petran
Für Tenor, Männerchor (TTB) und Orchester (2 Violinen, 2 Bratschen, Kontrabass, 2 Oboen, Klarinette, 2 Hörner)

Solo
Sehen, wie dem starren Forscherauge
Die Natur ihr Antlitz nach und nach enthüllet;
Sehen, wie sie ihm mit holder Weisheit
Voll den Sinn und voll das Herz mit Tugend füllet
Das ist Maureraugenweide,
Wahre, heiße Maurerfreude.

Rezitativ
Sehen, was die Weisheit und die Tugend
An den Maurer, ihren Jünger,
Hold sich wenden, sprechen:
Nimm, Geliebter, diese Kron'
Aus unsers ält'sten Sohns (Ält'sten Sohn?*),
Aus Josephs Händen.
Das ist das Jubelfest der Maurer,
Das, das der Triumph der Maurer.

Solo
Drum singet und jauchzet, ihr Brüder!
Laßt bis in die innersten Hallen
Des Tempels den Jubel der Lieder,

---

*) cf. Irmen, S.155

Laßt bis an die Wolken ihn schallen!
Singt, singt, singt!

Lorbeer hat Joseph der Weise zusammengebunden,
Mit Lorbeer die Schläfe dem Weisen der Maurer umwunden.

Chor
Lorbeer …

---

7. Zerfliesset heut', geliebte Brüder KV 483
Zur Eröffnung der Freimaurerloge
August Veith Edler von Schittlersberg (1751–1811)
Lied für Tenor, Männerchor und Orgel

Solo
Zerfließet heut', geliebte Brüder,
In Wonn und Jubellieder,
Josephs *Wohltätigkeit*
Hat uns in deren Brust
Ein *dreifach Feuer* brennt,
Hat unsre *Hoffnung neu gekrönt* *.

Chor
Vereinter Herzen und Zungen
Sei Joseph dies Loblied gesungen,
Dem Vater, der enger uns band.
Wohltun ist die schönste der Pflichten;
Er sah sie uns feurig verrichten
Und krönt uns mit liebvoller Hand.

Solo
Dank euch der Schar, die eh uns wachte,
Der Tugend Flamm' anfachte
Und uns zum Beispiel war,
Aus deren jedem Tritt
Auf ihrem Maurergang
Ein Quell des Bruderwohls entsprang.

---

*) Man erkennt die Namen von drei fusionierten Logen

Chor
Das innigste, tätigste Streben
Zu ihnen empor sich zu heben,
Ist allen der herrlichste Dank
Drum laßt uns, verdreifacht die Kräfte,
Beginnen die hohen Geschäfte
Und schweigen den frohen Gesang.

Ihr, unsre neuen Leiter KV 484
Zum Schluss der Freimaurerloge
Augustin Veith Edler von Schittlersberg (1751–1811)
Lied für Tenor, Männerchor und Orgel

Solo
Ihr, unsre neuen Leiter,
Nun danken wir auch eurer Treue;
Führt stets am Tugendpfad uns weiter,
Daß jeder sich der Kette freue,
Die ihn an bess're Menschen schließt
Und ihm des Lebens Kelch versüßt.

Chor
Beim heiligen Eide geloben auch wir,
Am großen Gebäude zu bauen wie ihr.

Solo
Hebt auf der Wahrheit Schwingen
Uns höher zu der Weisheit Throne,
Daß wir ihr Heiligtum erringen
Und würdig werden ihrer Krone,
Wenn ihr wohltätig für den Neid
Profaner selbst durch uns verscheut.

Chor
Beim heiligen Eide geloben auch wir,
Am großen Gebäude zu bauen wie ihr.

8. Die ihr des unermeßlichen Weltalls Schöpfer ehrt KV 619
Kleine deutsche Kantate
Franz Heinrich Ziegenhagen (1753–1806)
Für Tenor und Klavier

Rezitativ
Die ihr des unermeßlichen Weltalls Schöpfer ehrt,
Jehova nennt ihn, oder Gott, nennt Fu ihn, oder Brama,
Hört, hört Worte aus der Posaune des Allherrschers!
Laut tönt durch Erden, Monden, Sonnen ihr ew'ger Schall.
Hört, Menschen, hört, Menschen, ihn auch ihr!

Andante
Liebt mich in meinen Werken!
Liebt Ordnung, Ebenmaß und Einklang!
Liebt euch, euch selbst und eure Brüder!
Körperkraft und Schönheit sei eure Zierd',
Verstandeshelle euer Adel!
Reicht euch der ew'gen Freundschaft Bruderhand,
Die nur ein Wahn, nie Wahrheit, euch solang entzog.

Allegro
Zerbrechet dieses Wahnes Bande,
Zerreißet dieses Vorurteiles Schleier,
Enthüllet euch vom Gewand,
Das Menschheit in Sektiererei verkleidet!
In Kolter schmiedet um das Eisen,
Das Menschen, das Brüderblut bisher vergoß!
Zersprenget Felsen mit dem schwarzen Staube
Der mordend Blei ins Bruderherz oft schnellte!

Andante
Wähnt nicht, dass wahres Unglück sei auf meiner Erde!
Belehrung ist es nur, die wohltut,
Wenn sie euch zu bessern Taten spornt,
Die, Menschen, ihr in Unglück wandelt,
Wenn töricht blind ihr rückwärts in den Stachel schlagt,
Der vorwärts euch antreiben sollte.
Seid weise nur, seid kraftvoll, und seid Brüder!
Dann ruht auf euch mein ganzes Wohlgefallen,

Dann netzen Freudenzähren nur die Wangen,
Dann werden eure Klagen Jubeltöne,
Dann schaffet ihr zu Edens Tälern Wüsten,
Dann lachet alles euch in der Natur.

Allegro
Dann ist's erreicht,
Des Lebens wahres Glück!

9. *Laut verkünde unsre Freude KV 623*
Eine kleine Freimaurerkantate
Emanuel Schikaneder (1748–1812)?
Karl Ludwig Giesecke (1761–1833) ?
Für Soli, Männerchor und Orchester (2 Violinen, 2 Bratschen, Kontrabass, Flöte, 2 Oboen, 2 Hörner)

Chor
Laut verkünde unsre Freude
Froher Instrumentenschall,
Jedes Bruders Herz empfinde
Dieser Mauern Widerhall.

Solisten
Denn wir weihen diese Stätte
Durch die goldne Bruderkette
Und den echten Herzverein
Heut' zu unsrem Tempel ein.

Chor
Laut verkünde …

Rezitativ/Tenor II
Zum ersten Male, ed'le Brüder,
Schließt uns dieser Sitz
Der Weisheit und der Tugend ein.
Wir weihen diesen Ort
Zum Heiligtum unserer Arbeit,
Die uns das große Geheimnis entziffern soll.
Süß ist die Empfindung des Maurers

An so einem festlichen Tage,
Der die Bruderkette neu und enger schließt;
Süß der Gedanke, dass nun die Menschheit
Wieder einen Platz unter Menschen gewann;
Süß die Erinnerung an die Stätte,
Wo jedes Bruderherz
Ihm, was er war,
Und was er ist,
Und was er werden kann,
So ganz bestimmt,
Wo Beispiel ihn belehrt,
Wo echte Bruderliebe seiner pflegt,
Und wo aller Tugenden heiligste, erste,
Aller Tugenden Königin,
Wohltätigkeit,
In stillem Glanze thront.

Arie/Tenor II
Dieser Gottheit Allmacht ruhet
Nicht auf Lärmen, Pracht und Saus,
Nein, im Stillen wiegt und spendet
Sie der Menschen Segen aus.
Stille Gottheit, deinem Bilde
Huldigt ganz des Maurers Brust,
Denn du wärmst mit Sonnenmilde
Stets sein Herz in süßer Lust.

Rezitativ/Tenor I
Wohlan, ihr Brüder, überlaßt euch ganz
Der Seligkeit eurer Empfindungen, da ihr nie,
Daß ihr Maurer seid, vergeßt.

Bariton
Diese heut'ge Feier sei ein Denkmal
Des wieder neu und fest geschloss'nen Bunds.

Tenor I
Verbannt sei auf immer Neid, Habsucht und Verleumdung
Aus unsrer Maurerbrust.

Bariton
Und Eintracht knüpfe fest das teure Band,
Das reine Bruderliebe webte.

Duett/Tenor I, Bariton
Lange sollen diese Mauern
Zeuge unsrer Arbeit sein,
Und damit sie ewig daure,
Weiht sie heute Eintracht ein.

Laßt uns teilen jede Bürde
Mit der Liebe Vollgewicht,
Dann empfangen wir mit Würde
Hier aus Osten wahres Licht.

Diesen Vorteil zu erlangen,
Fanget froh die Arbeit an.
Und auch der schon angefangen,
Fange heute wieder an.

Haben wir an diesem Orte
Unser Herz und unsre Worte
An die Tugend ganz gewöhnt,
O dann ist der Neid gestillet
Und der Wunsch so ganz erfüllet,
Welcher unsre Hoffnung krönt.

Chor mit Soli
Laut verkünde unsre Freude …

10. Laßt uns mit geschlungnen Händen KV 623a
Kettenlied
Gieseke?
Musik: Mozart? Johann Holzer?
Für Männerchor und Orgel

Chor
Laßt uns mit geschlungnen Händen,
Brüder, diese Arbeit enden

Unter frohem Jubelschall.
Es umschlinge diese Kette,
So wie diese heil'ge Stätte,
Auch den ganzen Erdenball.

Laßt uns unter frohem Singen
Vollen Dank dem Schöpfer bringen,
Dessen Allmacht uns erfreut.
Seht, die Weihe ist vollendet;
Wär doch auch das Werk geendet,
Welches uns're Herzen weiht!

Tugend tut die Menschheit ehren,
Sich und andern Liebe lehren
Sei uns stets die erste Pflicht.

Dann strömt nicht allein im Osten,
Dann strömt nicht allein im Westen,
Auch im Süd und Norden Licht.

Aufnahmezeremonie in den Ersten Grad (Lehrlingsgrad), wie sie zu Mozarts Zeiten üblich war

Logen = Buch/Zweyter Theil[458]

Unterricht in den Gebräuchen welche bey der Aufnahme eines Freymaurer Lehrlings beobachtet werden müßen.

Vorbereitung

So bald der Großmeister die Loge zur Aufnahme auf die gewöhnliche Art geöffnet hat, die nöthigen Vorbereitungen geschehen, und die allgemeinen Freymaurer Fragen durchgegangen sind; klopfet der Großmeister als Freymaurer, so wie die beyden Aufseher. Hierauf befiehlt der Großmeister dem Secretaire die Gesetze abzulesen, welche bey der Loge mußen beobachtet werden. Durch den Secretaire abzuleßen. (…)

Die Art einen Suchenden zu unterichten und vorzubereiten, bevor er in die Loges eingeführet wirt

Wenn die Gesätze abgelesen worden sind, schickt der Großmeister den Fürchterlichen Bruder in die dunkle Kammer, wo der Suchende Fremde sich aufhaltet, und seinen Ersten oder vorschlagenden Pathen zur Gesellschaft hat. Der Fürchterliche Bruder gehet darauf aus, sein Amt zu verrichten, wie es für ihn ausgefertigte Instruction vorschreibt.

Unterricht für den Fürchterlichen Bruder

So bald der Fürchterliche Bruder in die dunkle Kammer kommt, fraget er den Suchenden nach seinem *Zunahmen, Taufnamen,* und seines *Vaters Namen,* nach sein *Alter, Geburts Tag, Religion, Herkunft, Geburts Ort, Amt, Orden, Würde*. Ob er in sich einen aufrichtigen Trieb und Lust spüre, in einen so ernsthaften Orden, als der Freymaurer Orden sey, aufgenommen zuwerden? Ob es nicht nur nichtige Neugierde sey, die ihn dazu vermocht, einen so gefährlichen Versuch zu wagen: oder ob er dazu von jemanden gereizet oder geloket worden sei? Hiebey giebt er sich alle ersinnliche Mühe, die dienlichsten und durchdringendsten Ausdrücke zugebrauchen, um damit den Suchenden abzuschröken, in dem er ihm die grausamsten Schwürigkeiten und Hinderniße vorbildet, die er zu untergehen hat, und ihm Rath, seine Stärke und Kräfte genau zuuntersuchen, bevor er sich denen Proben unterziehe, welche ihm unvermeidlich bevorstünden, von welchen er noch nicht die geringste Käntniß habe, und die ihm vieleicht noch schwär werden würden, ehe er sie erhalten könne. Er gehet aus, läßt ihn in Dunklen, und stattet von seiner Antwort in der Loge bericht ab. Diese Ermahnungen werden nach 15 Minuten zum Zweytenmal mit härteren Anreden und Abrathen, als das erstemal geschehen ist, wiederholet, und zwischen jedenmal gehet der Fürchterliche Bruder in die Loge, seine Antwort zu überbringen, da denn der Suchende abermal in Dunklen gelaßen wird. Nach 15 Minuten gehet der Fürchterliche B. abermal mit einem Lichte in die dunkle Kammer, wobey in acht zunehmen, daß der Fürchterliche Bruder zum wenigsten 10 Minuten zwischen jeder Ermanung vor bey gehen läßt, wenn es möglich ist. Wenn der Fürchterliche Bruder zum drittenmal wieder kommt, und findet, daß der Suchende seiner Harten Vorstellungen ungeachtet, in seinem gefaßten Schluß beharret, so läßt er ihm von neuen in der dunklen Kammer allein, kommt aber gleich zurück, und fangt an ihn, auf folgende Art auszukleiden.

NB Der Pathe tritt gleich bey den ersten Besuch des Fürchterlichen Bruders ab.

1mo Wird ihm alles Metall abgenommen, daß er bey sich hat, oder an Leibe traget.

2do Läßt er ihn den linken Schuh als einen Pantoffel niedertretten, oder wenn die Logen einen besonders dazu verfertigten Pantoffel mit dreyekichten Absatz hat, bedient man sich desselben.

3^{tio} Entblößet er das rechte Knie, und

4to Die linke Schulder und Brust.

5to Wird ihm eine Binde wohl vor die Augen gebunden.

Hierauf gehet der Fürchterliche Bruder aus, und läßt ihn in diesen Zustande ungefehr 20 bis 30 Minuten bleiben, wenn er zuvor des Suchenden Kleider und übriges Geräthe, durch einen dienenden Bruder aus der dunkelen Kammer wegnehmen, und in das Ankleidungs Zimmer bringen laßen. darauf befiehlt der Fürchterliche Bruder; dem ersten oder vorstellenden Pathen, der mit dem Fürchterlichen Bruder das 3to mal wieder eingetreten, mit starker Stimme ebenfals den Suchenden zu verlaßen, welchen der Fürchterliche Bruder bevor er ausgehet, auf folgende Art anredet.

Mein Herr! Man laßet ihnen Licht, und sie bleiben allein. Haben Sie genau Acht auf die Binde, die Sie vor ihren Augen haben, und erwegen Sie die Sorgfalt, die Sie sich selbst schuldig sind, so werden Sie nicht neugierig oder vorwitzig seyn, woferne Sie sich nicht auf ihre ganze übrigen Lebenszeit unglücklich machen wollen. Die Freundschaft die ich für Sie hege, verpflichtet mich, Ihnen diesen Rath zugeben; ich bitte und ermahne Sie, solchen genau zubefolgen und nachzuleben.

Nach dieser Vermahnung glaubet der Suchende, daß der Erste oder vorstellende Pathe weggegangen sey, allein er bleibt da, um Aufsicht über ihn zuhaben, und der Fürchterliche Bruder gehet aus, und schlaget die Thür geschwind zu.

Sollte nun der Suchende neugierig werden, und die Binde aufheben wollen, so giebt der Pathe zu erkennen, daß er gegenwärtig sey, redet den Suchenden bitter und ernsthaft zu, und sagt ihm, daß er es nicht mehr wage, für ihn Bürge zu seyn, da er seine Unbedachtsamkeit so klar und deutlich sehen laßen u.s.w. Entlich sezet er die Binde ordentlich wieder vor, gehet geschwinde und erzörnt weg, verschließet die Thür, und gibt ihm zu verstehen, daß er den übrigen Brüdern in der Loge Bericht davon abstatten wolle, damit seine Vermeßenheit gehörig bestraft werde. Das Licht, deßen Gebrauch er sich unwürdig und verlustig gemacht hat, nimmt er mit sich hinweg.

Der Erste Pathe gehet sodann weg, um würklich da von der Loge Bericht abzustatten, und der Hochwürdige Großmeister, schiket den Ersten Pathen mit dem Fürchterlichen Bruder wieder nach der dunklen Kammer zurück. Wenn nun diese beyden Brüder mit dem Lichte zum Suchenden gekommen sind, redet ihn der Fürchterliche Bruder folgendermaßen an:

Es war Ihnen also möglich ihre Neugierde und Vorwitz zu überwinden! plötzlich ließen Sie sich davon überwältigen. Nie habe ich mir vorstellen können, daß Sie so schwach seyn würden, uns auf die Art aller Verbindung und Liebe gegen Sie zu entlassen, und sich selbst des Vortheils unwürdig zu machen, den Sie vor Kurtzen mit den größten Eifer zuerhalten gesucht haben. u.s.w. Darauf redet der Fürchterliche Bruder den Ersten Pathen an:

Hat er durch diese niedriche Haltung etwas von dem gemerkt, was wir haben vor ihm verbergen wollen?

Der Pathe antwortet: Nein Fürchterlicher Bruder, ich war so vorsichtig, daß ich das Licht auslosch, da ich merkte, daß er dieser schändlichen Neugierde Raum geben würde, und bevor ich ausging meinen Bericht abzustatten.

Der Fürchterliche Bruder saget so dann: Ich will also zu den Hochwürdigen Großmeister gehen, ihm alles das anzeigen und vernehmen, was er und die übrigen Brüder in diesem Fall beschließen werden.

Er gehet weg, und stellet sich, als woll er in die Loge gehen, kommt aber nach einigen Minuten zurück, und hält die Rede, die gleich nach diesen Umständen folget.

N.: Wenn der Suchende keine neugierde spühren laßen, so gehet der Erste Pathe nach Verlauf einer halben Stunde aus der dunklen Kammer, und nimmt seinen gewöhnlichen Platz in der Loge ein.

Wenn es Zeit ist, daß der Suchende soll eingeführet werden, befiehlt der Hochwürdige Großmeister ihn zuhohlen, welchem der Fürchterliche Bruder nachkommt, und in die dunkle Kammer gehet.

Im Fall der Suchende einigen Vorwitz verspühren laßen, redet er ihn folgender maßen an:

Mein Herr! ungeachtet des Vorwitzes, und der Unbedachtsamkeit die Sie vermerken lassen, da Sie die Bünde von ihren Augen gerückt, wodurch man Ihnen das Sehen verhinderte; so hat dennoch der Großmeister dieser ansehnlichen Loge, unter dem Vorbehalt, daß Sie inskünftige ihr Betragen ändern, zu ihrem Vortheil beschloßen, daß wenn Sie in der Meinung beharren, als Bruder in diesem ehrwürdigen Orden eingeführet zuwerden, und heilig versprechen, Sich nach äußersten Vermögen dahin zubemühen, den Namen eines würdigen Ritters dieses Ordens, und rechtschafenen Maurer Bruders zu verdienen, wodurch Sie auf die verbindlichste und unauflößlichste Art mit unsern Brüdern sollen vereiniget werden, welche Sie nachher mit aller Zuversicht ihre aufrichtigsten und sichersten Freunde nennen können, ich Sie so gleich unter diesen Bedingungen einführen soll. Ich erwarte desfalls, mein Herr! ihre wohlüberlegte und lezte Antwort, die ich als unumstößlich und zuverlößig ansehe. Nun ist für Sie also nichts weiter zu thun, als sich zuzubereiten, die Schwürigkeiten und Ceremonien zu untergehen, denen sich zu unterwerfen, Sie sich selbst gefallen laßen.

NB. Hat der Suchende keinen Vorwitz geäußert, so läßt der Fürchterliche Bruder die ersten Worte dieser Rede aus, und saget folgender maßen:

Mein Herr! unser Hochwürdiger Großmeister von dieser ansehentlichen Loge, hat zu ihrem Vergnügen beschloßen, daß wenn Sie in der Absicht beständig bleiben als Bruder u.s.w. wie vorher p.p.

Vieleicht wird der Suchende antworten, daß er damit vergnügt sey, daß er sich gerne der Aufnahme unterwerfe, und nach derselben verlange, auch sein Schiksal mit Gedult sich unterwerfe u.s.w.

Auf alles der gleichen antwordet der Fürchterliche Bruder: Wir wollen also gehen, weil Sie es verlangen. Nach diesen Worten nimmt er den Suchenden bey der Hand, und führet ihn durch manche Abwege, bald zur Rechten, bald zur Linken, eine Treppe auf, die andere nieder, daß er mit verbundenen Augen nicht weiß, wo er sey, biß er sich endlich am Eingang befindet.

Wenn der Fürchterliche Bruder mit dem Suchenden vor der Thür angelanget ist, so giebt er seine Ankunft durch Husten zuerkennen.

Welcher Gestalt der Suchende in die Loge eingelaßen und bereitet wird ein Anhaltender zu werden, ehe er fähig erkläret wird, ein Leidender zu werden

Wenn der Fürchterliche Bruder mit dem Suchenden an die Thür gekommen ist, giebt er seine Ankunft vermitelst Husten zuerkennen. Findet es der Hochwürdige Großmeister schiklich, ihn einzulaßen, so thut er mit aller Kraft einen Hammerschlag auf dem Altar. Der wachthabende Bruder thut ebenfals einen Schlag an die Thüre, und einer von. den jüngsten Lehrlingen, oder der Pathe, welcher mit den Suchenden außen im Zimmer ist, thut auf der äußeren Seite der Thüre einen harten Schlag, jedoch langsamer, als die vorigen. Nachdem die drey großen Schläge solchergestalt geschehen sind, klopfet der Fürchterliche Bruder, welcher sich mit dem Suchenden vor der Loge befindet, als Maurer. Der wachthabende Bruder antwortet von innen auf die gleiche Art, und sagt zu dem zweyten Bruder Aufseher mit schwacher Stimme: *Bruder anderer Aufseher man klopft als Maurer.* Der zweyte Bruder Aufseher klopfet auf das Stichblatt seines Degens als Maurer, auf gleiche Art der Erste Bruder Aufseher, und der Großmeister auf den Altar. Der zweyte Bruder Aufseher zeiget darauf an: *Man klopfet als Maurer und Lehrling.* Der erste Bruder Aufseher wiederholet dies; der Großmeister antwortet:

Mein Bruder! sehen Sie wer da ist.

Beyde Brüder Aufseher sagen eben diese Worte zu den Wachthabenden. Der Wachthabende klopft als Maurer, öfnet die Thüre, und fragt mit einer grausenden Stimme: Wer ist da? Der Fürchterliche Bruder antwortet: Es ist ein Suchender, welcher zum Freymaurer begehret aufgenommen zu werden. Der Wachthabende schlaget die Thüre zu, und sagt zu den andern: Bruder Aufseher: Der Fürchterliche Bruder ist da, welcher einen Suchenden bey sich hat, der zum Maurer aufgenommen zu werden begehret; der Zweyte und Erste Aufseher nebst dem Großmeister klopfen als Maurer. Der zweyte Aufseher zeiget durch den Ersten den Großmeister an, daß der Fürchterliche Bruder mit dem Suchenden angekommen seye.

Der Großmeister antwortet:

Ist er dazu würdig? Wer wird Bürge für ihn?

Der erste Pathe saget so gleich: Ich und die Brüder N.N. welche sein zweyter und dritter Pathe sind, verbinden uns für ihn mit unsern Köpfen. Dies wird dreymal wiederhohlet, und endlich saget der Großmeister unmittelbar zu den wachthabenden Bruder:

Bruder Wachthabender, fragen Sie nach seinen Taufnamen, seinen Geschlechtsnamen, seines Vatersnamen, seinem Alter, und seinem Geburtstage, seiner Religion, seiner Herkunft; seinem Geburtsort; Amt; Ob er Mitglied eines heimlichen oder öffentlichen Ordens sey? Ob ein wahrer Eifer ihn hieher geführet habe? Ob nicht nur nichtige Neugierigkeit einig Antheil daran gehabt? Ob er nicht von jemanden dazu verleite worden?

Der Wachthabende öfnet die Thür mit den gewöhnlichen Schlägen, welche von dem Fürchterlichen Bruder auf gleiche Art beantwortet werden. Wenn die Thür nun geöfnet ist, thut er an den Suchenden alle vorgemelte Fragen mit einer ernsthaften Stimme, und nach dem der Suchende dem Wachthabenden geantwortet, macht er die Thür zu, und giebt den zweyten Bruder Aufseher folgende Antwort:

Er heißt N.N. – sein Geschlechtsname ist N. – sein Alter – Jahre sein Geburtsort N. – sein Geburtstag –. seine Religion –. sein Stand/: adelich oder –:/sein Amt oder Gewerbe –. Er ist bereits Ritter vom Orden –. oder –. Er versichert, daß ein aufrichtiger Eifer ihn hirher führe; daß weder Neugierde noch Vorwitz daran einigen Theil habe, und daß er dazu von Niemand überredet oder angeloget worden sey.

Nachdem der zweyte und erste Aufseher nebst dem GMster als Maurer geklopfet, wiederholet der Zweyte Aufseher mit dem Ersten die angeführte Worte, und der Großmeister antwortet, indem er die Brüder der Loge fraget:

Soll er eingelaßen werden?

Alle Brüder so wohl der Hochw. Großmeister geben ihre Einwilligung vermitelst des Rauschens der Schürtzen, welches in den Receptions Logen die wahre Art ist, als Maurer etwas festzusetzen, oder zu einer Sache seine Einwilligung zugeben, und auf folgende Weise geschiehet.

Wenn alle Brüder in der Loge sind/: daß ist, wenn sie alle das Logenzeichen geben:/heben sie zugleich mit dem Hochwürdigen ihre Hände auf, und machen das Logenzeichen; laßen fürs zweyte beyde Hande etwas stark auf ihren Schürtzen fallen, und rauschen damit fürs dritte heftig, welches ein zimlich stark Geräusche macht. Nach dieser allgemeinen Einwilligung, wird der Name eines Suchenden, welchen der Fremde bißher geführet, in eines Anhaltenden verändert: und der hochwürdige Großmeister saget sodenn:

Bruder Wachthabender! laßen Sie den Fürchterlichen Bruder mit dem neuen Anhaltenden einkommen.

Der wachhabende Bruder klopfet, und der Fürchterliche Bruder antwortet, worauf der Wachthabende die Thür mit Höftigkeit öfnet, und saget: Fürchterlicher Bruder! laßen Sie den Anhaltenden hervor tretten, und führen sie ihn in die Loge ein. Der Fürchterliche Bruder führet den Anhaltenden und schiebet ihn solchergestalt vorwärts, daß er zwischen beyde Aufseher zustehen kommt, und indem er ihn übergiebet, sagt er: Gehen Sie ich überlaße Sie dem Unglüklichen Schiksal, welches sie so oft verdient haben. Nach diesem Vorfall halten sich alle Brüder ganz still, und der Fürchterliche Bruder muß etwas in Bereitschaft haben, womit er den Anhaltenden unter seinen Reisen erschreken und furchtsam machen kann.

Wenn es ungefehr Fünf Minuten in der Loge so stille gewesen ist, als ob niemand da wäre, bricht der *Hochw. Großmeister die Stille durch die gewöhnliche Schläge auf dem Altar*, welche der Erste und zweyte Aufseher beantworten; darauf fraget er den Anhaltenden mit schwacher Stimme:

Mein Herr! wie ist ihr Taufnahme? Der Anhaltende antwortet und saget seinen Namen. *Ihr Geschlechtsname?* Er saget ihn. *Ihre Vatersname?* Ebenfals. *Wie Alt sind Sie?* Er giebt sein Alter an. *An welchem Tage sind Sie gebohren?* Er nennt ihn gleichfals. *Was für eine Religion haben Sie?* Er zeiget seine Religion an. *Was haben Sie für Geschäfte?* Er giebt da von Bescheid. *Ihre Abkunft?* Er bestimmt sie. *Ihr Geburts Ort?* Er nennt ihn. *Sind Sie bisher in einen bekannten, oder unbekannten Orden aufgenommen worden?* Er antwortet Ja, oder Nein. *Ist es ein reiner Eifer und Trieb zum Orden, der Sie hieher führet?* Er antwortet Ja. *Solte nicht vieleicht eine nichtige Neugierde Sie verführet haben?* Er antwortet Nein. *Hat jemand Sie geloket, oder überredet?* Darauf antwortet er, und versichert aufs höchste, daß blos der Trieb in einen so berühmten Orten zu kommen, ihn dazu gebracht habe. *Der Großmeister befiehlt hierauf dem Secretaire in das Jahrbuch des Ordens aufzuzeichen, was geschehen ist;* Nach dieser Ceremonie, welche ohne Geräusch geschiehet, bleibt der Hochw. Großmeister einige Zeit ganz Stille, worauf er den Anhaltenden folgender maßen zuredet:

Mein Herr! ihr ehrlicher Name und gutes Gerüchte, ihre bekannte Tugend und männliches Betragen, ihre auf eine gute Meinung von uns, und Vertrauen zu uns gegründete Folgsamkeit in demjenigen, was bereits geschehen ist und noch geschehen wird, bestärgen uns zuglauben, daß weder eine weibische Neugierde, oder kindische Vorstellung von seltsamen Dingen, noch weniger jemals Uiberredung, sondern viel mehr und allein, ein rühmlicher Hang, mit einer durch Tugend, Treue, Freundschaft und Ehre bekannten Geselschaft, näher als gewöhnlich verbunden zuwerden, Sie hieher gebracht, und eine so nahe Gelegenheit gegeben habe, einen Platz unter uns zugewinnen. Ich frage Sie diesfals, auf das Wort eines ehrlichen Mannes, ob Sie willig sind, sich uns gänzlich zu überlaßen, und nach denen Gesätzen, welchen wir gehorchen, zum Freymaurer gemacht zu werden, oder ob Sie sich bedenken und zurük gehen wollen? Sie haben Freyheit zu thun, was ihnen gefällt, antworten Sie mir mit einen überlegten Ja oder Nein!

Wenn der Hochw. Großmeister die Antwort genau erwogen hat, welche der Anhaltende ihm gegeben, und dieser hinlänglich Zeit gehabt hat, sich zubedenken, redet der Großmeister ihn zum zweytenmale folgender maßen an:

Mein Herr! Wenn Sie als ein ehrlicher und gewissenhafter Mann sollten geglaubt haben, oder noch befürchten, daß bey uns etwas vorfiele, welches gegen Gott und die Religion, gegen den Kayßer und die Regierungsform, gegen ehrliche und tugendhafte Menschen, gegen gute und anständige Sitten stritte, so versichere ich Sie hiemit auf mein und der ganzen Loge Ehrenwort, daß es nicht also ist. Antworten Sie mir derowegen nocheinmal, und bekräftigen Sie ihr voriges Ja mit einer gleichen Versicherung.

Der Hochw. Großmeister läßt darauf den Anhaltenden neue Bedenkzeit, und redet ihn endlich zum dritten und letzten male solcher gestalten an:

Mein Herr. Gesätze und Amtspflicht verbinden mich, das dritte Einwilligungswort, oder Ja von Ihnen zufordern; Geben Sie es, so geben Sie es laut und fest.

Wenn er zum drittenmale sein Ja gegeben, so redet ihn der Hochw. Großmeister mit diesen Worten an:

Mein Herr! ihr Wille soll also geschehen; aber wißen Sie, daß Muth und Herzhaftigkeit, Vorsichtigkeit und ein kaltes Blut gefahren abwenden; derjenige aber, welcher sich fürchtet, und bey zerstreuten Gedanken und Sinnen wanket, ist zubeklagen, und kann leicht ein Opfer werden.

Art und Ceremonien
welche bey der Aufnahme eines Leidenden beobachtet werden

Nach diesen angezeigten Worten, saget der Hochwürdige Großmeister zu allen Brüdern der Loge:

Geben sie meine Brüder ihre Einwilligung zur Aufnahme dieses neuen Leidenden?

Alle Brüder bejahen dies auf die gewöhnliche Art, vermittelst des Rauschen ihrer Schürzen. Darauf saget der Hochw. GMst.:

Da sie es billig finden, so wollen wir ihn aufnehmen, um dadurch seinen Entschluß, die Proben der Standhaftigkeit, und den großen Trieb, den unser Leidender bißher am Tage geleget und bewiesen hat, zubelohnen.

Der Hochw. Großmeister klopfet so dann als Maurer auf den Altar, der erste und zweyte Aufseher auf den Stichblättern ihrer Degen, und der Großmeister saget:

Bruder zweyter Aufseher, laßen Sie diesen Leidenden als Maurer reisen.

Der erste Aufseher wiederholet diselben Worte, und der zweyte Aufseher antwortet dem Großmeister unmittelbar. Ich werde dem Geheiße des Hochw. Großmeisters Folge leisten. Hierauf giebt er seinen Hammer an den Ceremonienmeister, welcher da vor sorget, daß seine Stelle durch den ältesten Bruder der Loge vertretten wird. Er gehet darauf zu dem Leidenden, und saget zu ihm: Mein Herr! laßen Sie uns gehen, nun werden wir sehen, ob Sie in ihrer Standhaftigkeit verharren werden. Nehmen Sie diese Spitze meines Degens, und sezen solche auf ihre linke Brust. Der Leidende nimmt die Spitze, sezet sie auf seine Brust, und giebt den zweyten Aufseher seine rechte Hand; dieser bittet ihn zugehen, führet ihn an der linken Seite der Loge in einem Kreiße herum, wo der Leidende seine Reisen anfängt, in dem er von Westen nach Osten gehet, und aus Süden nach Westen zurückkehret. Diese Reise geschiehet hinter dem Rücken aller Brüder; wenn der Leidende wieder zwischen den beyden Aufsehern angelangt ist, ziehet der zweyte Aufseher die Spitze seines Degens zurück, nachdem er ihn gebeten, sie fahren zulaßen, und sich vor dem Großmeister tief zuneigen.

NB. Wenn der Leidende seine Reisen thut, muß der zweite Aufseher suchen ihm Bange zumachen, in welcher Absicht er zu ihm saget: Gehen Sie zur Rechten, zur linken, langsam vorwärts, nehmen Sie einen großen Schritt, hütten Sie sich, blicken Sie sich, tiefer, geschwind, behutsam. Ebenfals fragt er den Fürchterlichen Bruder, Ist das Eißen heiß? Dieser antwortet: gleich, zuweilen nochnicht, den Augenblik, jez komme ich, hier ist es. Zuweilen wirft der Fürchterliche Bruder, Pulver oder andere feuerfangende Materien, die stark flattern, ins Licht, um das Schröken des Leidenden da durch zu vermehren.

N.man kann auch ein Glaß Waßer bey Handen haben, um den Leidenden zu besprizen.

Nachdem der Leidende sich ein wenig ausgeruhet hat, klopfet der zweyte Aufseher ihm auf die Schultern, der erste Aufseher auf sein Stichblatt, der Großmeister auf dem Altar, und fraget zugleich durch den ersten Aufseher:

Wer ist da?

Der zweyte Aufseher antwortet: Ein Suchender, der angefangen hat, den Weg der Tugend zusuchen. Der erste Aufseher wiederholet diese Worte, und der Großmeister versezet da gegen:

Er ist noch nicht auf dem guten Wege, viel mehr ist der Suchende weit davon, lassen Sie ihn wieder umkehren, so werden wir sehen, ob es ihm möglich seyn wird, darauf zu kommen.

Der erste Aufseher wiederholet dies, und der zweite antwortet: Hochwürdiger Großmeister, er soll sogleich wieder umkehren. Darauf sezet er ihm den Degen wieder auf die Brust und läßt ihn die zweyte Reise als Maurer thun, von Süden nach Osten, und von Osten nach Norden nach Westen. Der Leidende wird zwischen beyde Aufseher gestellet, und büket sich vor dem Hochw. GMster. Der zweyte Aufseher klopfet auf seiner entblösten Achsel, der Erste auf seinen Degen, der GMster auf dem Altar, und fragt:

Wer ist da?

Der zweyte Aufseher antwortet: Es ist ein Anhaltender, welcher fortfährt den Weg der Tugend zu gewinnen. Der Erste Aufseher wiederholet dies, und der Großmeister saget:

Er ist noch nicht auf dem rechten Wege, vielmehr ist der Anhaltende weite davon; doch ist Hoffnung daß er darauf kommen kann; laßen Sie ihn nochmals umkehren, weil wir den besten Ausgang von dieser Reise erwarten.

Auf diese Worte, die von dem Ersten Aufseher wiederholet werden, antwortet der zweyte Aufseher; Ich hoffe es auch Hochw. GMster. Der zweyte Aufseher läßet den Leidenden mit eben den Ceremonien als vorher, die dritte Reise thun, durch Norden nach Osten, und von da durch Süden nach Westen. Er neiget sich zum drittenmale vor dem GMster. Der zweyte Aufseher klopft ihm auf die bloße Schulder, der Erste auf das Stichblatt seines Degens, der GMster auf dem Altar, und fragt:

Wer ist da?

Der zweyte Aufseher antwortet durch den Ersten: Es ist ein würdiger Leidender, welcher den Weg der Tugend auf gesuchet hat, und fortfährt auf denselben zuwandeln. Der GMster saget:

Nun ist endlich der Leidende auf dem guten Wege, ich wünsche daß er seine ganze Lebenszeit fortfahren möge auf demselben Steige zuwandeln, ohne ihn jemals zuverlaßen; denn wird es uns alle herzlich erfreuen und ihn vergnügen, den Vortheil erlangt zu haben, den seine Standhaftigkeit verdienet und gewohnen hat.

Dies wird nicht von den Aufsehern wiederholet, sondern der Großmeister fährt fort ihm folgender maßen anzureden:

Mein Herr! Sie sind dem Lichte nahe, seyn Sie sich jezt gleich; treten Sie her vor, um sich mit uns durch einen unverbrüchlichen Eyd, in ein unauflößliches Freundschafts Band zu vereinigen; Die Ehre leite allemal ihre Zunge! und ein gutes gewißen glänze in ihrer Brust.

Nach diesen Worten, saget der Großmeister:

Meine Brüder, verlangen Sie, daß er sich dem Ordens Throne und Altar nähern möge?

Wozu alle Brüder, vermittelst dem Rauschen ihrer Schürtzen die Einwilligung geben. Der Großmeister saget,

Bruder Erster und zweyter Aufseher! führen Sie den Leidenden zum Altar.

Die beyden Aufseher bewerkstelligen dies ohne zu antworten, folgender maßen. Sie fassen ihn jeder unter einen Arm, und laßen ihn mit drey großen Schritten vortreten. Der erste Aufseher heißet ihm die beyden Füße an dem westlichen Ende der Tafel in einem Winkel zusetzen, und läßet ihn vermittelst eines Schritts den rechten Fuß unter halb Süden stelln. Der zweyte Aufseher läßet ihn den linken Fuß durch einen Schritt, oberhalb Norden setzen. Der erste Aufseher stellet den rechten Fuß durch einen Schritt von neuen dergestalt, daß er an den Oestlichen Rande vor dem Küßen, das am Fuß des Altars lieget, zustehen kommt, der zweyte Aufseher führet mit seinen rechten

Fuß, den linken Fuß des Leidenden dergestalt, daß beyde Füße wiederum einen Winkel machen, die Fersen dicht an ein ander schließen, und die Spitzen auswärts sind. In dieser Stellung bleibt er zwischen den beyden Aufsehern stehen, um die Rede anzuhören, welche der Redner an ihn hält.

Rede des Sprechers

Mein Herr! Die Standhaftigkeit, welche Sie bewiesen, die Hinderniße zu überwinden, welche Ihnen unter ihren beschwärlichen Reisen vorgekommen sind, und der Eifer, den Sie bezeiget, endlich die Mittel zu finden, die Ihnen den Vortheil verschaffen sollten, in unserer Gesellschaft eingelaßen zuwerden, überzeugen uns, daß Sie die ungerechten Urtheile der Unwißenheit gänzlich verachtet haben. Zur Belohnung einer so edlen Standhaftigkeit, sollen Sie nun mit uns solche Verbindungen eingehen, die der Tugendhafte nicht aufheben kann, die Sie durch unauflößliche Bande, zur allerstärksten und aufrichtigsten Freundschaft mit uns verbindet, und Ihnen das Glück erwerben, in einen Orden aufgenommen zuwerden, worinnen die grösten Könige sich aufnehmen zulaßen, kein Bedenken gefunden haben. Vor diesem Richter Stuhle der Verschwiegenheit, zu den Füßen der Gerechtigkeit, und vor dem großen Baumeister der ganzen Welt ist es, wo Sie jezt geloben werden, die Geheimniße der Freymaurer in ihrem Herzen unverbrüchlich verehwiegen zuhalten. Vollenden Sie ihre Arbeit mit Nachdenken, und sagen Sie die Verbindungen und den Eyd nach, den unser Hochw. Großmeister Sie wird ablegen laßen, und den der Secretaire dieser Ehrwürdigen Versammlung Ihnen vorsagen wird. Erinnern Sie sich, daß der Baumeister der ganzen Welt, der Zeuge und Zuhörer ihres Maurer Eydes ist.

Was man zu beobachten hat, wen der Leidende den Eyd ableget, und auf was Art man ihm das Licht sehen läßt

Nach dem der Hochw. Großmeister dem Bruder Redner befohlen, *dem Leidenden die Vorstellung zu thun, welche sein Amt fordert*, und dieser seine Rede geschloßen hat, befiehlt er den Aufsehern *den Leidenden sein entblößtes rechtes Knie auf das Küßen zusetzen* welches vor dem Altar lieget, und welches mit einem gemachten Winkelmaß bekleidet ist. Der Hochwürd. Großmeister *fordert so denn des Leidenden rechte Hand*, und leget selbe auf die Heilige Schrift, welche allemal beym Evangelio St. Johannis aufgeschlagen lieget und auf dem Degen, der ebenfals auf dem Buche lieget, und dem Hochw. Großmeister zugehöret. Sodenn saget der Hochw. Großmeister zu den Leidenden:

Mein Herr! glauben Sie, daß dies Buch, worauf Sie ihre Hand halten, die Heilige Schrift, und das Evangelium St. Johannis sey, auf welchen Sie den Eyd, den ich Ihnen so gleich werde vorsagen laßen, abzulegen haben?

Sollte vieleicht der Leidende einigen Zweifel darüber äußern, so saget der Großmeister:

Auf mein Freymaurer Ritter Treue und Redlichkeit versichere ich Sie deßen.

Darauf giebt der Hochw. Großmeister den Leidenden den Zirkel in die Hand, und zwar in die Linke, der den einen Fuß deßelben auf seine linke entblößte Brust setzet; und als denn läßt er ihn den Eyd ablegen; *nach dem der Secretaire Befehl erhalten, denselben vorzulesen.*

Die Verbindung

Ich N.N, gelobe und schwöre vor dem Allerhöchsten Gott, dem Grösten Baumeister dieser Welt, vor dem Ehrwürdigen Großmeister und dieser Loge, und vor allen Rittern des Freymaurer Ordens, die hier gegenwärtig sind, daß ich niemalen die Geheimniße der Freymaurer, oder was ihre Kunst betrieft, und mir heute, oder ins künftige kann anvertraut werden, entdecken will, auch so wenig selbst, als durch andere, die Ursache zu deren Entdeckung abgeben will, weder durch Schreiben, gravieren, drucken, oder reden, in welcher Sprache, und mit was für Caracteren/: Zeichen:/es auch seyn mag. Ich gelobe und versichere ebenfals auf das Heilige Evangelium, niemals von der Freymaurerey zureden, oder mich jemand auf Maurerweise zuerkennen zugeben, als den, welchen ich nach richtigen Proben und Zeichen, und einer genauen Untersuchung, für einen richtigen Bruder, von einer ächten und Gesätzmäßigen Loge, erkannt und befunden habe/: wie auch nie eine Loge zubesuchen, oder in dieselbe einzugehen, von der ich nicht weiß, daß sie gesätzmäßig erkannt seye : Im Fall ich aber dießes mein Versprechen im geringsten brechen sollte, so willige ich ein, daß mir mein Haubt abgeschlagen, mein Herz ausgerißen, meine Zunge und Eingeweide ausgewunden, und alles in den Abkrund des Meers geworfen, mein Körper verbrant, und seine Asche in Luft verstreuet werden möge, damit kein Andenken von mir unter denen Men-

schen, und Freymeurer Rittern und Brüdern übrig bleiben möge. So wahr mir Gott helfen, und nach seiner Barmherzigkeit gnädig seyn wolle.

Wenn der Leidende den Eyd abgeleget hat, sagt der Hochw. GMster:

Der Herr seye Ihnen hiezu behülflich!

Darauf last der Großmeister den Leidenden *die Hand zurückeziehen*, welche er bißher auf der Heiligen Schrift, die beym Evangelio St. Johannis aufgeschlagen ist, und auf des GMsters Degen gehalten hat. *So denn nimmt er den Zirckel zurück,* welchen der Leidende, wehrend der Ablegung des Eydes, auf seiner linken Brust gehalten, und endlich befiehlt der Großmeister dem *Ersten und zweyten Aufseher,* die sich anoch dem Leidenden zur Seite befinden, *den Leidenden aufzurichten*, welcher bißher aufs Knie gelegen. Beyde Aufseher heben ihn auf, und führen ihn rücklings vom Altar weg, zu der gewöhnlichen Stelle unterhalb der Lehrlings Tafel und zwischen den beyden Aufsehern, von welcher Stelle, die beyden Brüder, die während der Zeit diese Plätze bekleidet, da die Aufseher mit dem Leidenden vor dem Altar gewesen, sich ohne eine Ceremonie weg begeben. Der Großmeister saget:

Bruder Aufseher, drücken sie nun Salomons Siegel, das Siegel der Verschwiegenheit auf unsers Leidenden Zunge.

Welches bewergstelliget wird, welches mit dem Knopf des Degens geschiehst, und worauf der GMster saget:

Meine Brüder! erlauben sie, daß unser Leidender das Licht sehen möge, deßen Schein er, von seiner Geburtsstunde biß zu diesem glücklichen Augenblick, zu nutzen gehindert worden ist.

Alle Brüder ziehen so denn ihre Degen, und der Großmeister nimt ebenfals den seinigen in die Hand, welcher bißher auf dem Altar gelegen. Der jüngste Bruder wird zur rechten Seiten des Altars gestelt, ein blutiges Tuch an seiner Brust, die samt den Halß offen seyn muß, haltend, und sich an die Schulter seines Pathens leinet, und hinter ihn ein Stuhl gestelt. Wenn alle Brüder in der Loge, die Spitzen ihrer Degen gegen den Leidenden seinen Magen gewandt, welches ohne Geräusch geschiehet, so antwortet der erste Aufseher auf folgende Art:

Hochwürdiger Großmeister! in Namen aller hier gegenwärtigen Brüder, und in Namen aller auf den ganzen Erdboden zerstreuten Brüder, wird er des Lichts würdig gefunden; Er hat sich daßselbe mit Fleiß und Mühe zuerlangen bestrebet, darum kann ihn dieser Vortheil nicht länger vorenthalten werden. Darauf befiehlt der Großmeister:

Brüder Aufseher, laßen Sie den Leidenden das Licht sehen!

Beyde Aufseher nehmen als denn, ohne zu antworten, die Binde von des Leidenden Augen weg, so, daß er plötzlich und auf einmal das Licht siehet! Ein jeder Bruder hält ihm die Spitze des Degens entgegen, ausgenommen der zuletzt Aufgenohmene, welcher sich an einen seiner Pathen lehnet, ganz oben in Zimmer, zur rechten des Großmeister stehet, und über seine linke Brust, ein mit Blut beflecktes Tuch hält; sein Hände und Kleidung müßen aufgemacht, und das Halßtuch abgenommen seyn;

Wenn der Großmeister dem Leidenden einige Zeit gegeben hat nachzudenken und zubeobachten, was sich seinen Blicken darstellet, redet er' ihn folgendermaßen an:

Mein Herr! alle diese Degen, deren Spitzen Sie besonders gegen sich gerichtet sehen, sind jetz bereitet Sie in Zukunft, an welchem Ort der Welt Sie sich auch befinden mögen zuvertheitigen, und zubeschitzen, so lange Sie sich bemühen werden, die Pflichten und Tugenden der Freymaurer Ritter auszuüben; aber wißen Sie zugleich, daß diese Degen von rächenden Händen gezogen werden, wofern Sie ihren Maurer Eyd und die Verschwiegenheit brechen. Wißen Sie, daß wir und unsere über der Erde zerstreute Brüder, welche jezt ihre aufrichtigste und zärtlichste Freunde sind, als denn ihre ärgsten Feinde, Verfolger, und Vollstrecker der grausamen Rache seyn werden, welche Sie sich selbst, vor dem Großen Baumeister der Welt, vor denen hier gegenwärtigen Brüdern, und vor mir, dem Großmeister dieser Ehrwürdigen Loge zuerkannt haben. Wir hoffen, daß diese Degen, welche der Vertheidigung unser Brüder gewidmet sind, niemalen mit dem verächtlichen Blute eines unwürdigen Maurers dürfen besudelt werden, und in dieser Hoffnung senken wir sie zum Fußboden des Tempels nieder.

Nach dieser Rede fällen die Brüder ihre Degenspitzen, und der Großmeister leget den seinen auf dem Altar und die Heilige Schrift. Nach dem der Großmeister, dem Leidenden einige Zeit gelaßen hat, redet er ihn dergestalten an:

Mein Herr! da Sie nun so weit gekommen sind, daß es nicht mehr in ihrer Freyheit stehet sich zu ändern, oder uns mit Ehre und Sicherheit zuverlaßen, so muß ich Ihnen sagen, daß noch eines übrig seyn, welches nothwendig ihrem Herzen, und ihrer Denkungs Art eine größere Hochachtung erwerben muß; Versiegeln Sie demnach ihren Eyd, mit einem freyen und männlichen Entschluß, ihr Blut mit dem Blute der Brüder zuvermischen, so vollenden und schließen wir so gleich ihre Aufnahme zum Maurer, und umarmen Sie als Bruder.

Der Großmeister siebet den lezt Aufgenommenen an, und frägt: *Wie ist es mit ihn?* so denn den Leidenden, und daferne seine Augen auf jenen gerichtet seyn solten, so sagt er:

Keine Neubegirde und Vorwitz mein Herr! Gleich darauf fragt der Großmeister die Brüder:

Meine Brüder! willigen sie ein, daß der Leidende wieder zum Altar geführet werde?

Wenn dieses auf die gewöhnliche Maurer Art, vermittelst dem Rauschen mit den Schürzen bejahet worden, saget der GMster:

Brüder Aufseher! führen Sie den Leidenden von neuen zum Altar!

Dies wird bewerkstelliget, die Aufseher laßen ihn auf die Knie fallen, die rechte Hand auf die Bibel und des GroßMsters Degen legen, und den Zirkel von den Großmeister annehmen, deßen Spitze dergestalt auf die linke Brust gesezet wird, daß er in eben die Stellung kommt, wie er beym Eyde war; Der Fürchterliche Bruder tritt mit einem Teller hervor, worauf eine blutgleiche Feuchtigkeit ist, und halt ihn unter des Leidenden Hand und den Zirkel. Darauf befiehlt der Großmeister dem Pathen, der den nächst zuvor Aufgenommenen unterstützet, denselben sich setzen zulassen, indem er sagt:

Bruder Pathe, laßen Sie den Bruder N.N. sich niedersetzen, und warten Sie seiner Wohl, vieleicht ist er übel verwundet!

Wenn dies geschehen ist, wird den Leidenden auf folgende Art zugeredet:

Kein Vorwitz Mein Herr! gleich in diesem Augenblick werden Sie in unseren Ehrwürdigen, erlauchten und uralten Orden aufgenommen seyn, woferne die beschwörliche Überwindung der lezten Probe, sie dieses Vortheils nicht beraubet.

Zugleich nimmt der Großmeister in die rechte Hand den Hammer, und unterstützet mit seiner linken des Leidenden Hand womit er den Zirkel gegen die Brust halt; der Großmeister drücket den Zirkel gegen die Brust, als wenn er ihn hinein drücken wollte, und macht sich fertig auf den Zirkel die gewöhnlichen drey Schläge zuthun, bey deren bewerkstelligung er saget:

Bey dem Ersten: *Kraft der Gewalt die ich habe, und der Würde die ich bekleide!*

Bey dem Zweyten: *Und vermög des Beyfalls und der Einwilligung der hier versammelten Brüder so wohl, als aller derer, die über den ganzen Erdboden zerstreuet sind!*

Bey dem Dritten: *Nehme ich Sie auf zum Freymaurer Ritter und Lehrling und Mitglied dieses ehrwürdigen Ordens!*

Wenn dieser Umstand vollzogen worden ist, helfen beyde Brüder Aufseher den jezt angenommenen Bruder auf, und der Großmeister saget:

Brüder Aufseher! werfen Sie den neuen Bruder vor die Pforten des Tempels!

Die Aufseher führen ihn sodann an den Fuß der Lehrlings Tafel, allein nicht rückwärts; und nachdem die beyden Brüder, welche die Aufseher Stelle vertretten, ihre gewöhnlichen Plätze, ohne Ceremonie eingenommen haben, laßen die würklichen Aufseher, den neuen Bruder seine Füße in der Stellung eines Winkels setzen; *als den klopfet der Großmeister als Maurer,* die Aufseher antworten, und der Großmeister *befiehlt dem Secretaire:*

Zeigen Sie uns aus dem Jahrbuche des Ordens, was jetz geschehen ist.

Im Jahr – Monat – Tag – wurde zur Aufnahme vorgestellet, der Fremde Suchende, Andreas, Johannis Sohn, alt – Jahr, gebohren den – seiner Religion – von bürgerlicher Herkunft, jetz Maurer, gebürtig von – seines Amts – bißher in keinen bekannten Orden aufgenommen; nun Aus aufrichtigen Eifer und Trieb, in diesen von uralten Zeiten geehrten Freymaurer Ritter Orden aufgenommen zuwerden, ohne daß er dazu von einer Neubegirde getrieben, viel weniger von jemand dazu geloket, gereitzet, oder veranlaßet worden, desfalls er auch denen Statuten dieses ehrwürdigen Ordens gemäß, vermittelst einer Ballotirung gewählet und in dieser St. Johannis Loge, genannt – eingeführet, und

Der Großmeister sezet hinzu: *als Freymaurer Ritter, Lehrling und Bruder aufgenommen ist, und wird felicitirt.*

Darauf klopfet der Großmeister als Maurer, und saget:

Meine Brüder! stecken sie ihre Degen ein, welchen so gleich nachgelebet wird.

Schlus der Aufnahme eines Lehrlings, Einkleidung eines Bruders, und Art ihn als Lehrling zu schmücken:

Wenn nun alle diese Ceremonien vollzogen sind, leget der Großmeister seinen Degen wieder auf den Altar, die Brüder stecken die ihrigen in die Scheiden, ausgenommen die beyden Aufseher, der Ceremonien

Meister, und der Wachthabende Bruder, welche sie beständig in den Händen behalten. *Darauf befiehlt der Großmeister dem Ersten Pathen und dem Vorstellenden, den neuen Bruder in das Ankleidungszimmer zu führen, und ihn sich ankleiden zu lassen.*

Wo man ihm alles zurückgibt, was ihm in der dunkel Kammer abgenommen worden ist, so wie den Hut, Degen, Gehenge usw. Wenn er solcher Gestallt angekleidet worden ist, wird er von seinem ersten Pathen wieder ins Logen Zimmer geführet, und von ihm abermahl zwischen die beyden Aufseher gestellet. NB. Hier muß man bemerken, daß das so genannte Ankleidungs Zimmer, gewöhnlich in der Loge ist, und in dem Fall gehet man aus ohne die Loge zu bedecken, und kommt ein ohne zu Klopfen. Nach dem nun der neue Bruder zurück kommen ist, klopfet der zweyte Aufseher als Maurer, darauf der Erste, und als denn der Großmeister auf dem Altar. Der Zweyte Aufseher zeiget demnächst an, daß der erste Pathe und der Vorstellende den neu Angenommenen zurück gebracht habe; der erste Aufseher wiederholet dies, und der Großmeister antwortet:

Bruder Zeremonienmeister, führen Sie den neu Aufgenommenen zum Altar, damit er die Tracht des Ordens und der Lehrlinge überkommen möge!

Hierauf nähert sich der Zeremonienmeister mit dem neuen Bruder dem Altar, und wenn er dahingekommen ist, empfängt er vom Großmeister das Schurzfell, wobey er ihn folgender maßen anredet:

Mein Bruder! hier gebe ich Ihnen das Schurzfell des Ordens, welches sowohl in Ansehung seiner Weise, als seiner Dauerhaftigkeit und Bestand, da es von Leder gemacht ist. Sie an die Aufrichtigkeit, an die Beständigkeit, und an das reine Herz ihrer ehrwürdigen Brüderschaft erinnern muß. Und um diese Eigenschaften werden auch Sie sich dergestalt befleißigen, daß man allemal einen aufrichtigen Eifer und Standhaftigkeit. darinnen fortzufahren an Sie verspüren und bemerken kann. Ich wünsche, daß Sie diese Schürtze, als ein würdiger Bruder tragen, und nie mit einiger Untugend, Laster, oder Schwachheit beflecken mögen.

Darauf überliefert der Großmeister dem neu Aufgenommenen das erste paar Mannshandschuhe, und sagt:

Sehen Sie mein Bruder! das erste paar Mannshandschuhe, welches Sie beständig aufheben müßen. Diese weiße Handschuhe sollen Ihnen zum Zeichen ihrer Aufnahme dienen, und wenn ihre Meister es einmal nöthig finden, ihre Bedeutung zuerklären, so werden Sie davon weitern Unterricht erhalten.

Wenn das zweyte paar Mannshandschuhe gegeben wird, saget der Großmeister:

Mein Bruder! hier ist das zweyte paar, daß Sie allezeit tragen müßen, wenn Sie mit den Brüdern in der Loge sind.

Wenn ihm die weisen Frauenzimmer Handschuhe gegeben werden, saget der Großmeister:

Diese weisen Frauenzimmer Handschuh sind Ihnen auch bestimmt, um sie dem Frauenzimmer zugeben, für welche Sie die gröste Achtung hegen. Durch dies Geschenk versichern Sie derjenigen ihres reinen Herzens, die Sie dereinst zu ihrer gesätzmäßigen Maurin erwehlen werden, wenn Sie solches bey sich beschloßen haben, oder künftig beschließen werden. Allein laßen Sie solche nie von unreinen Händen tragen, oder Huren Arme bekleiden.

So denn giebt ihm der Hochw. Großmeister eine silberne Maurer Kelle, die nicht poliert worden, und an einem ledernen Riemen hanget, um sie im dritten oder vierten Knopfloch des Kleides zubefestigen, wobey er sagt:

Entlich mein Bruder! gebe ich Ihnen die Maurer Kelle, die wir nicht polieren laßen, um Sie zuerinnern, wie fleißig sie dieselbe brauchen sollen. Diese Kelle, hat wegen ihrer Nothwendigkeit und Unentbehrlichkeit ihren Werth, desfals haben wir sie an diesen ledernen Riemen befestiget, damit sie zur vollbringung der angelegenen und höchst nothwendigen Arbeiten, die man Ihnen hier auftragen könnte, desto beßer möge aufbewahret werden. Sie können gleichnißweise eine sehr nöthige und nützliche Arbeit mit diesem Schatze vollenden, wenn Sie sich bemühen, das menschliche Herz, gegen die Anfälle der Laster zuvermauern und zuverkütten, welche Arbeit vielleicht hinlänglich ist, einen rechtschaffenen Maurer täglich zubeschäftigen.

Darauf saget der Großmeister zu dem Zeremonienmeister, der den neuen Bruder zur Seite stehen geblieben:

Bruder Zeremonienmeister! Kleiden Sie den neuen Bruder als Maurer und weisen ihm seine Stelle an.

Wenn die Zeit mangelt, um abzukürzen, kann hier der H. GMster. gleich ihn das Zeichen, Handgrif, Worte, und Alter geben, und dann seine Stelle ihn erst anweißen lassen, wenn er vorhero mit beyden B. B. Aufseher erst alles wiederholet hat.

Welches der Zeremonienmeister bewerkstelliget, so wie es die Tabelle N° 1 anweiset, wonach er die Brüder in der Loge zu ordnen pfleget.

Art den neuen Bruder die Bedeutungen der Ceremonien, der Lehrlings Tafel und übrigen Umstände zu erklären.

Nachdem der Hochw. Großmeister, auf vorstehende Weise, alle auf dem Tag bestimmte Suchende aufgenommen hat, sagt er;

Bruder Zeremonienmeister, bringen Sie die neu angenommene Brüder an die Stelle, wo sie den Untericht von den Geheimnißen des Ordens anhören sollen.

Wenn dies ausgerichtet worden ist, saget er weiter:

Bruder Redner! jetzt ist es ihre Pflicht den neuen Bruder die Geheimniße zu entdecken, welche bey ihrer Aufnahme vorgefallen sind, und die auf der Tafel vorkommende Figuren andeuten.

Nach dieser Anzeige sind alle Brüder stille, und hören des Sprechers Erklärung und Rede mit aller aufmerksamkeit an.

Kleines Lexikon freimaurerischer Begriffe

Alte Pflichten
Von James Anderson veröffentlichte Sammlung von Regeln und Gesetzen, das »Konstitutionenbuch«, das Grundgesetz der Freimaurer.

Arbeit, arbeiten
Begriff, der aus dem Sprachgebrauch des Bauhandwerks übernommen und zur symbolischen, rituellen »Arbeit« wurde, um freimaurerische Inhalte zu vermitteln. So heißt es: »Am rauen Stein arbeiten«, »am Tempel der Humanität arbeiten«, »am großen Gebäude arbeiten«. Bei jeder Aufnahme in einen anderen Grad gibt es für die Neuaufgenommenen eine Instruktions-Arbeit, während der die Symbolik erklärt wird.

Aufseher (1. und 2.)
Mit dem Meister vom Stuhl bilden zwei Aufseher – auch Vorsteher genannt – die drei »Hammerführenden« in der Loge. Dem 1. Aufseher obliegt ebenfalls die Instruktion der Gesellen, dem 2. Aufseher die der Lehrlinge.

Ballotage
Das Abstimmungsverfahren mit weißen und schwarzen Kugeln über die Zulassung eines Kandidaten, eines »Suchenden«. Es wird daher auch »Kugelung« genannt. Bekommt ein Kandidat nur weiße Kugeln, das heißt alle Stimmen, so ist die Abstimmung »hell leuchtend«. Überwiegen die Schwarzen, so ist die Aufnahme abgelehnt. Daher das französische Verbum »blackbouler« im Sinne von »abwählen«.

Bruder, Brüder
Bezeichnung, mit der sich die Freimaurer anreden. Der Begriff kommt von den mittelalterlichen Körperschaften und ist Symbol der Gleichheit innerhalb des Ordens. Die Abkürzung lautet »Br(∴)« in der Einzahl, resp. »BBr (∴)« in der Mehrzahl. »Logenbruder« ist für den Maurer jedes Mitglied seiner eigenen Bauhütte, mit »Ordensbruder« bezeichnet man jedes Mitglied der Freimaurerei.

Decken
Aus seiner Loge oder dem Bunde ausscheiden, resp. eine Loge schließen (Substantiv: »Deckung«). Die »Deckung« entbindet den Austretenden nicht von dem bei seiner Initiation geleisteten moralischen Engagement, insbesondere der Schweigepflicht zu maurerischen Gebräuchen.

Einschläfern
Einen Logenbruder von den Arbeiten im Tempel aussperren. Seine Zugehörigkeit zum Orden wird ihm dadurch nicht genommen. Eine »eingeschläferte Loge« ist eine Loge, in der die Maurer nicht mehr zusammenkommen, die dafür aber nicht aufgehört hat zu bestehen, im Gegensatz zu einer Loge, die »gedeckt« hat.

FM (auch F.·. M.·.)
Abkürzung für Freimaurer. Freimaurerisch wird mit »frm« abgekürzt.

Geheimnis
Die Freimaurerei ist keine »geheime«, sondern eine »diskrete« Gemeinschaft. Der Maurer verpflichtet sich zur Diskretion über die Wörter und Zeichen, Riten, Handlungen und Texte (»Geheimnisse«), durch die sich Maurer zu erkennen geben, vor allem aber über die Mitgliedschaft anderer Ordensbrüder. Das »Geheimnis« der einzelnen, individuellen, inneren Erfahrungen, welche jeder auf seine Art während der Initiationszeremonien, Maurerfeste und Logenarbeiten macht, ist sowieso nicht mitteilbar. Darum kann selbst die Kenntnis aller Rituale den Profanen nicht nachvollziehen lassen, was der Eingeweihte erlebt.

Gerechte und vollkommene Loge
Eine Loge, die »gerecht« ist, muss rechtmäßig eingesetzt sein: von mindestens sieben Freimaurermeistern gegründet und durch eine Großloge anerkannt worden sein. Ihre Einrichtung muss zudem noch »vollkommen« sein. Dazu gehören die drei großen Lichter und die Arbeit in allen drei »blauen Graden«.

Geselle
Zweiter Grad der Johannismaurerei. Der Lehrling wird durch ein Ritual zum Gesellen »befördert«. Nachdem er als Lehrling den »rauen Stein« bearbeitet hat, geht er auf Reisen und arbeitet am »kubischen

Stein« (Perfektionierung), um ihn mit Kelle und Mörtel in den Tempelbau einzufügen.

GROSSMEISTER
Name des Vorsitzenden einer höheren maurerischen Instanz (Großloge, Distriktloge, Nationalloge).

JOHANNISMAUREREI
Auch »Blaue Maurerei«: Rituelle Arbeit in Logen zur Vermittlung der Lehrinhalte in den drei »blauen Graden« – Lehrling, Geselle, Meister – im Sinne der »Alten Pflichten«. Die Riten und Rituale können von Orden zu Orden, von Land zu Land, von Epoche zu Epoche, von Zivilisation zu Zivilisation Unterschiede aufweisen.

KAMMER (DUNKLE)
Raum im Logenhaus mit zahlreichen Allegorien zur Vergänglichkeit des menschlichen Lebens ausgestattet, in dem der Suchende sich auf seine Aufnahme in den Orden vorbereitet, besonders dadurch, dass er sein geistiges Testament verfasst.

KETTE
Symbol der Brüderlichkeit. Bei feierlichen Anlässen wird die Logenarbeit mit einer Bruderkette (»Chaîne d'union«) abgeschlossen, bei der sich die Maurer die Hände reichen, um ihre Verbundenheit auszudrücken. Dazu erklingen »Kettenlieder«. Das berühmteste davon ist KV 623b: »Lasst uns mit geschlungnen Händen«.

KLOPFZEICHEN
Rhythmische Zeichen, mit denen der Meister vom Stuhl und die Aufseher mittels ihrer Hämmer die Arbeiten in der Loge einleiten und durchführen. Die Rhythmen sind spezifisch für die einzelnen Grade und haben seit der Gründung der Maurerei verschiedene Änderungen erfahren. Mozarts Freimaurermusiken sind stark davon geprägt.

KÖNIGLICHE KUNST
Allgemeine Bezeichnung für die Freimaurerei als solche und für eine Lebenshaltung, die den maurerischen Grundsätzen entspricht. Man kann darin eine Anspielung auf den Bau des Tempels von König Salomo sehen, der für den Maurer zum Sinnbild des »Tempels der

Humanität« wurde, zu dessen Bau jede seiner Handlungen (Arbeiten) beitragen soll.

LEHRLING
Erster Grad der Maurerei. Er trennt den Eingeweihten vom Profanen. Die Aufnahme als Lehrling (auch »Rezeption« genannt) geschieht in einer Initiationszeremonie, durch die der Neophyt das »Licht« erhält. Der Begriff Lehrling hat eine starke symbolische Bedeutung und kommt von den Gebräuchen in den operativen Bauhütten her, wo jeder Neuaufgenommene seine Arbeit als Lehrling mit den seinem Grade entsprechenden Werkzeugen tat. In der Loge arbeitet der Lehrling symbolisch mit dem Spitzhammer am »rauen Stein«, dem Sinnbild der eigenen Unvollkommenheit.

LICHT
Der Inbegriff schlechthin der Freimaurerei. Die Rezeption zum Maurer besteht im Erhalt des Lichtes. »Licht« bedeutet auch die Grundlage der gesamten Arbeiten der Maurer. Diese werden auch als »Söhne des Lichts« bezeichnet.

LICHTER
Man unterscheidet in der Maurerei die drei »Großen Lichter« und die drei »Kleinen Lichter«. Die Großen sind Bibel, Winkelmaß und Zirkel, die Kleinen, verkörpert auf drei Säulen (Kerzenständer), die während einer Tempelarbeit beim Tapis brennen, symbolisieren Stärke, Weisheit und Schönheit.

MEISTER
Dritter Grad der Maurerei. Die Einweihung in diesen höchsten Grad der Johannismaurerei heißt »Meistererhebung«, resp. »Erhebung zum Meister«. Der Meister erarbeitet mit seinen Brüdern am Reißbrett die Entwürfe, nach denen der »große Bau« errichtet werden soll. Dazu verwendet er den Maßstab der Wahrheit, das Winkelmaß des Rechts und den Zirkel der Liebe und der Pflichterfüllung.

MEISTER VOM STUHL
Abkürzung: »M. v. St.«. Bezeichnung des für eine festgelegte Zeit gewählten Vorsitzenden. Er leitet die Arbeiten von einem erhöhten Sitz im »Orient« (Osten) aus. Ihm gegenüber im Westen sitzen die beiden Aufseher und bilden mit ihm ein Dreieck.

Orient, Osten
Der Ort, wo der Meister vom Stuhl Platz nimmt, in der rituell festgelegten Raumkonzeption der Loge; die Himmelsrichtung, in der die Sonne aufgeht, woher demnach das Licht kommt. Erweitert stellt der Orient die Bezeichnung für den Standort und den Sitz einer Loge dar. Für einen Maurer, der stirbt, heißt es, er sei »in den ewigen Osten eingegangen«.

Pate
Ein Freimaurermeister, der gegenüber der Loge verschiedene Verpflichtungen bei der Aufnahme eines Kandidaten übernimmt, den er (meistens) auch zur Aufnahme vorgeschlagen hat. Daher wird er auch »Proponent« genannt.

Profaner
Das Gegenteil von einem Initiierten; Nichteingeweihter.

Reisen
Symbolische Handlungen, besonders in den Ritualen zu den einzelnen Graden, welche den Weg »vom Dunkel zum Licht« darstellen. Man findet sie ebenfalls in den Hochgraden.

Suchender
Kandidat zur Aufnahme in den Bund. Bevor diese jedoch erfolgt, muss er bereit sein, sich mehreren vorherigen Untersuchungen zu unterziehen.

Tafelloge
Bankett nach besonders feierlichen Logenanlässen.

Zahlensymbolik
Symbolik von besonderer Bedeutung in der Freimaurerei und für ihre Riten. Die bedeutendsten sind 3, 5, 7, 9 (drei mal drei).

Zeichnung
Auch »Baustück« genannt. Bezieht sich sowohl auf einen Vortrag während der Logenarbeit, als auf die Schlussfolgerungen und die Beiträgen der Brüder dazu seitens des »Sprechers« (Redners), einem wichtigen Offizier der Loge, der im Orient sitzt.

Profanes – Vom Geld

Was Geld in der KK Monarchie zur Zeit Mozarts bedeutete, zeigt die nachfolgende Tabelle. Sie stellt das Geld, das im Umlauf war, vor und den Wert, dem es entsprach. In Klammer, die Abkürzung dafür:

1 Thaler = 2 Gulden (fl)

1 Dukaten (Gold)= 4 1/2 Gulden = 4 Gulden 30 Kreuzer (kr, x oder Xr)

1 Gulden = 20 Groschen

1 Gulden (Silber) = 60 Kreuzer (x) (Kupfer)

1 Groschen = 3 Kreuzer (x)

1 Kreuzer = 4 Pfennig (d)

1 Pfennig = 2 Heller

Carl Bär[459] hat die Kaufkraft dieses Geldes in Bezug auf heute ausgerechnet und kommt zum Ergebnis, dass

1 Gulden damals = entspricht 20,35 Euro (€) heute (oder 280 ÖS, resp. 39,80 DM).

1 Kreuzer damals = entspricht 0.34 Euro (€) heute (oder 4,68 ÖS, resp. 0,66 DM).

Zu ähnlichen Ergebnissen kommt Harald Strebel.[460]

Zum (einfachen) Leben brauchte man etwa 500 Gulden (10 175 €) im Jahr.

Ein Musiker verdiente zwischen 200 und 800 Gulden im Jahr (4070 € und 16 280 €), ein Universitätsprofessor: zwischen 300 (6105 €), und 600 Gulden (12 210 €), ein Schullehrer: 22 Gulden (448 €) – man denke hier an die Situation von Franz Schubert und seinem Vater! – ein Dienstmädchen: 12 Gulden (223 €). Beim Lehrer kam hinzu, dass er grundsätzlich auch Messner und Orgelspieler war und dafür von der Kirche bezahlt wurde, außerdem erhielt er Wohnung und verschiedene andere Vergünstigungen, genauso wie eine Magd zum Lohn auch Kost und Logis hinzu bekam.

Der Kaiserliche Hof hatte Gluck eine Ehrenpension von 2000 Gulden gewährt[461]; Salieri erhielt 2050 Gulden (etwa 41 720 €) als jährliches Honorar.[462] Was Mozart als Jahreseinkommen hatte, lässt sich nicht genau feststellen. Carl Bär hat aber anhand der Bilanzierung aller erfassbaren Einnahmen und Ausgaben ermittelt, dass er durchschnittlich mindestens 2000 Gulden pro Jahr (demnach 40 700 €) verdiente, aber den belegbaren Einnahmen steht ein Überschuss an Ausgaben von 1000 Gulden gegenüber; »bei vernünftiger Haushaltsführung hätte Mozart durchaus ein mehr als sorgenfreies Leben zu führen vermocht.«[463] Volkmar Braunbehrens kommt seinerseits auf ein »sehr vorsichtig geschätztes Durchschnittseinkommen Mozarts zwischen 1782 und 1791 von 3000 bis 4000 Gulden.«[464] Mit den 50 Gulden jährlich, die ihm nach Abzug der vom Gericht verordneten Eintreibung der Hälfte seines Gehaltes und der Miete verblieben wären, hätte er allerdings kaum noch leben können.

Die Mozarts haben zweifellos immer über ihre Verhältnissen gelebt. Man bedenke nur, dass sie in der Schulerstraße im so genannten »Figarohaus« eine Jahresmiete von 460 Gulden (9360 €) zahlten und auch noch in der Rauhensteingasse 330 Gulden (6715 €), das heißt, fast 560 € im Monat: das war mehr Miete als ein Lehrer in einem Jahr als Verdienst hatte.

Als Durchschnittspreise der Lebensunterhaltskosten konnte man berechnen: für das Wohnen 60 fl (1221 €), Holz und Licht 24 fl (488 €), ein Winterkleid 40 fl (814 €), ein Sommerkleid 30 fl (610 €), ein »Visitenkleid« 60 fl (1221 €), kleine Kleidung 30 fl (610 €), Wäsche 10 fl (203,50 €), »Tisch« 180 fl (3663 €), Friseur usw. 30 fl (610 €). Ein Arztbesuch kostete 1 Gulden, ebenso viel ein Aderlass; seidene Strümpfe kosteten etwa 5 fl (101 €), ein Hut 4 fl (81,5 €), ein Klafter (3 m^3) Holz bis zu 12 fl (244 €), ein Pfund Wachskerzen 1 fl 15 x (25,50 €). Für eine Portion Milchkaffee bezahlte man 3 kr (etwa 1 €), für »Tee mit Obers« 7 kr (2,38 €), für ein Glas Limonade 10 kr (3,4 €), für ein Glas Punsch 20 x (6,8 €), für eine Flasche guten Weines bis zu 48 Kreuzer (16,32 €). Kaffee kostete 42 x (14,28 €) pro »Pfund«, das 420 g ausmachte, Zucker 48 x (16,32 €), Schokolade zwischen 45 x und 2 fl (15,30–40,70 €).[465]

Viele der Schwierigkeiten, in denen die Familie Mozart nach 1787 steckte, waren hausgemacht, es kamen aber äußere Umstände hinzu: Der Türkenkrieg, der 1788 ausbrach, ein Hochwasser, das Anfang Juni 1788 in den Vorstädten von Wien große Schäden anrichtete, sowie Missernten in den beiden Jahren 1788 und 1789 trieben das Reich in eine finanzielle Krise, und das gesellschaftliche Leben in Wien kam fast gänzlich zum Erliegen. Der Kaiser war im Feld, die Adligen waren teils beim Militär, teils auf ihren Gütern, um sie besser schützen und verwalten zu können. In der Krise wurde zuerst im Bereich der Kultur und der Kunst gespart, so wie dies auch heute noch geschieht.

Literaturempfehlungen

Die Entdeckung von Mozarts Musik ist eine Offenbarung, die so stark ist, dass man sie mit anderen teilen möchte. Sie ist eng mit dem Leben verbunden und gibt ihm seinen schönsten Ausdruck. Sie lässt den Menschen an einer absoluten Wahrheit teilnehmen.

Wer sie hört, möchte daher auch dieses Erlebnis anderen vermitteln. Wer sie verstehen will, will mehr darüber wissen, will ihren Schöpfer kennen lernen und erfahren, wie er eine solche Musik zu schreiben vermochte. Es ist daher nur selbstverständlich, dass derjenige, der eine Plattensammlung mit Musik Mozarts hat, auch eine Büchersammlung mit Werken über ihn besitzt.

Mozart und seine Werke sind Weggefährten für die Lebensreise. Wie Freunde möchte man sie besser kennen lernen, um sie besser zu verstehen.

Ich möchte daher das Glück, das Mozart und seine Musik mir seit vierzig Jahren geschenkt haben, auch mit anderen teilen und ihnen sagen, was mir die Menschen und Werke bedeuten, die versucht haben, festzuhalten, wie Mozart gehört, empfunden und verstanden werden kann.

In allererster Linien gilt es, sich mit den *Briefen und Aufzeichnungen* Mozarts, oder vielmehr der Familie Mozart, vertraut zu machen. Sie beginnen mit den Schreiben Leopolds an seinen Verleger Lotter in Augsburg von 1755 und schließen mit den Briefen von Wolfgangs Sohn Carl Thomas von 1857: Hundert Jahre schriftliche Zeugnis wurden so in Betracht gezogen in einer Gesamtausgabe, die in sieben Bänden erschien (Bärenreiter, 1962/75). Herausgegeben durch die »Internationale Stiftung Mozarteum Salzburg«, mit Kommentaren und Erläuterungen von Wilhelm A. Bauer, Otto Erich Deutsch und Joseph Heinz Eibl versehen, stellt diese Ausgabe das unschätzbare Dokument schlechthin dar, das aus einem mythischen Namen eine Familie und aus einem Genie einen Menschen macht.

Eine ausgezeichnete Auswahl daraus besorgte Horst Wandrey (Henschelverlag, 1964). Sie wurde ebenfalls als Taschenbuch (Diogenes, detebe-Klassiker 21610, 1988) veröffentlicht und stellt eine Fundgrube dar. Die von Wolfgang Hildesheimer vorgenommene und als Taschenbuch veröffentlichte Auswahl (Insel, it 128, 1975) entspricht den Ansichten, die Hildesheimer zu Mozart hat. Hildesheimer spricht von »Subjektivität«. Sein Vorwort zur Ausgabe der »Bäsle-Briefe« (dtv/Bärenreiter Nr.4323, 1978), das heißt, der Briefe, die Wolfgang Mozart seiner Kusine Maria Anna Thekla Mozart nach Augsburg schickte, ist von wundervoller Subtilität, und die Kommentare von Joseph Heinz Eibl und Walter Senn sind an Qualität kaum zu übertreffen.

Brennend aktuell: die *Werkausgabe* in 20 Bänden (Bärenreiter/dtv, 5910, März 1991). 23 000 Seiten an Originalpartituren Mozarts wurden durch sie endlich Berufmusikern und Musikfreunden, die des Notenlesens kundig sind, zugänglich gemacht.

Sieht man den Stapel mit Veröffentlichungen zu Mozarts Leben und Werk, kann einem angst und bange werden. Die Wahl aber ist leichter, als man befürchten könnte, denn es gibt Bücher zu Mozart und über Mozart, die sich ganz einfach aufdrängen.

Das *Dictionnaire Mozart* ist bisher auf Englisch und auf Französisch erschienen und wurde von H. C. Robbins Landon herausgegeben. Die französische Fassung wurde von J. C. Lattès (Paris, 1990) veröffentlicht. Das Werk stellt eine Summe an Wissen zu Mozart dar, die Synthese der Forschungsarbeiten der besten Spezialisten, die klar und präzis aufzeichnen, was man über Mozart wissen muss, über sein Leben, die Einflüsse, die er aufnahm, das politische, soziale und weltanschauliche Umfeld, das seinen Weg und sein Werk bestimmt hat, die Musikgattungen, zu denen er Entscheidendes beitrug. Dies alles erfolgt ohne Vorurteil und Dogmatismus, geprägt von dem stetigen Bemühen, klar in den Überlegungen und im Ausdruck zu sein. Das Kapitel »Freimaurerei« wurde von Philippe A. Autexier verfasst. Wie schade nur, dass in der Ikonographie das berühmte Bild der Loge »Zur gekrönten Hoffnung« seitenverkehrt dargestellt ist … und dies in einem Buch, das der Mozartforscher herausgegeben hat, der gerade dieses Bild »entziffert« hat!

Mozart von Jean und Brigitte Massin (Fayard, 1958) war für mich persönlich das Buch, das meinen Weg zu Mozart am stärksten bestimmt hat, zusammen mit *La Pensée de Mozart* von Jean-Victor Hocquard (Seuil, 1958). Später habe ich mich von Hocquards Gedankenwelt entfernt, hatte aber immer wieder Freude, diese Summe an Wissen und Überlegungen zu durchforschen. Hocquard, als integrer und intelligenter Wissenschaftler, beharrte auch nicht auf einigen sehr umstrittenen Stellungnahmen vor über vierzig Jahren, als er dieses Werk als Doktorarbeit verfasste. Der Beweis: Seine Bücher *Mozart, l'Amour, la Mort* und das Kompendium *Mozart l'Unique* (Séguier, 1990, resp. 1988), sowie *Mozart, Musique de Vérité* (Belles Lettres, 1996), die frühere Stellungnahmen nuancieren und verfeinern, und seine klare, meisterliche Analyse der maurerischen Kantate KV 623, die Modellcharakter hat.

Jean und Brigitte Massin waren die ersten, die Mozart als Menschen der Aufklärung vorgestellt haben, die deutlich machten, wie revolutionär seine Daseins- und Denkweise waren, wie sehr er ein Wegbereiter für den »Sturm und Drang« und die Romantik gewesen ist. Durch sie ist mir der freimaurerische Geist, nicht nur im Werk des Komponisten, deutlich gemacht worden. Dass Brigitte Massin 1991 eine verbesserte und erweiterte Paperback-Ausgabe vorstellte, die somit verbilligt ist und zudem mit einem großzügigen Namens- und Sachwortregister versehen ist, kann als einer der wenigen Glücksfälle des Mozart-Jahres angesehen werden, vor allem, weil die von den Massin eröffneten Perspektiven gültiger denn je sind. Ein ähnlicher Glücksfall ist der von Brigitte Massin herausgegebene Prachtband: *Mozart, le bonheur de l'Europe* (Plon, 1991). Das schönste Buch aber, das je über Mozart veröffentlicht wurde, sind »Les Grands Opéras« mit den Scherenschnitten von Lotte Reiniger, herausgegeben in den »Imprimerie Nationale Editions«, 1989: eine unvergleichliche Kostbarkeit.

Beeindruckend, besonders was die Darstellung des privaten und sozialen Lebens des Komponisten betrifft, ist *Mozart in Wien* von Volkmar Braunbehrens (Piper, 1986, Taschenbuch 1991). Was Braunbehrens an Angaben und Präzisionen zusammengebracht hat, erhellt das Leben und die Epoche Mozarts auf ganz neue Art. Besonders erfreulich ist, dass der Autor, nur auf Dokumente und Fakten gestützt, den irrsinnigen Legenden und Anschuldigungen, die das Ende Mozarts umgeben, den Garaus macht. Seine Ausführungen zur Freimaurerei und zu Mozarts Verhältnis zur Königlichen Kunst sind im Allgemeinen sachkundig, ohne dass er aber das Thema auslotet, was allerdings nur selbstverständlich ist, da er eine andere Zielsetzung verfolgt hat.

Ähnlich in der Konzeption, voll spannender Details ist auch *Mozart. L'âge d'or de la musique à Vienne, 1781–1791* von H. C. Robbins Landon, (Lattès, 1989), diesem großen Detektiv der Musikwissenschaft. Da Landon anders an die gleiche Epoche der Geschichte herangeht, wirkt sein Buch komplementär zu dem von Braunbehrens, das mir noch präziser erscheint. Landon kann aber mit einer prachtvollen Ikonographie aufwarten und mit einem bedeutsamen Beitrag zur Zugehörigkeit berühmter Zeit-Persönlichkeiten zur Freimaurerei und zum Illuminismus.

In *1791, la dernière année de Mozart* (Lattès, 1988), fasziniert Landon durch sein Wissen und die Eleganz eines Stiles, der sowohl den großen Überblick als die Leidenschaft zum Detail meistert. Landon hat nun auch das Verdienst, den gegen Mozart angestrengten Prozess des Fürsten Lichnowsky bekannt gemacht zu haben (*Mozart connu et inconnu; Mozart, 12 novembre 1791*), ohne ihn aber so auszuwerten, wie er es verdient. Er hat ebenfalls das bekannte Bild einer Logensitzung, das im »Historischen Museum« gezeigt wird, entziffert. Seine Revelationen, die er 1982 in *Mozart and the Masons. New Light on the Lodge »Crowned Hope«* (Thames and Hudson, 1982, auch auf Französisch: *Mozart et les francs-maçons,* Thames and Hudson, Paris, 1991) veröffentlichte, sind ein Meilenstein in der Erforschung der Wiener Freimaurerei.

In diesem ersten Mozartbuch Landons wurde der Irrtum noch weitergeführt, dass Mozart seine »Maurerische Trauermusik« ursprünglich für den Tod seiner zwei Maurerbrüder schrieb. Philippe A. Autexier gibt dazu neue Aufschlüsse in *Les Oeuvres Témoins de Mozart* (Leduc, 1982), die er in seinem *Mozart* (Champion, 1987) noch verfeinert hat. Autexiers Arbeiten sind ebenso faszinierend wie sie umstritten bleiben. Ich kann auf keinen Fall mit ihm übereinstimmen, was seine Überlegungen zu den maurerischen Initiationen betrifft, und muss ihm ebenfalls den Vorwurf machen, dass er mit seinen Quellenangaben sehr knauserig ist.

Dass die »Maurerische Trauermusik« ursprünglich eine »Meister-Musik« war, hat Erich Valentin ebenfalls in seinem kostbaren und sehr nützlichen *Mozart Lexikon* (Lübbe, 1983) festgehalten. Aber auch die Massin haben schon 1958 eine solche Bestimmung für das Werk angenommen, ebenso Roger Cotte in *La Musique Maçonnique* (von 1974, Borrégo, 1987), der die beste Analyse dieses Werkes gibt. Cottes Buch, genau wie seine *Musique et Symbolisme* (Danglès, 1988), ist ein unschätzbarer Beitrag zu einer esoterischen Untersuchung des musikalischen Schaffens Mozarts und anderer maurerischer Komponisten.

Das gleiche gilt für das magistrale Buch: *La Flûte enchantée, opéra maçonnique* von Jacques Chailley (Laffont, Erstausgabe 1968). Auch wenn einige Hypothesen und Interpretationsvorschläge von Chailley heute nicht mehr gültig sind, so behält dieses Buch seine volle Bedeutung und Aktualität für eine freimaurerische Annäherung an Mozart. Chailley ist ein ehrlicher, ernsthafter Musikwissenschaftler, genau wie Abbé Carl de Nys, dem insbesondere mit: *La Musique religieuse de Mozart* (PUF, 1982) eine brillante Synthese geglückt ist. Wertvoll in dieser Hinsicht ist auch das Werk von Gérard Gefen: *Les musiciens et la franc-maçonnerie* (Fayard, 1993).

Schließlich gibt es eine Anzahl von »Klassikern« der Mozart-Literatur. Hier gilt es zuerst die Veröffentlichungen von Paul Nettl: *Mozart und die königliche Kunst* (Wunder, 1932) und *Mozart* (Payot, 1962) hervorzuheben. Nettl war der erste, der Mozart als Freimaurer Gerechtigkeit widerfahren ließ. Er hat eine einzigartige Pionierarbeit geleistet. Magistral ist das Werk *Mozart* von Hermann Abert (Breitkopf & Härtel), sind die Veröffentlichungen von Alfred Einstein: *Mozart. Sein Charakter sein Werk* (Fischer, 1968) und von Erich Schenk: *Mozart. Eine Biographie* (Goldmann, 1977, Piper, 1989), ein Werk von einer stupenden Genauigkeit. Bernhard Paumgartners *Mozart* (Atlantis), und Ulrich Dibelius: *Mozart-Aspekte* (dtv 802, 1972) sind mit dem Herzen geschrieben. Immer aktuell und auch lesenwert bleiben die zwei Bände: *Mozart* von Wyzewa/Saint-Foix (Laffont, 1986, neue Ausgabe nach 50 Jahren!), und *Mozart*, von Alexandre Oulibicheff, Mitte des XIX. Jahrhunderts veröffentlicht, ein auch historisch gesehen interessantes Werk, das ebenfalls neu aufgelegt wurde, versehen mit einer Einführung von Hocquard (Séguier, 1991).

Ach, hätte man sich doch nur auf diese Meister bezogen, ganz besonders auf Nettls *Mozart und die königliche Kunst*, das 70 Jahre maurerische Vision mit Leichtigkeit trägt, so wäre eine ganze Anzahl von Legenden zu Mozart, die ebenso perfide wie gefährlich sind, vielleicht in der Versenkung verschwunden. Ich sage: vielleicht, denn man weiß, dass Legenden ein zähes Leben haben.

Ich mag auch André Tubeufs: *Mozart, Chemins et Chants* (Arthaud, 1990), eine sanfte Annäherung, prachtvoll bebildert, und die feinfühligen Analysen mehrerer Musikwissenschaftler in *Mozart* (Génie et Réalités, Chêne, 1985).

Mehrere rezente Veröffentlichungen geben neue, oft faszinierende, oft auch aus der Fassung bringende Deutungen der Persönlichkeit Mozarts oder von besonderen Aspekten seines Lebens und Schicksals. Hervorgehoben seien hier die Bücher von Gunthard Born: *Mozarts Musiksprache. Schlüssel zu Leben und Werk* (Kindler, 1985), gleichzeitig schwierig und faszinierend, von Hartmut Gagelmann: *Mozart hat nie gelebt* … (Herder, 1990), der Mozarts Leben vom Ende her aufrollt. Das wenige, was er zur Freimaurerei sagt, ist stimmig. Heinz Gärtners Buch: *Mozarts Requiem und die Geschäfte der Constanze M.* (Langen Müller, 1986) ist ein regelrechter »Kriminalroman«, dazu sehr aufschlussreich und brillant geschrieben. Brillant ist auch das Buch von Francis Carr: *Mozart und Constanze* (Reclam, 1986), das aber mit äußerster Vorsicht zu genießen ist. Zwei herausragende Neuveröffentlichungen erschienen in den 90er Jahren in englischer Sprache: *Mozart and the Enlightenment* von Nicholas Till (Faber and Faber, 1992), das aber mit Sachkenntnis und Feinfühligkeit Mozarts aufklärerisch bedingte Geisteshaltung beleuchtet und in seinem Musikschaffen aufspürt, sodann *Mozart's Death* von William Stafford (Macmillan, 1991), das einen klugen Überblick zu allen Fragen gibt, die sich um das frühe Ende des Komponisten ranken. Hochinteressant ist dann die esoterisch-verinnerlichte Sicht des Malers, Sängers und Regisseurs René Terrasson: *Le Testament philosophique de Mozart,* (Dervy, 1996) in dem er sehr einleuchtende Beziehungen zwischen der »Zauberflöte«, »Titus« und dem »Requiem« herstellt.

Inzwischen konnte ich ebenfalls das Werk von Hans-Josef Irmen: *Mozart. Mitglied geheimer Gesellschaften* (Prisca, 1988) studieren, das eine der am besten recherchierten Forschungsarbeiten zum Thema darstellt. Ich sehe sie als unumgänglich an, was Mozarts Beziehung zur Freimaurerei und zum Illuminismus betrifft, auch wenn ich nicht in allen Punkten mit dem Autor einig bin: Ich kann den »Zahlenzauber«, den Irmen seiner Analyse der »Zauberflöte« unterlegt, nicht nachvollziehen, denn ich glaube ganz einfach nicht, dass Mozart, als er seine Oper schrieb, materiell die Zeit gehabt hätte, sich auch noch mit Geistesspielereien, wie Irmen sie ausübt, abzugeben.

Ausgezeichnet aufgemacht und gründlich recherchiert und dokumentiert ist *Der Freimaurer Wolfgang Amadé Mozart* von Harald Strebel (Rothenhäusler Verlag Stäfa, 1991), ein beeindruckendes, ein kostbares, ein unerlässliches Buch, was Mozart Zugehörigkeit zum Maurerorden betrifft, eines der besten überhaupt. Ähnliches gilt auch für den Beitrag: *Mozart von der Wohlthätigkeit* von Heinz Schuler (Mitteilungen der Internationalen Stiftung Mozarteum, 36. Jahrgang, Heft 14). Im Jubiläumsjahr 1991 erschien in Frankreich zudem ein kleiner Band von Jacques Henry: *Mozart Frère Maçon* (Alinéa), der eine klare und kluge Analyse der »maurerischen Symbolik im Werke Mozarts«, darstellt, wie es im Untertitel des Buches heißt. Diese Annäherungen an das gestellte Thema sind brüderlich komplementär zu meiner eigenen.

Der hochgelobte *Mozart* von Wolfgang Hildesheimer (Suhrkamp, 1977), irritiert mich mehr als er mich anregt, trotz oder vielleicht wegen der eindringlichen Gestaltungsweise und der Qualität des Stils, die dem Autor eigen sind. Ich muss leider feststellen, dass Hildesheimer, dem es hervorragend geglückt ist, die Person zu beschreiben, nur ein einseitiges Bild seiner Persönlichkeit gibt: Wolfgang bleibt Hildesheimer, er wird nicht Mozart! Annette Kolb beweist in ihrem *Mozart* (Fischer, 1985, Erstausgabe: 1937) soviel Talent, dass es ihr gelingt, aus Mozart die »Glorie des Katholizismus« zu machen. Sie steht denn auch als stellvertretend für alle jene, die Mozart nach seinem Tod für sich einzunehmen versuchten. Schlecht geschrieben, schludrig strukturiert, sich in ganzen Abschnitten wiederholend (cf. SS. 86 et 101), wäre Wolfgang Ritters: *Wurde Mozart ermordet?* (Haag + Herchen) nicht einmal erwähnenswert, würde es nicht unter dem Deckmantel der Wissenschaftlichkeit die peinliche und traurige Tradition jener weiterführen, die unbedingt meinen, beweisen zu müssen, dass Mozart ermordet wurde. Rémy Stricker gibt in *Mozart et ses opéras* (Gallimard, 1980) brillante Analysen der lyrischen Werke des Komponisten, aber seine Angriffe gegen Massin und Chailley sind nur ein billiges Nachhutgefecht. Ärgerlicher noch als Strickers Angriffe auf die Freimaurerei erscheinen die im Essay von Attila Csampai, der als Einleitung zur Veröffentlichung der *Zauberflöte* (Rowohlt, 1982) dient und eine Anhäufung von Vorurteilen darstellt gegen alles, was die Freimaurerei betrifft. Man muss Csampai aber zugute halten, dass er auch eine freimaurerische Analyse des Werkes durch Paul Nettl in diesem Band veröffentlicht. René Dumesnil häuft in *Mozart présent dans ses œuvres lyriques* (Renaissance du livre, 1965) so viele Irrtümer und Nachlässigkeiten an, (Sarastro wird sogar zu Zorastro, S. 191), dass man gezwungen ist festzustellen: auch die Mitgliedschaft im »Institut« verhindert nicht, dass man Unsinn schreibt. Maria Puhligs *Mozart, ein unbeirrbares Leben* (Langen Müller, 1991) ist informativ und dazu flüssig geschrieben; die Autorin hat aber leider kaum eine Ahnung von dem, was die Freimaurerei darstellt.

Einspielungen

DECCA hat glücklicherweise das musikalische Dokument wieder veröffentlicht, das die *Masonic Music* (425 7222) in der Deutung des leider zu früh verstorbenen István Kertész darstellt, mit dem prachtvollen LSO, mit Werner Krenn und Tom Krause als einfühlsamen und engagierten Solisten, und mit Georges Fischer am Klavier und an der Orgel. Arthur Oldham studierte den Edinburgh Festival Chorus ein, der einige geringfügige Ausspracheprobleme hat. Die Aufnahme umfasst alle Vokalwerke, die für die Loge bestimmt sind, und die *Maurerische Trauermusik* in einer besonders ergreifenden Deutung. Diese Interpretation ist in meinen Augen bisher unübertroffen. Die Kommentare stammen von H. C. Robbins Landon. Die Texte sind auf Deutsch und Englisch abgedruckt.

Wenn auch Kertészs Deutung der *Maurerischen Trauermusik* bisher noch nicht übertroffen wird, so stellt doch die rezente CD, *Mozart: The Last Concert* mit Eric Hoeprich und dem Orchestra of the Eighteenth Century unter der Leitung von Franz Brüggen (GLOSSA GCD 921107) eine neue Vision des Werkes vor, da die Klänge des historischen Instrumentariums eine Dimension von Ernst und Herbheit schaffen, die unmittelbar ergreift und erschüttert: Dies ist in meinen Augen die bedeutendste Mozart-Aufnahme der letzten Jahre.

Auf TURNABOUT (0015), finden wir unter dem Titel: *Freimaurermusik* ein Album mit 2 CDs. Der Verleger zieht zur eigentlichen freimaurerischen Musik auch noch den *Psalm 129 KV 93, Sancta Maria KV 273, Adagio und Fuge KV 546,* die *Musik für Glasharmonika KV 617* und das *Ave Verum KV 618* hinzu! Glücklicherweise veröffentlicht er auch die beiden *Adagios KV 410 und 411*, die authentische Maurermusiken sind, sowie die *Maurerische Trauermusik*. Schöne Leistungen gibt es von Kurt Equiluz, Rudolf Resen, Leo Hoppe (als Vokalsolisten), von Kurt Rapf (Klavier, Orgel), vom Chor und Orchester der Wiener Volksoper unter der Leitung von Peter Maag. Mein Exemplar enthielt kein Begleitbüchlein, hingegen war die Originalausgabe auf LP (FSM 33006/7) mit einer ausgezeichneten Studie von William B. Ober versehen.

Viersprachig sind die Kommentare der Neuausgabe der *Masonic Music* in der berühmt gewordenen PHILIPS Edition. Die freimaurerische Musik Mozarts wird gemeinsam mit seinen Oratorien: *Betulia Liberata* und *Davidde Penitente* veröffentlicht. Peter Schreier ist Solist und Dirigent. Es ist eine besonders in der Chorgestaltung sehr eindrucksvolle Neuaufnahme, die aber als Gesamtleistung nicht an Kertészs Version heranreicht. Die französischen Kommentare von Jacques Chailley sind ebenso klug wie die deutschen von Alfred Beaujean süffisant und simpel wirken. Was heißt: »Man mag in der Rückschau der Ansicht sein, dass die Zeit, die er daran (i.e. Kantate KV 623) verwendete, besser der Komplettierung des Requiems oder wenigstens des ›Lacrymosa‹ zugute gekommen wäre. Aber das sind nur Spekulationen, die zu nichts führen«? Eben! Hätte Mozart das *Requiem* schreiben wollen, hätte er es getan. Für ihn aber war die Kantate KV 623 wichtiger.

ARION hat auf CD (ARN 68134) die *Musiques rituelles maçonniques au XVIIIe siècle (Rituelle maurerische Musiken des XVIII. Jahrhunderts)* unter der ebenso klugen wie erfahrenen musikalischen Leitung von Roger Cotte wieder veröffentlicht. Roger Cotte hat ebenfalls das Begleitbüchlein zu dieser Aufnahme geschrieben, das allein schon den Kauf dieser Edition rechtfertigen würde. Neben maurerischen Werken von François Giroust, Beethoven, Friedrich-Heinrich Himmel, Henri-Joseph Taskin sind von Mozart veröffentlicht: »Gesellenreise« KV 468, »Laßt uns mit geschlungnen Händen« KV 623a, »O heiliges Band« KV 148, die Tenorarie der Kantate »Dir Seele des Weltalls« KV 429 und die »Kleine deutsche Kantate« KV 619. René Terrasson (Bass), Schuyler Hamilton (Tenor), Christian Ivaldi (Klavier), Jean ver Hasselt (Pianoforte) sind bemerkenswert. (Ich beschränke mich hier auf die Mozart-Interpreten.)

Eine der interessantesten rezenten Neuaufnahmen der *Freimaurermusiken* (NOVALIS, CD 150 0812) stammt von Martin Haselböck und seiner Wiener Akademie. Haselböck ist ein Musikforscher, der zugleich ein herausragender Musikkenner ist. Für seine Veröffentlichung gilt dasselbe wie für Franz Brüggen: Die historischen Instrumente lassen diese Musiken in einem ganz neuen Klanggewand und viel »menschlicher« erscheinen. Die Aufnahme ist hervorragend, voll Feingefühl und Inspiration gesungen und gespielt: Christoph Prégardien und Helmut Windhaber, Tenor, Gottfried Hornik und Peter Schneyder, Bass, der Chorus Viennensis und die Wiener Akademie vereinen sich unter der klugen Leitung von Haselböck zu einer überzeugenden Neudeutung. Mit der Fertigstellung der Kantate »Dir Seele des Weltalls, o Sonne« KV 429 durch Rainer Bischof (Intelligente Textergänzung: Alexander Giese) kann ich mich allerdings weniger anfreunden. Die Kommentare von Walther Brauneis sind vortrefflich.

Seit über zwei Jahrzehnten gilt mir Otto Klemperers Deutung der letzten Symphonien Mozarts als unübertroffen. Keinem gelang es wie ihm, die kosmischen Dimensionen dieser Musik, die Synthese zwischen formaler Erneuerung und geistiger Transzendenz, durch die Mozart die Tore zu zukünftigen Horizonten weit aufstieß, derart eindrucksvoll zu verdeutlichen. Bei EMI erschien eine Neuausgabe (4 CDs, 7.63272.2), die uns den legendären Klang des Philharmonia Orchestra und die Unerbittlichkeit Klemperers in den *Symphonien Nr.25, 29, 31, 33, 34, 35, 36, 38, 39, 40, 41* neu zu Gehör bringt. Diese Aufnahmen lassen einen nicht mehr los.

Die Klarinette, ach, die Klarinette! Franz Brüggen und sein Orchester des XVIII. Jahrhunderts haben geschickt eine »Fin-de-Siècle«-Atmosphäre eingefangen für eine Traumaufnahme und eine (Wieder)entdeckung der so brüderlichen Partitur des *Klarinettenkonzerts A-Dur KV 622*. Sie ist gekoppelt mit einer exzellenten Einspielung des ergreifenden *Klarinettenquintetts A-Dur KV 581*. Eric Hoeprich spielt die Bassettklarinette und lässt uns hören, wie diese Musik zu der Zeit klang, als ihr Schöpfer lebte. (PHILIPS, CD, 420 2422). Diese Einspielung wird noch übertroffen durch das bereits erwähnte einzigartige *Last Concert* (GLOSSA GCD 921107), auf der gerade auch das *Klarinettenkonzert* in leuchtender Schönheit erklingt. Hinzu kommen eine wunderschöne Aufnahme des *Adagios* KV 411, sowie Arien aus *La Clemenza di Tito*, wundervoll gesungen von Joyce DiDonato. Eine weitere Aufnahme von Franz Brüggen enthält das *Requiem* (GLOSSA GCD 921105), so wie ebenfalls das *Adagio* KV 411 und die *Maurerische Trauermusik*. Die *Requiem*-Einspielung reicht aber nicht an die einzigartige *Trauermusik* heran.

Meine Lieblingsaufnahme des *Requiems* ist die der Hanover Band and Chorus unter der Leitung von Roy Goodman (NIMBUS, CD, NI 5241). Sie findet die geeignete »Klangfarbe«, – zwischen der von den »Barockspezialisten« hervorgezauberten (insbesondere ist hier Ton Koopman, ERATO, CD, 2292. 45472.2 zu erwähnen) und den großen alten symphonischen Deutern (wie etwa Hermann Scherchen, WESTMINSTER, LP, CLS 99203) –, sie kann ein besonders homogenes Solistenquartett aufbieten: Gundula Janowitz,

Julia Bernheimer, Martyn Hill, David Thomas, vor allem aber eröffnet sie neue Perspektiven zur Verständigung des Werkes. Die Aufnahme fußt in der Tat auf den stimmigen Nachforschungen von Robbins Landon.

Dass Mozart ein Werk wie *Thamos* schreiben konnte, macht deutlich, dass er das freimaurerische Geistesgut begriffen hatte, noch bevor er Mitglied des Ordens wurde. Dieses »heroische Drama« kündet die *Zauberflöte* an. Nikolaus Harnoncourt hat die Schallplattenaufnahme schlechthin von *Thamos* verwirklicht mit erstklassigen Solisten: Janet Perry, Anne-Marie Mühle, Thomas Thomaschek, Marius van Altena, mit dem Collegium Vocale aus Gent (dem von Herreweghe dirigierten Vokalensemble) und dem Concertgebouw-Orchester, das die geistige Strenge des Chefs bestens umzusetzen weiß. Dank an TELEFUNKEN für die Wiederveröffentlichung dieser unentbehrlichen Aufnahme. (TELDEC, CD, 8.42702)

Eine der erfreulichsten editorischen Überraschungen der letzten Jahre ist die Erstveröffentlichung von *Der Stein der Weisen* von Mozart, Henneberg, Schack, Gerl und Schikaneder: Diese kleine Kostbarkeit führt, wie bereits erwähnt, unmittelbar zur *Zauberflöte* hin. Sie kam in einer brillanten, auf alten Instrumenten gespielten Interpretation des Orchesters und des Chores Boston Baroque, unter der Leitung ihres Gründers Martin Pearlman heraus, der David J. Buchs kostbare Entdeckung meisterlich in Musik umgesetzt hat: Ein glücklicher Fund, ein ungetrübtes Hörvergnügen (TELARC CD-80508).

Die *Zauberflöte* macht den geistigen Weg deutlich, den Mozart nach *Thamos* infolge seiner Initiation zurückgelegt hat, macht zugleich auch klar, wie das Ziel die musikalischen Perspektive ändert – und hier wird der Vergleich mit *Der Stein des Weisen* besonders lohnend. Eine Aufnahme der *Zauberflöte* muss daher das Gleichgewicht zwischen der Transzendenz des Märchens und der geistigen Licht-Suche, zwischen dem einfachstmöglichen Spiel und dem ergreifendsten Gesang herstellen. Man kann sich zu Recht fragen, ob es je eine ideale Darbietung geben wird. Persönlich gebe ich letztendlich der Einspielung von Sir Colin Davis den Vorzug, vor denen von Marriner und Solti, weil er den größten Respekt vor den Dialogen hat, die für Mozart so wichtig waren. Seine Interpreten sind echte Mozartkenner: Kurt Moll, Peter Schreier, Margaret Price, Theo Adam, der Rundfunkchor Leipzig und die Staatskapelle Dresden, eines der besten Orchester der Welt. (PHILIPS, 3 CDs 411.459.2)

Das Talich Quartett hat eine wundervoll reine und klare Aufnahme der sechs *Haydn-Quartette* verwirklicht, deren Eindringlichkeit kaum zu überbieten ist. Die tschechischen Künstler beweisen ein Verständnis für das Klang-Gestalten Mozarts, das es so überzeugend nur sehr selten gibt. Ihre Einspielung muss als eines der großen Dokumente bewertet werden, wie man sich dem intimen Mozart mit Ehrfurcht und Vertrauen nähert. Wenn die Interpretationen der *Quartette Nr. 18 KV 464 und Nr. 19 KV 465* mir besonders am Herzen liegen, weiß man warum. Das Spiel der wunderbaren Musiker aus der Tschechischen Republik offenbart ihre innere Wahrheit. (CALLIOPE, 3 CDs, CAL 9341/3).

Die neue geistige Dimension des *Klavierkonzertes Nr. 20 in D-Moll,* das Mozart am selben Abend erstmals spielte, an dem Haydn das maurerische Licht erhielt, wird von der großen Annie Fischer durch ihre außergewöhnliche Phrasierungskunst besonders eindringlich vorgestellt. Die unvergleichliche Pianistin hat uns nur wenige Plattenaufnahmen hinterlassen. Eine davon vereint die *Concerti Nr. 20 und Nr. 23 in A-Dur,* ein weiteres Werk Mozarts mit symbolischer Dimension. Annie Fischer, die deutlich macht, was musikalische Ehrlichkeit und Werktreue heißt, wird feinfühlig von Sir Adrien Boult und einem meisterlich aufspielenden Philharmonia begleitet. (PRICELESS, CD, D13167, jetzt auch EMI, CD, 7 76020 2)

Der schönste Beweis für die brüderliche Freundschaft zwischen Mozart und der Familie Jacquin ist das *Trio in E-Dur KV 498,* das *»Kegelstatt«-Trio,* ein Werk der Intimität, mit dem Mozart zwanzig Minuten musikalisches Glück vermittelt. Das Trio, bestehend aus Gervase de Peyer (Klarinette), Lamar Crowson (Klavier) und Cecil Aronowitz (Bratsche), versteht es, diesem Glück Ausdruck zu verleihen: Auf der Sonderedition zu den 200-Jahrfeiern sind ebenfalls das *Quintett Es-Dur KV 452* und das *Klaviertrio E-Dur KV 542* eingespielt. (EMI, CD, 7 67026 2)

Dass Mozarts Eintritt in die Maurerei auch seine Früchte in der »Erforschung seines Gefühlslebens« trug, wurde von den Massin erstmals verdeutlicht. Man braucht, wie schon erwähnt, nur die *Fantasie C-Moll KV 475* und die *Sonate C-Moll KV 457* zu vergleichen, um zu ermessen, welche Selbstbeherrschung Mozart in wenigen Monaten erreichen konnte, genauer zwischen Oktober 1784 und Mai 1785, zwei Monate vor der *Maurerischen Trauermusik*, die in derselben Tonart steht. Maria João Pires spielt die beiden Partituren mit einer Intensität, die die Stille reden lässt. Eine ganz außergewöhnliche Aufnahme mit zudem einer perlenden Einspielung der *Sonate A-Dur KV 331* und der *Fantasie D-Moll KV 397.* (DGG, CD, 429 7392)

EMI veröffentlichte Mozarts *Kammermusik mit Klarinette* mit Sabine Meyer, Reiner Wehle und Wolfgang Meyer, sowie dem Wiener Streichsextett in einer leuchtenden Darstellung des *Klarinettenquintetts KV 581.* Besonders wichtig wird diese Ausgabe von 3 CDs durch die Tatsache, dass sie zudem alle *Divertimenti für drei Bassetthörner KV 439b,* die *Adagios für Bassetthörner und Klarinette KV 580 und 439b,* aber auch die beiden maurerischen *Adagios in B-Dur KV 410 und F-Dur KV 411* und zudem das *»Kegelstatt«-Trio* vereint: Sie stellt über 170 Minuten musikalischen Glücks dar … (EMI, 3 CDs, CMS 7 63810 2)

Die Integrale der *Streichquintette KV 174, 406, 515, 516, 593, 614,* mit dem Budapester Quartett und Walter Trampler als zweitem Bratschisten ging in die Schallplattengeschichte ein. Diese außergewöhnlichen Musiker offenbaren die Intimität der Tragik, wie nur Mozart sie ausdrücken konnte. Kein Pathos, nur ganz einfach die Wahrheit des musikalischen Ausdrucks. Die Abgeklärtheit, die von der Interpretation des letzten *Quintetts Es-Dur KV 614,* ausgeht, grenzt an ein Wunder. (CBS, 3 LP, M3P 39 663)

Augustin Dumay, Gérard Caussé und Gary Hoffman sind die Interpreten einer der neuesten Einspielungen des *Divertimento Es-Dur KV 563.* Sie verdeutlichen erst einmal, wie es Mozart gelang, eine typisch »galante« Form mit einem völlig neuen Gehalt zu erfüllen und wie diese Form ihm ermöglichte, eines seiner ausdrucksstärksten und konzentriertesten Werke zu schreiben. Die Form dient dazu, die Tiefe des Gefühls zu kaschieren. Die Tonart Es-Dur lässt uns den Weg erkennen. Die Widmung an Bruder Michael Puchberg, den ausdauernden Gönner, sagt uns, dass wir auf mehr als eine Modetändelei gefasst sein sollen, und drei wunderbare französische Musiker helfen uns, das Geheimnis dieser Musik zu verstehen. (EMI, CD, 7 54009 2)

Das ungetrübte Glück mit dem Ensemble Boston Baroque unter Martin Pearlman ging vor kurzem weiter mit *Der wohltätige Derwisch,* dessen Uraufführung von David J. Buch auf März 1791 datiert werden konnte. Das Singspiel, mit Anklängen an *Die Zauberflöte* aber auch an *Die Entführung aus dem Serail,* ist gekoppelt mit der Ersteinspielung von *Der Schauspieldirektor* auf historischen Instrumenten. Die exzellenten Solisten sind Cyndia Sieden, Sharon Baker, Deanne Meek, John Aler, Kevin Deas, Alan Ewing. (TELARC CD-80 573)

Bibliographie

Freimaurerei, Illuminismus, Symbolismus, Geschichte

AGETHEN, Manfred: Geheimbund und Utopie. Illuminaten, Freimaurer und deutsche Spätaufklärung. Oldenbourg, 1987.

AMBELAIN, Robert: Franc-Maçonnerie d'autrefois. Laffont, Paris, 1988.

BAIGENT, Michael/LEIGH, Richard: The Temple and the Lodge. Corgi Books, London, 1990.

BAYARD, Jean-Pierre: La Spiritualité de la Franc-Maçonnerie. Dangles, Saint-Jean-de-Braye, 1982.

BEIGBEDER, Olivier: Le Symbolisme. Presses Universitaires, Paris, 1987.

BENOIST, Luc: Signes, Symboles et Mythes. Presses Universitaires, Paris, 1977.

BERENDSOHN, Walter A.: Die Idee der Humanität in Vergangenheit und Gegenwart. Akazien-Verlag, Hamburg, 1961.

BERESNIAK, Daniel: Symbole der Freimaurer. Brandstaedter, Wien, 2000.

BIEDERMANN, Hans: Das verlorene Meisterwort, Bausteine zu einer Kultur- und Geistesgeschichte des Freimaurertums. Böhlau Verlag, Wien, 1998.

BINDER, Dieter A.: Die diskrete Gesellschaft. Geschichte und Symbolik der Freimaurer. Edition Kaleidoskop, Syria, 1988.

BINDER, Dieter A.: Die Freimaurer. Herder Taschenbuch, Freiburg, 1998.

BOOS, Heinrich: Geschichte der Freimaurerei. Sändig, Wiesbaden, (1906), 1979.

BOUCHER, Jules: Le Symbolisme maçonnique. Dervy, Paris, 1973.

BRAULT, Eliane: Psychanalyse de l'Initiation Maçonnique. Dervy, Paris, 1975.

CHEVALIER, Jean: Dictionnaire des Symboles. Laffont, Paris, 1982.

CHEVALLIER, Pierre: Histoire de la Franc-Maçonnerie Française. Fayard, Paris, 1974.

COOPEROAKLEY, Elisabeth: Masonry & Medieval Mysticism. Theosoph. Publishing House, London, 1977.

FORSTER, Georg: Werke: Schriften, Tagebücher, Briefe. Akademie der Wissenschaft, DDR, Berlin, 1978.

GIESE, Alexander: Die Freimaurer. hpt-Verlagsgesellschaft, Wien, 1991.

HOLTORF, Jürgen: Die verschwiegene Bruderschaft. Heyne, München, 1983.

HOLTORF, Jürgen: Die Logen der Freimaurer. Heyne, München, 1996.

HORNEFFER, August: Freimaurerisches Lesebuch. Einführung in das Schrifttum der Freien und Angenommenen Maurer. Akazien-Verlag, Hamburg, 1951

HORNEFFER, August: Das Brauchtum der Freimaurer. Die Loge und ihr symbolischer Hausrat. Blaue Reihe, Bauhütten Verlag, Münster, 1990.

HORNEFFER, August: Die Aufnahmehandlung. Bauhütten Verlag. Münster, 1976.

JONES, Bernard E.: Freemasons' Guide and Compendium, London, 1988.

KISCHKE, Horst: Die Freimaurer. Fiktion, Realität und Perspektiven. Knaur, München, 1999.

KNIGHT, Stephen: The Brotherhood. Granada, London, 1985.

LAGUTT, Jan K.: Grundstein der Freimaurerei. Origo, Zürich, 1963.

LEMAITRE, Jacques: Les Origines françaises de l'Antimaçonnisme, 1744–1797. Université, Bruxelles, 1985.

LENNHOFF, Eugen, POSNER, Oskar, BINDER, Dieter A.: Internationales Freimaurerlexikon, überarbeitete Neuauflage, Herbig, München, 2000

MARIEL, Pierre: Les Francs-Maçons en France. Marabout, Paris, 1969.

MELLOR, Alec: Dictionnaire de la Franc-Maçonnerie et des Francs-Maçons. Belfond, Paris, 1979.

MELLOR, Alec: Les Mythes Maçonniques. Payot, Paris, 1974.
MITTERRAND, Jacques: La Politique des Francs-Maçons. Roblot, Paris, 1976.

NAUDON, Paul: La Franc-Maçonnerie. Presses Universitaires, Paris, 1967.

ORVAL, José: La Maçonnerie du XVIIIe siècle à nos jours. Labor, Paris, 1988.

PALOU, Jean: La Franc-Maçonnerie. Payot, Paris, 1966.
PEYREFITTE, Roger: Les Fils de la Lumière (Roman). Flammarion, Paris, 1961.
PLANTAGENET, Edouard: Causeries Initiatiques (3 Bd.). Dervy, Paris, 1957.

REINALTER, Helmut: Die Freimaurer. C.H.Beck Taschenbuch, 2000
REINALTER, Helmut (Hg.): Freimaurer und Geheimbünde im 18. Jahrhundert in Mitteleuropa. Suhrkamp, Frankfurt, 1983.

SCHMIEDER, Maurice: La Franc-Maçonnerie. Histoire d'une grande fraternité. J.M. Collet, Braine, 1992.
SCHURE, Edouard: Les Grands Initiés. Perrin, Paris, 1960.
SCHÜTTLER, Hermann: Die Mitglieder des Illuminatenordens, 1776–1787/93, München 1991.
SHAPIRO, Max S./HENDRICKS, Rhoda A.: A Dictionnary of Mythologies. Paladin, London, 1984.
SOCIETE FRANÇAISE D'ETUDE DU 18e SIECLE: La Franc-Maçonnerie, PUF, Nr.19, Paris, 1987. Beiträge von BENIMELI, REVAUGER, RANDOUYER, REINALTER, BEAUVOIS, HAMMERMAYER, AUTEXIER, BRENGUES, PORSET, CHEVALLIER, COUTURA, LIGOU, BERTRAND, VIGNI, u.a.

TOURRET, Fernand: Clefs pour la Franc-Maçonnerie. Seghers, Paris, 1975.
TRISTAN, Frédérick: La franc-maçonnerie: documents fondateurs. Les Cahiers de l'Herne, Paris, 1992

VALMY, Marcel: Die Freimaurer. Arbeit am Rauhen Stein mit Hammer, Zirkel und Winkelmaß. GLB Parkland, Köln, 1988
VERDUN, Jean: La Réalité Maçonnique. Flammarion, Paris, 1982.

WIRTH, Oswald: La Franc-Maçonnerie rendue intelligible à ses adeptes (3 Bd.). Dervy, Paris, 1980.
WIRTH, Oswald: Le Symbolisme occulte de la Franc-Maçonnerie. Dervy, Paris, 1975.

Musik (Allgemeines)

BAUER, Rudolf: Das Konzert. Safari, Berlin, 1955.
BLUME, Friedrich (Ed.): Die Musik in Geschichte und Gegenwart. Bärenreiter/dtv, München, 1989. Vol.4.: NETTL, COTTE: Freimaurermusik.
BIBLIOGRAPH.INSTITUT. Meyers Handbuch über die Musik (Ed.). Mannheim, 1961.

CHAILLEY, Jacques: 40.000 ans de Musique. Plon, Paris, 1961.
CHAILLEY, Jacques: La Musique et le Signe. Rencontre, 1967.
CHAILLEY, Jacques: Parsifal de Richard Wagner, opéra initiatique. Buchet-Chastel, Paris, 1979.
CHAILLEY, Jacques: Le Voyage d'Hiver de Schubert. Leduc, Paris, 1975.
COTTE, Roger: La Musique Maçonnique et ses Musiciens. Borrégo, Paris, 1987.
COTTE, Roger: Musique et Symbolisme. Dangles, Saint-Jean-de-Braye, 1988.

DA PONTE, Lorenzo: Mein abenteuerliches Leben. Nachwort: W. Hildesheimer. Diogenes, Zürich, 1993.

EHRINGER, Hans: Klassiker der Musik. Amersbach, Basel, 1946.
EMMANUEL, Maurice/HAHN, Reynaldo e.a.: L'Initiation à la Musiquc. Tambourinaire, Paris, 1935.

GEFEN, Gérard: Les musiciens et la franc-maçonnerie. Fayard, Paris, 1993.

HERZFELD, Friedrich: Das Musiklexikon. Ullstein, Berlin, 1965.

HOWITT, Basil: Love Lives of Great Composers. William Elkin, Norwich distr., 1995.

KAUT, Josef: Festspiele in Salzburg. Residenz, Salzburg, 1969.
KOMORZYNSKI, Egon: Emanuel Schikaneder. Der Vater der Zauberflöte. Neff, Wien, 1990.
KUPFERBERG, Herbert: Classical Music List. Ward Lock, London, 1986.

MASSIN, Brigitte et Jean: Histoire de la Musique. Fayard, Paris, 1988.
MATZKE, Hermann: Musikgeschichte der Welt. Ullstein, Berlin, 1961.
MELLERS, Wilfrid: Musik und Gesellschaft. Fischer, Frankfurt, 1965.

NEF, Karl: Einführung in die Musikgeschichte. Atlantis, Zürich, 1945.

PAHLEN, Kurt: Opern Lexikon. Heyne, München, 1981.
PRIEBERG, Fred K.: Musik im NS-Staat. Fischer, Frankfurt, 1982.

ROSENTHAL, Harold/WARRACK, John: Guide de l'Opéra. Fayard, Paris, 1986.

SCHREIBER, Ulrich: Schallplatten Jahrbuch I. Braun, Karlsruhe, 1973.
SCHUH, Oscar Fritz: Salzburger Dramaturgie. SN Verlag, Salzburg, 1969.
SCHUMANN, Otto: Meyers Opernbuch. Bibliographisches Institut, Leipzig, 1938.

TERRASSON, René: Pelléas et Mélisande ou: L'Initiation. Edimaf, Paris, 1982.
TRANCHEFORT, Fr. René: (dir.) Guide de la Musique de Chambre. Fayard, Paris, 1989.
TRANCHEFORT, Fr. René: (dir.) Guide de la Musique de Piano. Fayard, Paris, 1987.
TRANCHEFORT, Fr. René: (dir.) Guide de la Musique Symphonique. Fayard, Paris, 1986.

ZENTNER, Wilhelm: Opernführer. Reclam, Stuttgart, 1962.

Mozart

MOZART, Wolfgang A.: Briefe und Aufzeichnungen. Gesamtausgabe (Herausgabe: Wilhelm A. Bauer, Otto Erich Deutsch, Joseph H. Eibl). Bärenreiter, Kassel, 1971 – Briefe (Auswahl: Horst Wandrey). Henschelverlag, Berlin, 1984 – Briefe (Auswahl: Horst Wandrey). Diogenes, Zürich, 1988 – Briefe (Auswahl: Hildesheimer). Insel, Frankfurt, 1975 – Bäsle-Briefe (Einl.: Hildesheimer). dtv/Bärenreiter, München, 1980 – Verzeichnis aller meiner Werke & Verzeichnis der Jugendwerke (Leopold Mozart). Doblinger, Wien, 1956 – Requiem. Faksimile-Ausgabe, Günter Brosche (Hg. & Kommentar). Akad. Druck u.Verlagsanstalt, Graz, 1990.

ABERT, Hermann: W.A. Mozart 1.+2. Teil & Register. VEB Breitkopf & Härtel, Leipzig, 1983.

AUTEXIER, Philippe A.: Les Oeuvres Témoins de Mozart. Leduc, Paris, 1982.

AUTEXIER, Philippe A.: Mozart. Champion, Paris, 1987.

AUTEXIER, Philippe A.: La lyre maçonne: Haydn, Mozart, Spohr, Liszt. Detrad/A.V.S., Paris, 1997.

BAER, Carl: Mozart. Krankheit – Tod – Begräbnis. Int. Stiftung Mozarteum, Salzburg, 1972.

BAKER, Richard: Mozart. An illustrated Biography. Macdonald, London, 1991.

BANKS, C.A. & TURNER, J. Rigbie: Mozart, Prodigy of Nature. British Library, London, 1991.

BEAUVERT, Thierry: La flûte enchantée. Editions Plume, Paris, 1998.

BORN, Gunthard: Mozarts Musiksprache. Kindler, München, 1985.

BRANSCOMBE, Peter: W. A. Mozart. Die Zauberflöte, Cambridge University Press, Cambridge; New York, 1991.

BRAUNBEHRENS, Volkmar: Mozart in Wien. Piper, München/ Wien, 1986.

BROPHY, Brigid: Mozart the Dramatist. The value of his operas to him, to his age and to us. Libris. London, 1988.

BURGESS, Anthony: Mozart and The Wolf Gang. Vintage, London, 1991.

CARR, Francis: Mozart und Constanze. Reclam, Stuttgart, 1986.

CHAILLEY, Jacques: La Flûte enchantée, opéra maçonnique. Ed. d'aujourd'hui, Paris, 1975.
CSAMPAI, Attila/HOLLAND, Dietmar, Hg.: Die Zauberflöte. Rowohlt, Hamburg, 1982.
CSAMPAI, Attila/HOLLAND, Dietmar, Hg.: Die Hochzeit des Figaro. Rowohlt, Hamburg, 1982.
CSOBADI, Peter (Hg.): Wolfgang Amadeus Mozart: Summa Summarum. Neff, Wien, 1990.

DEPPISCH, Walter: Ein Mozart-Brevier. Akazien-Verlag, Hamburg, 1956.
DEUTSCH, Otto-Erich: Mozart. Dokumente seines Lebens. Bärenreiter, Kassel, 1961.
DEUTSCH, EIBL: Mozart. Dokumente seines Lebens. dtv, München, 1981.
DIBELIUS, Ulrich: Mozart-Aspekte. dtv, München, 1972.
DIECKMANN, Friedrich: Orpheus, eingeweiht. Der Morgen, Berlin, 1983.
DIECKMANN, Friedrich (Hsg): Die Zauberflöte. Max Slevogts Randzeichnungen zu Mozarts Handschrift. Mit dem Text von Emanuel Schikaneder. Insel Verlag, Frankfurt, 1990
DUMESNIL, René: Mozart présent dans ses oeuvres lyriques. Renaissance du Livre, Bruxelles, 1965.

EIBL, Joseph Heinz: Mozart. Chronik eines Lebens. Bärenreiter, Kassel, 1965. dtv, Bärenreiter, München, 1977.
EINSTEIN, Alfred: Mozart. Sein Charakter und sein Werk. Fischer, Frankfurt, 1985.
ELIAS, Norbert: Mozart. Zur Soziologie eines Genies. Suhrkamp, Frankfurt, 1991.
ENGERT, Rüdiger: Hier hat Mozart gespielt. SN Verlag, Salzburg, 1968.

FISCHER, Hans Conrad/BESCH, Lutz: Das Leben Mozarts. Residenz, Salzburg, 1968.

GAGELMANN, Hartmut: Mozart hat nie gelebt … Eine kritische Bilanz. Herder, Freiburg, 1990.
GALL, Hannes: Wolfgang Amadeus Mozart. Pechan, Wien, 1953.

GÄRTNER, Heinz: Mozarts Requiem und die Geschäfte der Constanze M. Langen Müller, München, 1986.
GÄRTNER, Heinz: Mozart und der »liebe Gott«: Genie zwischen Gläubigkeit und Lebenslust; die Geschichte seiner Kirchenmusik. Langen Müller, München, 1997.
GAY, Peter: Mozart. Phoenix, London, 1999.
GREITHER, Aloys: Wolfgang Amadé Mozart. Rowohlt, Reinbek, 1962.
GRUBER, Gernot: Mozart und die Nachwelt. Piper, München, 1987.
GUEULETTE, Alain: Mozart retrouvé. Temps actuels, Paris, 1982.

HAAS, Robert: W. A. Mozart. Die großen Meister der Musik, Potsdam, 1933.
HASE, Hellmuth von: Der kleine Köchel. Breitkopf & Härtel, Wiesbaden, 1988.
HENRY, Jacques: Mozart Frère Maçon. Alinéa, Aix-en-Provence, 1991.
HILDESHEIMER, Wolfgang: Mozart. Suhrkamp, Frankfurt, 1980. Presses Pocket, Lattès, Paris, 1991.
HILDESHEIMER, Wolfgang: Wer war Mozart? Suhrkamp, Frankfurt, 1966.
HOCHHUTH, Rolf: Das Recht auf Arbeit – Nachtmusik. Zwei Dramen. Rowohlt, Reinbek, 2000.
HOCHHUTH, Rolf: Täter und Denker. Profile und Probleme von Cäsar bis Jünger. Darin: *Mozart und das Ehepaar Hofdemel*, SS. 268–285. Rowohlt, Reinbek, 1990.
HOCQUARD, J. Victor: Mozart. Seuil, Paris, 1958.
HOCQUARD, J. Victor: La Pensée de Mozart. Seuil, Paris, 1958.
HOCQUARD, J. Victor: La Flûte enchantée. Aubier, Paris, 1979.
HOCQUARD, J. Victor: Mozart, l'unique. Séguier, Paris, 1989.
HOCQUARD, J. Victor: Mozart, l'Amour, la Mort. Séguier, Paris, 1990.
HOCQUARD, J. Victor: Mozart. Musique de vérité. Belles Lettres, Paris, 1996.
HOCQUARD, J. Victor et Marianne: Mozart ou la Voix du comique, Maisonneuve & Larose, Archimbaud, Paris, 1999.
HOYLE, Martin: Mozart and his Operas. Spellmount, Kent, 1996.
HYATT KING, Alec: La Musique de chambre de Mozart. Actes Sud, Arles, 1988.

IRMEN, Hans-Josef: Mozart. Mitglied geheimer Gesellschaften. Prisca, Neustadt/Aisch, 1988.

JANSEN, Johannes: Wolfgang Amadeus Mozart (3sprachig). Taschen, Köln, 1999.

JOHN, Nicholas: The Magic Flute. Opera Series, Calder, London, 1983.

KLOSE, Dietrich (Ed): Über Mozart. Reclam, 1991.

KOLB, Annette: Mozart. Fischer, Frankfurt, 1985.

KRÖPLIN, Hildigund: Mozart-Chronik. Breitkopf & Härtel, Wiesbaden, 1990.

KUNZE, Stefan: Mozarts Opern. Reclam, Stuttgart, 1989.

KUPFERBERG, Herbert: A Mozart Mosaic. Robson, London, 1987.

LABIE, J. Fr. (Koord.): Wolfgang Amadeus Mozart (Beiträge von BOURGEOIS, GUIOMAR, GOLEA, KERN, LABIE, LIEBERT, NYS, SAMUEL) Chêne, Paris, 1983.

LANDON, H. C. Robbins: Mozart and the Masons. Thames and Hudson, New York, 1982.

LANDON, H. C. Robbins: Mozart et les Maçons. Thames and Hudson, Paris, 1991.

LANDON, H. C. Robbins: 1791, Mozart's Last Year. Thames and Hudson, London, 1988.

LANDON, H. C. Robbins: 1791, La dernière année de Mozart. Lattès, Paris, 1988.

LANDON, H. C. Robbins: Mozart. L'âge d'or de la musique à Vienne, 1781–1791. Lattès, Paris, 1989.

LANDON, H. C. Robbins: The Mozart Essays. Thames and Hudson, London, 1995.

LANDON, H. C. Robbins: Mozart. 12 novembre 1791. Coll. Une journée particulière. Lattès, Paris, 1992.

LANDON, H. C. Robbins: Mozart connu et inconnu. Gallimard, Paris, 1995.

LANDON, H. C. R. (Ed.): Dictionnaire Mozart. Lattès, Paris, 1990.

LANDON, H. C. R. (Ed.) & MITCHELL, Donald: The Mozart Companion. Faber and Faber, London, 1983.

LEONHART, Dorothea: Mozart. Eine Biographie. Diogenes, 1994.

MCLEAN, Ian: Mozart. Gründ, Paris, 1990.
MARCEAU, RUBINSTEIN, BLUWAL: Mozart. Heyne, München, 1982.
MASSIN, Jean & Brigitte: Mozart. Fayard, Paris, 1970.
id. (Revidierte Fassung). Fayard, Paris, 1990.
MASSIN, Brigitte (Ed): Guide des Opéras de Mozart. Fayard, Paris, 1991.
MASSIN, Brigitte: Mozart, le bonheur de l'Europe. Plon, Paris, 1991.
MORRIS, James (Ed): On Mozart. Woodrow Wilson, Cambridge, 1994.

NAGEL, Ivan: Autonomie und Gnade. Über Mozarts Opern. Hanser, München, 1988. dtv, Bärenreiter, 1991.
NETTL, Paul Dr.: Mozart und die königliche Kunst. Die freimaurerische Grundlage der Zauberflöte. Franz Wunder, Berlin, 1932.
NETTL, Paul: Mozart. Payot, Paris, 1962.
NIEMETSCHEK, Fr. X.: Vie de W.A. Mozart (Vorw.: C. DE NYS) & SCHLICHTEGROLL, Fr. v.: Nécrologie. Saint-Etienne, 1976
NYS, Carl de: La Musique religieuse de Mozart. Presses Universitaires, Paris, 1982.

OSBORNE, Charles: The Complete Operas of Mozart. Gollancz, London, 1992.
OULIBICHEFF, Alexandre: Mozart (Présentation: J.V. Hocquard). Séguier, Paris, 1991.

PAHLEN, Kurt: Die Zauberflöte. Goldmann-Schott, München, 1981.
PAHLEN, Kurt: Die Hochzeit des Figaro. Goldmann-Schott, München, 1979.
PAUMGARTNER, Bernhard: Mozart. Leben und Werk. Piper Schott, München, 1991.
PERL, Helmut: Der Fall Zauberflöte. Mozarts Oper im Brennpunkt der Geschichte. Atlantis, 2000.
PETER, Christoph: Die Sprache der Musik in Mozarts »Zauberflöte«. Freies Geistesleben, Stuttgart, 1983.
PRINZ, Wilma & Franz: Wolfgang Amadeus Mozart 1756–1791. Mensch, Musiker, Freimaurer. Prinz/Rösinger, Zwettl, 1991.
PUHLIG, Maria: Mozart, ein unbeirrbares Leben. Langen Müller, München, 1991.

REICH, Willi: Bekenntnis zu Mozart. Stocker, Luzern, 1945.
REMY, Yves & Ada: Mozart. Hachette, Paris, 1970.
RITTER, Wolfgang: Wurde Mozart ermordet? Eine psychographische Studie. Haag + Herchen, Frankfurt, 1989.

SCHENK, Erich: Mozart. Eine Biographie. Goldmann, München, 1983, Piper, München, 1989.
SHAFFER, Peter: Amadeus (A Play). Penguin, London, 1982.
SPAETHLING, Robert (Ed.): Mozart's Letters, Mozart's Life. Faber and Faber, London, 2000.
STAFFORD, William: Mozart's Death. Macmillan, London, 1991.
STREBEL, Harald: Der Freimaurer Wolfgang Amadé Mozart. Rothenhäusler Verlag, Stäfa, ZH, 1991.
STRICKER, Rémy: Mozart et ses Opéras. Fiction et vérité. Gallimard, Paris, 1980.

TCHERNAYA, E. S.: Mozart, his life and time. TFH, Neptune, NJ, 1986.
TERRASSON, René: Le Testament philosophique de Mozart. Dervy, Paris, 1996.
TILL Nicholas: Mozart and the Enlightenment. Faber & Faber, London 1992.
TUBEUF, André: Mozart, Chemins et Chants. Arthaud, Paris, 1990.

VALENTIN, Erich: Mozart-Lexikon. Lübbe, Bergisch Gladbach, 1985.

WERNER-JENSEN, Arnold: Wolfgang Amadeus Mozart. Instrumentalmusik. Reclam, Stuttgart, 1989.
WERNER-JENSEN, Arnold: Wolfgang Amadeus Mozart. Vokalmusik. Reclam, Stuttgart, 1990.
WYZEWA, Théodore de, SAINT-FOIX, Georges de: Wolfgang Amadeus Mozart (Vol. I & II). Laffont, Paris, 1986.

XXX: Mozart von der Wohlthätigkeit. R. L. Anderson), Bruxelles, 1991 (Privatdruck).

Kataloge, Broschüren

Museen der Stadt Wien: Zaubertöne. Mozart in Wien 1781–1791. Tino Erben (Gestaltung).

AgensWerk, Geyer+Reisser, Wien, 1990. Beiträge von: BRUSATTI, VON PLESSEN, AULENTI, MANCAL, ZEMAN, KRAPF, KAMPITS, BANKL, RIEDLDORN, DÜRIEGL, REINALTER, EDEL, SCHÖNY, KRETSCHMER, GREISENEGGER, GROTHAUS, WITZIGMANN, PASS, LANDON, HAIDER, BRAUNEIS.

Museen der Stadt Wien: Mozart-Wohnung (Figarohaus) Wien 1, Domgasse 5, 1987. Beiträge von: DEUTSCH, WAISSENBERGER.

Museumsverein Rosenau: Bruder Wolfgang Amadeus Mozart. AgensWerk, Geyer+Reisser, Wien, 1990. Beiträge von: HAUSNER, ZÖRRER, KLEIN, GALLOB.

Museumsverein Rosenau: Freimaurerei um Joseph II. Die Loge Zur Wahren Eintracht. Seitenberg KG, Wien, 1980. Beiträge von: GIESE, WAGNER.

Kunsthistorisches Museum Wien: Die Klangwelt Mozarts. Eigenverlag, 1991. Beiträge von: STRADNER, HARNONCOURT, STEBLIN, MAHLING, HUBER, FOINTANA, RAMPE, HUBEK, KOWAR, PIRKER, VOIGT, SEIPEL, DEUTSCH, FÖDERMAYR, JÜNGER.

Internationale Stiftung Mozarteum. Mitteilungen, 36. Jahrgang, Heft 14: SCHULER Heinz: »Mozart von der Wohlthätigkeit«. Die Mitglieder der gerechten und vollkommenen St. Johannis-Freimaurer-Loge »Zur Wohlthätigkeit« im Orient von Wien.

Zeitschriften

Mozart. Bundespressedienst, Wien, 1990.

Mozart. Parnass Sonderheft 6, Grosser, Linz, 1990.

Mozart. Vita. Merian, Hamburg, 1990.

Mozart. Télérama, hors série, Paris, 1990.

Amadeus. FNAC, Paris, 1990.

Vienne à l'heure de Mozart. GEO, Prisma Presse, Paris, 1991.

Mozart Vernunft und Sinnlichkeit. Aufrisse 11. Jg.Nr.4, 1990. Verlag für Gesellschaftskritik, Wien.

Mozart. Un Franc-Maçon très engagé. Historama, LOFT, Nr.85, Mars 1991.

Mozart. The Mysteries That Lie Behind His Genius. Newsweek, May 6, 1991.

W.A. Mozart, 200th Anniversary. Time International, July 22, 1991.

Artikel

Lesli Bodi: Ein Modell für Glasnost. Öffentlichkeit und Politik im Österreich Josephs II. Die Zeit, Hamburg, Nr. 12, 15.3.1991.

Jacques Chailley: L'action de la Zauberflöte. Salzburger Festspiele. Off. Programm, 1968.

Hellmut Karasek: Sarastros totalitärer Sonnenstaat. Zu Ivan Nagels Veröffentlichung (s.o.). DER SPIEGEL, Nr. 27.1985.

Andreas Rommelspacher, Regine Scourtelis: Unser ehrenwerter Bruder. Mozart als Freimaurer. Große Komponisten Nr. 27, MCI, Hambg., 1983.

Andreas Rommelspacher/Elvira Schneider: Mozart. Der Menschenfreund. Die Zauberflöte. Cosi fan tutte. Große Komponisten Nr. 54, MCI, Hambg., 1985.

Herbert Schneiber: Nichts als Märchen. Salzburger Festspiele. Off. Programm, 1967.

Oscar Fritz Schuh/Teo Otto: Notizen zur Zauberflöte. Salzburger Festspiele. Off. Programm, 1967.

Lynn Snook: Theatrum Mysticum. Gedanken zu Mozarts »Zauberflöte«. Salzburger Festspiele. Off. Programm, 1970.

Klaus Umbach: Amadeus in der Giftküche. Über Mozarts Tod in Film, Wissenschaft und Literatur. DER SPIEGEL, Nr. 51, 1984.

Klaus Umbach: Amadeus das Ferkel, das Feuer speit. Über den multimedialen Mozart-Kult. DER SPIEGEL, Nr. 38, 1985.

Guy Wagner: Mozarts Lebensende. Legenden und Tatsachen. Tageblatt, Luxemburg, 5.12.1991.

Danksagung

Mein besonderer Dank geht an meine Gattin Ariel, die mich in den langen Zeiten der Nachforschungen und der Niederschrift dieses Buches mit Rat und Tat unterstützt hat.

Dank an:
Haus-, Hof- und Staatsarchiv, Wien,
Historisches Museum, Wien,
Bundesdenkmalamt, Wien,
Österreichische Nationalbibliothek, Wien,
Musiksammlung der Österreichischen Nationalbibliothek, Wien,
Prof. David J. Buch, University of Northern Iowa (USA)
Dr. Waltraut Herzog, Wien,
Drs. Renate & Marco Hoffmann, Wien,
den Schwestern und Brüdern, die mir Rat und Hilfe gaben und aus maurerischer Diskretion ungenannt bleiben möchten.

Personenregister

Die mit Sternchen versehenen Seitenzahlen beziehen sich auf die Anmerkungen.